EUROPA-FACHBUCHREIHE
für wirtschaftliche Bildung



# Versicherungen und Finanzen 2
# Lösungen

**gültig ab der 7. Auflage**

von

Herbert Eichenauer, Rolf Schmalohr, Uwe Thews

VERLAG EUROPA-LEHRMITTEL
Nourney, Vollmer GmbH & Co. KG
Düsselberger Straße 23
42781 Haan-Gruiten

**Europa-Nr.: 23568**

Autoren:

Dipl.-Hdl. Herbert Eichenauer — Mannheim

Dipl.-Kfm., Dipl.-Hdl. Rolf Schmalohr — Düsseldorf

Dipl.-Hdl. Uwe Thews — Berlin

**Lektorat:**

Rolf Schmalohr

7. Auflage 2019

Druck 5 4 3 2 1

Alle Drucke derselben Auflage sind parallel einsetzbar, da bis auf die Behebung von Druckfehlern untereinander unverändert.

ISBN 978-3-8085-2356-8



http://www.europa-lehrmittel.de

Umschlag, Satz und Grafiken: Typework Layoutsatz & Grafik GmbH, 86167 Augsburg
Umschlagkonzept: tiff.any GmbH, 10999 Berlin
Umschlagfoto: © Silke Koch – Fotolia.com
Druck: Medienhaus Plump GmbH, 53619 Rheinbreitbach

# A Hausratversicherung

## Lernkontrollen zu A 2.1 — Seiten 23–24

### Versicherte Sachen

**1** a) 2; b) 2; c) 1; d) 1; e) 1; f) 2; g) 1; h) 1; i) 1; j) 1; k) 1; l) 1; m) 2; n) 2; o) 2; p) 1; q) 1; r) 2; s) 2; t) 1; u) 1; v) 1; w) 1; x) 1; y) 1; z) 1

**2** a)

| | |
|---|---|
| Markise: | Versichert nach 8.3.1 VHB 2016 (nicht versichert nach 7.5.2 VGB 2016)<br>Versicherungsort für Markisen ist das gesamte Grundstück (8.3.3 VHB 2016). |
| Edelholzdecken: | Versichert nach 8.3.1 VHB 2016 (nicht versichert nach 7.5.2 VGB 2016) |
| Ganzglastür: | Nicht versichert nach 9.2 S. 2 VHB 2016 |
| Sanitär/Marmor… | Nicht versichert nach 9.2 S. 2 VHB 2016 (versichert nach VGB 2016) |
| Antennenanlage | Versichert nach 8.3.3 VHB 2016 (nicht versichert nach 7.5.2 VGB 2016) |

b) Der Versicherungsschutz aus der Hausratversicherung entspricht dem vorbeschriebenen Versicherungsschutz. Die VHB 2016 stellen den Wohnungseigentümer dem Mieter gleich.

**3** Der Kellerraum gehört zur Wohnung und ist damit auch Versicherungsort.

a1) versichert

a2) nicht versichert (Ausschluss nach 9.3 VHB 2016; hier: Kfz-Teil)

a3) nicht versichert (Ausschluss nach 9.3 VHB 2016; hier: Kfz-Zubehör)

a4) versichert

a5) nicht versichert (Ausschluss nach 8.3.7 S. 2 VHB 2016)

**4** a) Versichert in der Hausratversicherung, da der Teppichboden wieder ohne Zerstörung des darunter befindlichen Parketts entfernt werden kann und diesen nicht ersetzt hat.

b) Der neue Boden ersetzt den vorhandenen Boden als Gebäudebestandteil. Versicherungsschutz besteht nur über die Wohngebäudeversicherung des Vermieters.

c) Die maßgefertigte Küche wird mit dem Einbau Gebäudebestandteil. Sofern der VN die Gefahr für diese Küche übernimmt, ist sie in seiner Hausratversicherung versichert (8.3.1 VHB 2016).

d) Lösung wie Fall b). Aufgrund der Höherwertigkeit ist zu prüfen, ob die VS der Wohngebäudeversicherung des Vermieters angepasst werden muss.

e) Lösung wie Fall c)

f) Der Wind- und Wetterschutz vor der Haustür liegt nicht mehr im Bereich der Wohnung und damit am Versicherungsort. Versicherungsschutz ist nicht über die Hausratversicherung des VN, wohl aber über die Wohngebäudeversicherung des Vermieters gegeben (versichert als Gebäudezubehör gem. 7.3 VGB 2016).

g) Das Gartenhaus ist ein Nebengebäude auf dem Grundstück der versicherten Wohnung und wird zu privaten Zwecken genutzt. Diese Räumlichkeit zählt daher auch zum Versicherungsort, so dass die Gartengeräte dort versichert sind.

h) Es gilt das zu Lösung g) Gesagte. Das Kaninchen zählt zu den versicherten Haustieren nach 8.3.8 VHB 2016).

## Lernkontrollen zu A 2.2 und A 2.3 — Seiten 50–56

### Versicherte Gefahren und Schäden

*Brand*

1 a) Versicherte Folge eines Brandes
Wände, Decken: Gegenstand der Wohngebäudeversicherung
Möbel: Gegenstand der Hausratversicherung

b) Gardine: Einwirkungsschaden, versichert über die Hausratversicherung
Teppichboden: Sengschaden als Folge eines Brandes, versichert über die Wohngebäudeversicherung
Sofern dem VN ein grob fahrlässiges Verhalten nachgewiesen werden kann, wird die Leistung aus der Hausratversicherung gekürzt (Quotelung). Der Wohngebäude-VR wird wegen des Schadens am Teppichboden beim VN Regress nehmen. Die Privat-HV des VN würde für den VN Versicherungsschutz bieten.

c) Brandbegriff nicht erfüllt, keine Ausbreitung aus eigener Kraft. Es liegt nur ein reiner Sengschaden vor, der nicht versichert ist.

d) Brandbegriff erfüllt (bestimmungsgemäßer Herd wurde verlassen)
Der Schaden ist versichert, da die VHB 2016 keinen ausdrücklichen Ausschluss für Schäden an Sachen enthalten, die einem Nutzfeuer oder der Wärme ausgesetzt werden.

e) Kurzschluss als Folge eines Brandes ist versichert
Der Schaden ist demzufolge als Folgeschaden eines Brandes versichert.

f) Kein Brandfolgeschaden sondern versichert über § 83 VVG (Aufwendungsersatz für Kosten der Schadenminderung)

g) Brandfolgeschaden; siehe auch 1 S. 1 VHB 2016 und 7 S. 2 VHB 2016

h) Abhandenkommen als Folge einer versicherten Gefahr ist versichert nach 1 S. 1 VHB 2016 i.V.m. 7 S. 2 VHB 2016

i) Hausrat-VR des Nachbarn leistet, da die Löschwasserschäden die Folge eines Brandes sind. Der Entstehungsort des Brandes ist unerheblich. Möbel (8.1 VHB 2016) und die vom Mieter eingebrachte Holzdecke (8.3.1 VHB 2016) sind Gegenstand der Hausratversicherung.

j) nicht versichert (reiner Sengschaden)

k) nicht versichert (kein Brand)

l) nicht versichert (Feuer verlässt bestimmungsgemäßen Herd nicht)

m) versichert (Einbauküche, die der Wohnungseigentümer einbringt, zählt nach 8.3.1 VHB 2016 zur Hausratversicherung)

n) versichert (fremdes Eigentum nach 8.4 VHB 2016)

**2** a) versichert (8.3.1 VHB 2016)

b) versichert (8.4 VHB 2016)

c) versichert (Brandfolgeschaden)

d) versichert (8.3.3 VHB 2016); Versicherungsschutz besteht auch als Gebäudezubehör (bewegliche Sache, die außen angebracht ist …) nach 7.3 VGB 2016)

e) versichert (Brandfolgeschaden)

f) nicht versichert in der Hausratversicherung (9.2 VHB 2016), sondern in der Wohngebäudeversicherung als Gebäudebestandteil

*Blitzschlag, Überspannung durch Blitz*

**3** a) Versicherungsort ist das Einfamilienhaus und damit auch der Boden (Speicher). Die Gartenmöbel sind daher versichert. Die Schäden am Dach deckt eine Wohngebäudeversicherung.

b) Der Personalcomputer ist versichert (Überspannungsschaden durch Blitzschlag, 3.2 S. 2 VHB 2016).

c) Versichert als Überspannung durch Blitz (3.3 VHB 2016). Das Verderben des Inhalts der Tiefkühltruhe ist die kausale Folge.

d) Überspannungsschaden durch Blitzschlag. Es wird eine elektrische Einrichtung zerstört (3.2 S. 2 VHB 2016).

e) Überspannung durch Blitz (3.3 VHB 2016). Die Musikanlage ist versichert.

**4**

| | |
|---|---|
| Satellitenschüssel: | versichert nach 8.3.1 VHB 2016 |
| Satellitenrecorder/Fernsehgerät: | versichert nach 3.2. S. 2 i. V. m. 8.1 VHB 2016 |
| Elektrokabel/Tapeten: | Gebäudebestandteile, nur nach VGB 2016 versichert |

*Explosion/Verpuffung/Implosion*

**5** a) Der Explosionsbegriff ist erfüllt und die Möbel sind versichert nach 8.1 VHB 2016. Die Innentüren sind nicht nach VHB 2016 sondern als Gebäudebestandteile nach 7.2 VGB 2016 versichert.

b) Der Explosionsbegriff ist erfüllt. Die Ablufthaube ist nach 8.3.1 VHB 2016 versichert. Die Küchendecke ist nur nach 7.2 VGB 2016 als Gebäudebestandteil versichert.

c) Der Explosionsbegriff ist erfüllt. Die aus dem Regal gefallene Rotweinflasche ist nach 8.1 VHB 2016 versichert. Die Fliesen sind nur nach 7.2 VGB 2016 als Gebäudebestandteil versichert.

d) Der Implosionsbegriff ist erfüllt. Fernsehapparat, Ledersessel und Couchtisch sind versicherte Sachen nach VHB 2016. Die Tapete ist nur über die Wohngebäudeversicherung versichert.

e) Der Explosionsbegriff ist erfüllt. Heizkessel und Tür zum Heizungskeller sind als Gebäudebestandteile nur nach 7.2 VGB 2016 versichert. Regale, Lebensmittel, sonstiger Hausrat im Keller sind nach 8.1 VHB 2016 versichert.

f) Versichert als Verpuffung (3.5 VHB 2016). Der Hausratversicherer ersetzt nur den Sachschaden (Hemd, Jackett).

*Luftfahrzeuge*

**6** a) Gefahren durch Luftfahrzeuge, dazu zählen auch Modellflugzeuge, sind nach VHB 2016 versichert. Die Gardine wird als Hausrat nach 8.1 VHB 2016 entschädigt. Die Fensterscheibe ist Gegenstand der Wohngebäudeversicherung nach VGB 2016.

b) Es liegt kein Anprall oder Absturz vor. Die Vase wird nicht entschädigt.

c) Der Anprall von Ladungsteilen des Heißluftballons ist versichert. Entschädigt wird die vom Mieter angebrachte Markise (versicherte Sache nach 8.3.1 und 8.3.3 VHB 2016). Der Balkontisch ist versichert, da er sich am Versicherungsort befindet. Balkone gehören nach 10.2 VHB 2016 zur Wohnung.

**7** Hausratschaden: Der Hausrat in der Mansardenwohnung ist versichert, da der Anprall eines Luftfahrzeuges Gegenstand der Hausratversicherung ist.

Wohngebäudeschaden:
Das Dach ist nur nach VGB 2016 versichert.

**8** Versicherte Gefahr Aufprall eines Luftfahrzeuges, seiner Teile oder seiner Ladung ist gegeben.

| | |
|---|---|
| Möbel: | versichert nach 8.1 VHB 2016 |
| Raumteiler: | versichert nach 8.3.1 VHB 2016 als Gebäudebestandteil (vom VN als Mieter eingebracht) |
| Fernsehantenne: | nicht versichert in der Hausratversicherung des VN, sondern in der Gebäudeversicherung des Vermieters als Gebäudezubehör |

*Einbruchdiebstahl*

**9** a) ED (einbrechen) liegt vor; Kellerraum = Versicherungsort (privat genutzte Fläche eines Gebäudes; 10.1 VHB 2016). Das Fahrrad ist daher versichert.

b) Versicherungsschutz besteht auch in Garagen nach 10.4 VHB 2016, soweit diese im Antrag benannt worden sind. Das wird hier unterstellt, da die Garage zur Wohnung gehört. Da ein Einbruch in den Raum eines Gebäudes vorliegt, besteht Versicherungsschutz.

c) ED (Einbruch in Raum eines Gebäudes), hier: die Wohnung, durch Benutzung nicht zum Öffnen bestimmter Werkzeuge, liegt vor. Musikanlage und 25,00 € Bargeld werden ersetzt.

d) Einbruchdiebstahl liegt vor, denn der nachgemachte Schlüssel ist ein falscher Schlüssel gemäß 4.1.1 VHB 2016; aber: grobe Fahrlässigkeit des VN. Er musste das Schloss austauschen, weil der Schlüssel problemlos nachgemacht werden konnte. Der VR wird die Entschädigung wegen grob fahrlässiger Herbeiführung des Versicherungsfalles gemäß § 81 (2) VVG in einem der Schwere des Verschuldens des VN entsprechenden Verhältnis kürzen.

e) Kein Versicherungsschutz, da der Grundsatz der Gebäudegebundenheit bei der Einbruchdiebstahlversicherung nicht erfüllt ist.

f) ED liegt nicht vor, sondern nur einfacher Diebstahl. Es besteht kein Versicherungsschutz. Siehe auch 4.3.1 S. 2 VHB 2016 (Trickdiebstahl).

g) ED gemäß 4.1.4 VHB 2016 liegt vor (Diebstahl im Raum eines Gebäudes; Anwendung von Gewalt, um Wegnahme auszuschalten).

h) ED liegt gemäß 4.1.3 VHB 2016 vor (der Dieb schleicht sich aus der verschlossenen Wohnung wieder weg). Es bleibt allerdings zu prüfen, ob sich der VN beim Heraustragen des Fernsehgerätes durch das Nichtverschließen der Tür fahrlässig verhalten hat. In einem Mehrfamilienhaus wäre dies zu bejahen.

*Vandalismus*

**10** a) nicht als Vandalismusschaden versichert, da kein Einbruch vorliegt

b) versicherter Vandalismus nach Einbruchdiebstahl

c) versichert als Vandalismusschaden nach versichertem Einbruch (4.2 VHB 2016)

d) Vandalismus nach Einschleichen gem. 4.1.3 VHB 2016 ist nicht versichert (4.2 VHB 2016).

e) nicht versichert, da kein Einbruch vorliegt

f) nicht versichert, da kein Einbruch vorliegt

g) nicht versichert, da der Vandalismus nicht nach einem Einbruch in die Wohnung stattfindet (4.2 VHB 2016)

*Raub*

**11** a) ED liegt gemäß 4.1.5.1 VHB 2016 vor. Der richtige Schlüssel wurde durch Raub an sich gebracht. Der Schaden wird ersetzt.

b) ED liegt gemäß 4.1.5.2 VHB 2016 vor (einfacher Diebstahl des richtigen Schlüssels, kein fahrlässiges Verhalten des VN).

c) Einfacher Diebstahl ist nicht versichert. Die Geldbörse wird nicht ersetzt.

d) Die Ehefrau ist mitversicherte Person (4.3.4 VHB 2016). Es liegt ein Raub gemäß 4.3.2 VHB 2016 vor. Der Schmuck wird entschädigt, das Bargeld nicht, da es erst herangeschafft wird (4.4.2 VHB 2016).

e) nicht versichert (Gewalt soll gegen eine Sache und nicht gegen den VN ausgeübt werden; 4.3.2 VHB 2016 gilt daher nicht)

f) versichert, da die angedrohte Gewalt an Ort und Stelle verübt werden soll (12.3.1 VHB 2016)

g) Raub liegt vor
Bargeld ist versichert
Armbanduhr des Vaters ist nicht versichert (Vater ist zwar mitversichert nach 4.3.4 VHB 2016; aber die Gebrechlichkeit des Vaters besteht schon länger, so dass die Voraussetzungen nach 4.3.3 S. 3 VHB 2016 nicht erfüllt sind).
Handtascheninhalt der Mutter ist nicht versichert, da keine Gewalt gegen die Mutter ausgeübt wird.

*Leitungswasser*

**12** a) Versichert, da vom Mieter eingebaut und er die Gefahr für diese Anlage trägt (5.3.1.1 i.V.m. 8.3.1 VHB 2016).

b) Nicht in der Hausratversicherung des Mieters sondern in der Wohngebäudeversicherung des Vermieters versichert (siehe 4.3.1.1 VGB 2016 »... oder den damit verbundenen Schläuchen«).

c) Nur in der Wohngebäudeversicherung der Wohnungseigentümergemeinschaft nach 4.3.2.1 VGB 2016 versichert. Ersetzte Sachen fallen nicht unter den Versicherungsschutz der Hausratversicherung (9.2 VHB 2016).

d) Der Vermieter trägt die Gefahr. Das Waschbecken ist Gebäudebestandteil und nur in der Wohngebäudeversicherung versichert.

e) Es liegt kein Bruchschaden an einem Rohr nach 5.3.1 VHB 2016 bzw. 4.3.1 VGB 2016 vor. Die Hausratversicherung wäre ohnehin nicht zuständig gewesen, da der Vermieter die Gefahr für die Wassermesser trägt.

**13** a) Leitungswasserschaden liegt vor (bestimmungswidriger Leitungswasseraustritt aus Ableitungsrohr bzw. angeschlossener Einrichtung)

| | |
|---|---|
| Teppichboden: | nicht versichert nach 9.2 Satz 2 VHB 2016, aber versichert nach 13.8 VHB 2016 (Reparaturkosten für Leitungswasserschäden) und versichert nach 4.2 VGB 2016. Es liegt Mehrfachversicherung vor. |
| Möbelsockel: | versichert nach 7 und 8.1 VHB 2016 |

b) Es liegt ein Leitungswasserschaden vor (bestimmungswidriges Austreten von Leitungswasser aus der Warmwasserheizung) gemäß 5.2 VHB 2016.
Badezimmermöbel: Versicherte Sache gemäß 8.1 VHB 2016.
Durchlauferhitzer: Versicherte Sache in der Wohngebäudeversicherung (Gebäudebestandteil).
Der Rohrbruchschaden ist dort gemäß 4.3.1 VGB 2016 nicht versichert, da die Rohre im Durchlauferhitzer eine vergleichbare Anlage zu Boilern darstellen.

c) Kein Leitungswasser aus einer sonstigen Einrichtung nach 5.2.2 VHB 2016, sondern Ausschluss gemäß 5.4.3 VHB 2016 (Rückstau).

d) Erdsenkung als Folge von Leitungswasser ist gemäß 5.4.5 VHB 2016 versichert. Der beschädigte Hausrat ist eine versicherte Sache nach VHB 2016.

e) Die Kühltruhe ist keine Klimaanlage und keine sonstige Einrichtung nach 5.2.2 VHB 2016. Es besteht kein Versicherungsschutz.

f) Der Frostschaden an den sanitären Einrichtungen ist gemäß 5.3.2.1 VHB 2016 i. V. m. 8.3.1 VHB 2016 versichert. Eine Leistungskürzung wegen grober Fahrlässigkeit ist nicht möglich, da der Besucher kein Repräsentant des VN ist.

g) Das eindringende Regenwasser ist kein Leitungswasser im Sinne von 5.2 VHB 2016, so dass kein ersatzpflichtiger Leitungswasserschaden vorliegt.

h) Die Erdsenkung ist ein Ausschlusstatbestand nach 5.4.5 VHB 2016.

i) Der Kochtopf fällt nicht unter die in 5.2.2 VHB 2016 genannten sonstigen Einrichtungen, so dass die durch den austretenden Wasserdampf verursachten Schäden nicht gedeckt sind.

*Sturm, Hagel und weitere Naturgefahren (Elementargefahren)*

**14** a) Es liegt ein Sturm nach 6.1 VHB 2016 vor; denn stürmischer Wind hat die Windstärke 8 nach der Beaufort-Skala.
Markise: Versicherte Sache nach 8.3.3 VHB 2016, auf die der Sturm nach 6.3.1 VHB 2016 unmittelbar eingewirkt hat.

b) Kein Fall von 6.3.1 S. 2 VHB 2016, sondern Ausschlusstatbestand nach 6.5.2 VHB 2016 (Eindringen von Schnee).

c) Versichert als Folge eines Sturmschadens am Gebäude gemäß 6.3.1 S. 2 VHB 2016.

d) Lawinen sind keine »anderen Gegenstände« im Sinne von 6.3.4 VHB 2016 sondern Schnee- oder Eismassen (6.4.7 VHB 2016), für die nur Versicherungsschutz im Rahmen der weiteren Elementargefahren besteht, wenn diese gesondert als versichert veinbart wurden.

e) Kein Versicherungsschutz, da sich die Sache außerhalb des Gebäudes befindet (6.5.7 VHB 2016). Kein Versicherungsschutz für das Partyzelt; denn der Garten zählt nicht zum Versicherungsort (10 VHB 2016). Ausnahme: Antennen und Markisen auf dem Grundstück des Versicherungsortes, die der VN ausschließlich alleine nutzt. Wird die Markise vom VN allein genutzt, besteht hierfür Versicherungsschutz (8.3.3 VHB 2016).

f) Der Hagelschaden an der Lichtkuppel ist Gegenstand der Wohngebäudeversicherung. Die Zerstörung der Verstärkeranlage ist eine Folge des Hagels und in der Hausratversicherung versichert. Der vom VN genutzte Anbau zählt zum Versicherungsort in der Hausratversicherung (10.1 VHB 2016).

g) Nicht als Folgeschaden versichert. Strommasten zählen nicht zu den Sachen, auf die der Sturm nach 6.3 VHB 2016 zuvor eingewirkt haben muss.

h) Der Schaden ist als Folgeschaden versichert; denn durch Sturm ist zuvor ein Gebäudeschaden entstanden (6.3.1 VHB 2016).

i) Das Abhandenkommen der Wertsachen ist eine Folge des Sturmschadens nach 6.3.1 VHB 2016 (s. auch 1 S. 1 VHB 2016).

k) Der Schaden am Dach wird durch die Wohngebäudeversicherung ersetzt. Die Hausratversicherung wird den Regenschirm nicht ersetzen, da dieser Sturmschaden außerhalb des Gebäudes entstanden ist. Personenschäden sind grundsätzlich nicht Gegenstand der Hausrat- oder Wohngebäudeversicherung.

**15** a) Nicht versichert; kein naturbedingter Einsturz des Erdbodens über natürlichen Hohlräumen (6.4.4 VHB 2016).

b) Versicherter Vulkanausbruch (6.4.8 VHB 2016). Versicherungsschutz besteht im Rahmen der Außenversicherung.

c) Nicht versichert; Überschwemmung ist nur versichert, wenn der Grund und Boden, auf dem das Gebäude steht, überflutet wird (6.4.1 VHB 2016).

d) Nicht versichert; es liegt zwar ein Erdrutsch nach 6.4.5 VHB 2016 vor, nach 6.5.6 VHB 2016 sind aber Sachen in noch nicht bezugsfertigen Gebäuden nicht versichert.

e) Versichert; die Überschwemmung entsteht durch versicherte Witterungsniederschläge (6.4.1 VHB 2016), die hier den Gartenteich haben ausufern lassen.

f) Nicht versichert; es wird kein Grund und Boden nach 6.4.1 VHB 2016 überschwemmt.

### Nicht versicherte Schäden

**16** a) Nicht versichert, da nur reiner Sengschaden.

b) Das Fernsehgerät ist nach 3.3 VHB 2016 versichert (Überspannung durch Blitz). Die Gardine ist versichert, da an ihr ein Feuer ohne bestimmungsgemäßen Herd entstanden ist.

c) nicht versichert (kein Einbruchdiebstahl, keine Beraubung, nur einfacher Diebstahl)

d) Die Hausratschäden im Anbau sind nicht versichert (6.5.6 VHB 2016), wohl aber die Schäden im Haupthaus. Der Sturm hat auf den Anbau (ein Gebäude) gewirkt, der mit dem Haupthaus, in dem sich versicherte Sachen befinden, verbunden ist (6.3.3 VHB 2016), und dort den Folgeschaden (eindringender Regen) ausgelöst.

e) nicht versichert (kein Leitungswasser)

f) Wasseraustritt aus Aquarium = Leitungswasser

| | |
|---|---|
| Fußboden: | nicht in der Hausratversicherung versichert, da ersetzte Sache (9.2 VHB 2016), sondern in der Wohngebäudeversicherung Bei Reparatur besteht dann auch Versicherungsschutz nach 13.8 VHB 2016 (Mehrfachversicherung). |
| Ledersofa: | versicherter Hausrat |
| Fische: | nicht versichert (5.4.8 VHB 2016) |

g) nicht versichert (keine unmittelbare Sturmeinwirkung oder Folge eines Sturms)

h) nicht versichert, da kein dem Leitungswasser gleichgestellter Wasserdampf vorliegt (er tritt nicht aus eine der in den VHB 2016 genannten Vorrichtungen aus)

| **Lernkontrollen zu A 2.4** | **Seiten 63 – 66** |
|---|---|

**Versicherungsort, Außenversicherung, Wohnungswechsel**

**1** a) Eine privat genutzte Garage in der Nähe des Wohnorts zählt zum Versicherungsort, wenn sie im Antrag benannt wurde (10.4 VHB 2016). Die Winterreifen sind nach 9.3 VHB 2016 nicht versichert.

b) Das Gerätehaus stellt hier ein privat genutztes Nebengebäude des Grundstücks, auf dem sich die versicherte Wohnung befindet, dar und zählt daher zum Versicherungsort (10.2 VHB 2016). Die Sachen im Gerätehaus sind versichert.

c) Der Wäschetrockner im gemeinschaftlich genutzten Raum befindet sich am Versicherungsort (10.3 VHB 2016). Der Trockner ist versichert.

d) Der Rasen gehört nicht zum Versicherungsort, so dass der Strandkorb nicht versichert ist, solange er dort steht.

e) Die unmittelbar an das Gebäude angrenzende Terrasse zählt zum Versicherungsort. Der Blitzschaden an den Möbeln ist daher versichert.

f) Privat genutzte Antennenanlagen auf dem Grundstück der versicherten Wohnung sind versichert (8.3.3 VHB 2016).

g) Die Eingangstür zum Miethaus liegt nicht im Bereich der versicherten Wohnung, so dass 13.7 VHB 2016 (Reparaturkosten für Gebäudeschäden) nicht zur Anwendung kommt. Beschmierte Decken und Wände des Hausflurs sind ebenfalls nicht Gegenstand der Hausratversicherung, da es sich um Gebäudebestandteile handelt. Der Vandalismusschaden an der Wohnungstür ist nicht versichert, da die Täter nicht in den Versicherungsort (in die Wohnung) eingedrungen sind (4.2 VHB 2016).

h) Der Abstellraum des VN gehört zu dessen Wohnung und daher zum Versicherungsort. Die entwendeten Kfz-Teile sind aber keine versicherten Sachen in der Hausratversicherung (9.3 VHB 2016)

i) Die Markise ist eine versicherte Sache in der Hausratversicherung, da sie ausschließlich der versicherten Wohnung dient (8.3.3 VHB 2016). Die Gebäudegebundenheit bei Sturmschäden wird in 6.5.7 VHB 2016 für Markisen ausgeschlossen.

j) Die Terrasse zählt zum Versicherungsort. Es gilt allerdings die Gebäudegebundenheit, so dass die Terrassenmöbel nicht versichert sind nach 6.5.7 VHB 2016).

**2** a) ED liegt vor (Aufbruch eines Behältnisses). Versicherungsschutz ist gemäß 12.3 VHB 2016 i.V. mit 4.1.2 VHB 2016 im Rahmen der Außenversicherung gegeben.

b) Es liegt Raub gemäß 4.3.1 VHB 2016 vor (Gewalt gegen eine Person). Außenversicherungsschutz gemäß 12.3 VHB 2016.

c) Es liegt kein Raub vor, da keine Gewalt gegen eine Person ausgeführt wird. Kein Außenversicherungsschutz, da die Voraussetzungen nach 4.3 VHB 2016 nicht erfüllt sind (12.3 VHB 2016).

d) Nicht versichert, da sich die Sachen nach 6.5.7 VHB 2016 in einem Gebäude befinden müssen und diese Bestimmung auch für die Außenversicherung gilt (12.3.2 VHB 2016).

e) Wie Fall d).

f) Kein Versicherungsschutz über die Außenversicherung, da die Sachen dort dauerhaft und nicht nur vorübergehend gelagert sind. Selbstständige Hausratversicherung notwendig. Nach Klausel PK 7213 wäre der Fotoapparat dann aber auch nicht versichert gewesen.

g) Versicherungsschutz besteht im Rahmen der Außenversicherung nur für die Sachen des VN und seiner Ehefrau (als eine mit ihm in häuslicher Gemeinschaft lebenden Person). Der Reparaturkosten für Gebäudeschäden (13.7 VHB 2016) sind nur im Bereich der Wohnung des VN am Versicherungsort und nicht in der Außenversicherung versichert. Der Vandalismusschaden ist nicht versichert, da er nicht am Versicherungsort geschieht (4.2 VHB 2016).

h)
- Die Ledertasche für die Ehefrau fällt unter den Versicherungsschutz der Außenversicherung, da die Ehefrau mit dem VN in häuslicher Gemeinschaft lebt und die Ledertasche an den Wohnort gelangen sollte. Damit ist nach herrschender Rechtsauffassung das Merkmal »vorübergehend« erfüllt.
- Die Lederjacke für den VN soll an den Wohnort des VN gelangen und wird daher vom Außenversicherungsschutz erfasst (herrschende Rechtsauffassung).

**3**
- Das Fahrrad ist nicht versichert, da die Tiefgarage bestimmungsgemäß keinen gemeinschaftlich genutzten Raum für derartigen Hausrat darstellt (10.3 VHB 2016).
- Versicherungsschutz im Rahmen der Außenversicherung besteht auch nicht, da das Fahrrad dort dauerhaft abgestellt wird.
- Ist das Rad dort nur vorübergehend abgestellt und der Diebstahl im Rahmen eines Einbruchs in die Tiefgarage passiert, besteht Versicherungsschutz aus der Außenversicherung.
- Versicherungsschutz wird auch gewährt, wenn Klausel PK 7110 vereinbart wurde und ein gemeinschaftlicher Fahrradkeller nicht zur Verfügung steht.

**4** a) Versicherungsschutz besteht im Rahmen der Außenversicherung gemäß 12.3 VHB 2016. Die Entschädigung ist auf 10 % der VS zuzügl. Vorsorge, höchstens 10 000,00 €, begrenzt. Bei einer VS von 75 000,00 € (+ 10 % Vorsorge) werden also max. 8 250,00 € (7 500,00 € + 750,00 €) entschädigt (12.4 VHB 2016).

b) Außenversicherungsschutz besteht für Schäden durch Sturm nur, wenn sich die Sachen in Gebäuden befinden (6.5.7 i.V.m. 12.3.2 VHB 2016).

c) Es liegt ein ED vor, der im Rahmen der Außenversicherung nach 12.3 VHB 2016 versichert ist. Es gilt die Entschädigungsgrenze nach 12.4 VHB 2016.

**5** Es besteht kein unselbstständiger Hausstand und damit kein Außenversicherungsschutz nach 12.2 VHB 2016, da die Tochter einen eigenen Hausstand gegründet hat. Sie muss daher eine eigene Hausratversicherung abschließen.

**6** Der VN ist auf folgende Punkte gem. 16 VHB 2016 bei Wohnungswechsel hinzuweisen:

- Versicherungsschutz besteht während des Wohnungswechsels in beiden Wohnungen.
- Der Versicherungsschutz in der alten Wohnung erlischt spätestens 2 Monate nach Umzugsbeginn.
- Der Wohnungswechsel beginnt mit dem Zeitpunkt, in dem erstmals versicherte Sachen dauerhaft in die neue Wohnung gebracht werden.
- Aufgrund der neuen Möbel ist eine Summenanpassung erforderlich.
- Bei Vereinbarung der Klausel PK 7712 und einer VS von 58 500,00 € bei 90 qm Wohnfläche (VS von 650,00 € pro qm) nimmt der VR keinen Abzug wegen Unterversicherung vor.

**Anmerkung:** Der Umzugsort wurde in der Aufgabenstellung so gewählt, dass sich die Tarifzone nicht ändert, da diese Problematik erst in Abschnitt A 3.3 behandelt wird.

**7** Der Versicherungsschutz geht nach 16.2 VHB 2016 nicht auf die neue Wohnung über. Für 2 Monate besteht Versicherungsschutz in beiden Wohnungen.
Die VS kann nicht einfach verdoppelt werden, sondern es ist für die neue Wohnung eine eigene Hausratversicherung mit einer VS von 61 750,00 € abzuschließen. Es muss geklärt werden, ob die jeweilige Wohnung in einem ständig bewohnten oder nicht ständig bewohnten Gebäude liegt und ob sie mehr als 60 Tage ununterbrochen unbewohnt ist (siehe Tarif wegen der Tarifierung, ggf. mit Zuschlägen).

**8** Schreiben an Frau Ellberg (Auszug):
»Der VN aus dem Hausratversicherungsvertrag ist Ihr Ehemann Heinz Ellberg. Zieht bei einer Trennung von Ehegatten der VN aus der Ehewohnung aus und bleibt der Ehegatte in der bisherigen Wohnung zurück, so gilt nach Ziffer 16.6.1 VHB 2016 die neue Wohnung des VN und die bisherige Ehewohnung als Versicherungsort, d. h., Versicherungsschutz aus dem Versicherungsvertrag besteht in beiden Wohnungen. Dies gilt jedoch nur bis zu einer Änderung des Vertrages, längstens bis zum Ablauf von 3 Monaten nach der nächsten Prämienfälligkeit; in Ihrem Falle also längstens bis zum 30.06. 24 Uhr des kommenden Jahres. Danach besteht Versicherungsschutz nur noch in der neuen Wohnung des VN, also in der Wohnung Ihres Ehemannes.
Bei der Sachlage empfehlen wir Ihnen den Abschluss einer eigenen Hausratversicherung. Unser Vertreter wird Sie dieserhalb in den nächsten Tagen besuchen, um die Einzelheiten mit Ihnen zu besprechen.«

Schreiben an Herrn Ellberg (Auszug):

»Ihre Ehefrau teilt uns mit, dass sie Ihren persönlichen Hausrat in die frei stehende Einliegerwohnung des Hauses Beethovenstr. 34 in 38458 Velpke auslagern will, da Sie eine anderweitige Wohnung bezogen haben. Wir fühlen uns verpflichtet, Sie darauf hinzuweisen, dass Ihre Hausratversicherung nach Ziffer 16.6.1 VHB 2016 längstens bis zum Ablauf von 3 Monaten nach der nächsten Prämienfälligkeit, also längstens bis zum 30.06. 24 Uhr des kommenden Jahres, Versicherungsschutz in Ihrer gemeinsamen Ehewohnung bietet. Die Einliegerwohnung zählt als eigenständige Wohnung jedoch nicht zur versicherten Wohnung Ihrer Hausratversicherung. Es besteht dort nur der eingeschränkte Außenversicherungsschutz nach Ziffer 12.3 VHB 2016 für längstens 3 Monate. Sofern Sie den Hausrat dort längerfristig belassen wollen, empfehlen wir Ihnen dringend den Abschluss einer weiteren Hausratversicherung.

Ihre bestehende Hausratversicherung bietet auch Versicherungsschutz in Ihrer jetzigen Wohnung. Unser zuständiger Vertreter ist gerne bereit, Ihnen die Möglichkeit zur Versicherung von Hausrat in einer überwiegend unbewohnten Wohnung aufzuzeigen, wenn Ihr Hausrat weiter in der Einliegerwohnung verbleiben soll.«

**Anmerkungen:**

(1) Die Problematik, dass die neue Wohnung evtl. in eine andere Tarifzone fällt und es daher einer Neuordnung des bestehenden Vetrages bedarf, wurde nicht angesprochen, da diese Thematik erst in Abschnitt A 3.3 behandelt wird.

(2) Da die Einliegerwohnung von Herrn Ellberg nicht bewohnt war, gilt 16.2 VHB 2016 zum Doppelwohnsitz nicht.

**9** Die Lösung bestimmt sich nach 12.3 VHB 2016 (Außenversicherung).

- Es liegt kein ED nach 4.1 VHB 2016 vor, da die Voraussetzungen hierfür nach 4.1 VHB 2016 nicht erfüllt sind (12.3 VHB 2016).
- Es ist zu prüfen, ob ein versicherter Raub vorliegt. Versichert sind im Rahmen der Außenversicherung nur der VN und die mit dem VN in häuslicher Gemeinschaft lebenden Personen. Der Überfall auf die Mitarbeiter der Spedition sowie die Herausgabe des Fernsehapparates und der Stereoanlage sind daher weder über den Raub- noch den ED-Versicherungsschutz versichert.

## Lernkontrollen zu A 2.5 — Seiten 72–73

### Versicherte Kosten

**1** a) Versichert als Schadenabwendungs- und Schadenminderungskosten. Der Nachbar handelt hier für den VN nach den Vorschriften über die Geschäftsführung ohne Auftrag. Da er die Interessen des VN vertritt, muss der VR leisten.

b) Wie a); die weiteren Nachbarn vertreten ebenfalls die Interessen des VN.

c) Der VR zahlt dem VN eine Vergütung für den Zeitaufwand und die Fahrtkosten zur Deponie im Rahmen der versicherten Aufräumungskosten nach 13.1 VHB 2016.

d) Die Küchenrenovierung ist durch die Wohgebäudeversicherung gedeckt, da das Gebäude betroffen ist. Der Abbau der genannten Geräte ist daher auch nach 11.2 VGB 2016 gedeckt und nicht nach 13.2 VHB 2016.

e) Ersetzt werden nur die Hotelkosten ohne Nebenkosten nach 13.3 VHB 2016, wenn die Wohnung unbewohnbar ist oder dem VN die Beschränkung auf einen bewohnbaren Teil nicht zugemutet werden kann.

f) Ein Hund zählt als Haustier zum Hausrat. Im Rechtssinne gilt er als Sache. Die Unterbringung im Tierheim stellen deshalb Lagerkosten nach 13.4 VHB 2016 dar, bis die Wohnung oder Teile davon wieder benutzbar sind. Erstattung längstens für 100 Tage. Die Kosten der Versorgung (Tiernahrung usw.) sind kein versicherter Kostenschaden.

g) Löschwasserschäden sind die Folge eines Brandes. Sie fallen nicht unter die Leitungswasserschäden nach 13.8 VHB 2016. Ersatzpflichtig ist der Wohngebäude-VR, da es sich bei dem Laminat um einen Gebäudebestandteil handelt.

2 a) Die Haustür ist weder in der Wohngebäudeversicherung (ED ist dort keine versicherte Gefahr) noch in der Hausratversicherung versichert (hier zählt sie nicht zur Wohnung).
Die Tür zur Wohnung ist gemäß 13.7 VHB 2016 in der Hausratversicherung versichert (Reparaturkosten für Gebäudeschäden durch ED).

b) Der Vandalismusschaden an den Wänden in der Wohnung ist über die Hausratversicherung nach 4.2 VHB 2016 versichert.
Der Vandalismusschaden im Hausflur ist weder über die Gebäude- noch über die Hausratversicherung versichert.

c) Bestimmungswidriges Austreten von Leitungswasser ist gegeben. Die Kosten des Abpumpens sind als Aufräumungskosten über die Wohngebäudeversicherung versichert (11.1 VGB 2016).
Das Austrocknen der Fußböden ist ebenfalls über die Wohngebäudeversicherung versichert.
Der eingeklebte Teppichboden ist als versicherte Sache nach 7.2 VGB 2016 über die Wohngebäudeversicherung und als Reparaturkosten für Leitungswasserschäden in gemieteten Wohnungen nach 13.8 VHB 2016 versichert. Es kommt das Teilungsabkommen zwischen Gebäude- und Hausrat-VR zum Zuge (siehe auch Band 3, D 2.5).

d) Nach 13.3 VHB 2016 sind Hotel- oder ähnliche Unterbringung pro Tag bis 1 Promille der VS versichert, längstens für 100 Tage, wenn die Wohnung unbewohnbar ist und die Unterbringung in einem etwa bewohnbaren Teil nicht zugemutet werden kann.

## Lernkontrollen zu A 2.6 — Seiten 75

**Klauselvereinbarungen**

1 a) Kein Versicherungsschutz, da der Gebrauch beendet und das Fahrrad im Fahrradkeller (gemeinschaftlicher Fahrradabstellraum) abzustellen war.

b) Versichert, wenn es ordnungsgemäß abgeschlossen war. Da kein gemeinschaftlicher Fahrradabstellraum existiert, gilt für den VN diese Abstellpflicht nicht.

c) Das Fahrrad war ordnungsgemäß verschlossen, ist aber noch in Gebrauch. Sattel und Vorderrad sind wesentliche Fahrradteile, so dass für die Entwendung Versicherungsschutz besteht.

d) Nicht versichert. Der Versicherungsschutz umfasst nur den Diebstahl, nicht aber mutwillige Beschädigungen (Vandalismus); denn Klausel PK 7110 ergänzt nur die Regelungen zu 4.1 VHB 2016. Vandalismus ist in 4.2 VHB 2016 geregelt.

e) Der VR wird eintreten müssen; denn der VN hat das ihm Mögliche getan (siehe auch Lösung zu b).

2 a) Versicherungsschutz besteht, da die Wohnung nur für kurze Zeit verlassen wurde und verschlossen war. Abschließen ist für diesen Fall nicht erforderlich.

b) Die Obliegenheit wurde verletzt. Der VN ist verpflichtet, die vereinbarte Einbruchmeldeanlage unverzüglich reparieren zu lassen.

**Lernkontrollen zu A 2.7 Seite 78**

**Glasversicherung**

**1** a) Versichert in der Glasversicherung; versicherte Sache nach 4.1.1 AGlB 2016.

b) Glastisch versichert in der Glasversicherung nach 4.1.1 AGlB 2016; Glasvase nicht versichert, da keine Scheibe sondern Hohlkörper (4.3.1 AGlB 2016).

c) Nicht versichert in der Glasversicherung; Versicherungsschutz besteht nur am Versicherungsort (6 AGlB 2016).

d) Aquarien sind in der Glasversicherung nach besonderer Vereinbarung versichert (4.2.6 AGIB 2016). Erdbeben ist keine versicherte Gefahr im Rahmen der Grunddeckung der Hausratversicherung. Versicherungsschutz würde bestehen, wenn die weiteren Elementargefahren gesondert zur Hausratversicherung vereinbart wurden, da Aquarien zu den versicherten Sachen der Hausratversicherung zählen.

e) Versichert nach 4.1.1 AGlB 2016, wenn im Versicherungsschein bezeichnet.

f) Lichtkuppeln aus Glas zählen zu den gesondert versicherbaren Sachen in der Glasversicherung (4.2.4 AGlB 2016). Schäden durch Hagel werden nach 2.2.4 AGlB 2016 ausgeschlossen, wenn eine Wohngebäudeversicherung existiert, so dass dann kein Versicherungsschutz nach AGlB 2016 besteht.

Hagel ist eine versicherte Gefahr in der Hausrat- und in der Wohngebäudeversicherung. Die Glaskuppel ist jedoch für die Hausratversicherung ein Gebäudebestandteil und wäre danach dort nicht versichert.

Sofern eine Wohngebäudeversicherung besteht, wäre diese eintrittspflichtig.

g) Versicherter Glasbruch nach 4.1.1 AGlB 2016.

h) Künstlerisch bearbeitete Scheiben sind nach 4.1.2 AGlB 2016 versichert. Sie müssen im Versicherungsschein bezeichnet sein. Die Entschädigung ist auf den vereinbarten Betrag begrenzt.

Die Eingangstür ist ein Gebäudebestandteil. Gebäudebeschädigungen im Bereich der Wohnung durch Einbruchdiebstahl sind nach 13.7 VHB 2016 im Rahmen der Hausratversicherung versichert.

i) Die Glasscheibe des Panoramafensters ist versichert nach 4.1.1 AGlB 2016. Die Notverglasung ist versichert nach 5.1.1 AGlB 2016. Die Kosten für den Autokran sind nach 5.1.3 AGlB 2016 versichert (bis 500,00 €; s. Tarif).

j) Kein Versicherungsschutz nach 2.1.1 AGlB 2016 (sog. Muschelausbruch).

**2** Versichert sind nach AGlB 2016

- die zerbrochene Glasscheibe,
- die Notverglasung,
- der Kaufpreis für das neue Aquarium.

Der Leitungswasserschaden ist Gegenstand der Hausratversicherung.

Für die verendeten Fische besteht Versicherungsschutz in der Hausratversicherung nach 8.3.8 VHB 2016, da sie durch den bestimmungswidrigen Wasseraustritt (= Versicherungsfall in der Leitungswasserversicherung) verendet sind.

Die Glasscheibe und die Notverglasung werden nach der Unterversicherungsformel abgerechnet, da die $m^2$-Fläche nicht richtig angegeben war und daher eine zu niedrige Prämie gezahlt wurde.

$$\text{Entschädigung} = \frac{(640 + 120) \cdot 43 \text{ (Prämie für Wohnfläche bis 100 m}^2\text{)}}{49 \text{ (Prämie für Wohnfläche bis 120 m}^2\text{)}} = 666{,}94 \text{ €}$$

Das gesondert versicherte Aquarium wird voll ersetzt, da es richtig versichert war.

## Lernkontrollen zu A 3.1 Seite 81

### Versicherungswert und Versicherungssumme

1 a) Wiederbeschaffungspreis von Sachen gleicher Art und Güte
b) Lösung wie a)
c) Lösung wie a)
d) Gemeiner Wert

2 Entschädigungsgrenze: 1 % der VS + Vorsorgebetrag = 1 % von 110 000 = 1 100,00 €
Der Neuwert des Fahrrades ist solange gedeckt, als er sich nicht durch Preisanstieg verändert.

## Lernkontrollen zu A 3.2 Seiten 89–90

### Versicherungsbegriff

1 a) Die Gefahrengemeinschaft, die aus einer Vielzahl gleichartig gefährdeter Personen (Wirtschaftseinheiten) besteht, wird vom VR organisiert, der geschäftsplanmäßig Prämien (Beiträge) für die Auszahlung in Leistungsfällen erhebt.
b) Ungewissheit, ob, wann und in welcher Höhe der Schaden eintritt.
c) Dem Zufall unterworfene Einzelereignisse sind zahlenmäßig vorhersehbar, sofern eine genügend große Zahl von Wirtschaftseinheiten beobachtet wird (Gesetz der großen Zahl).
d) Alle Mitglieder der Gefahrengemeinschaft erbringen eine Leistung (Prämie) für die wenigen von der Gefahr Betroffenen; das Risiko wird somit auf alle gleichmäßig verteilt.

2 Gesetz der großen Zahl: Es besagt, dass die Zufälligkeit der beobachteten Werte eine umso geringere Rolle spielt, je größer die beobachtete Gesamtheit ist. Erkennbar ist dann die Wahrscheinlichkeit für den Eintritt eines Ereignisses.

### Grundzüge der Kalkulation der Risikoprämie

3 Äquivalenzprinzip:
- Grundsatz der Übereinstimmung von Leistung und Gegenleistung
- Gleichgewicht von Prämie und Gefahrentragung

**4** a) $\frac{15\,000}{500\,000} = \frac{3}{100} = 0{,}03$

b) $\frac{40\,000 \cdot 3}{100} = 1\,200$ Schäden oder $40\,000 \cdot 0{,}03 = 1\,200$ Schäden

**5** a) $\frac{86}{1\,000} \cdot 2\,300 = 197{,}80$ €

b) 100 % ≙ 197,80 €
135 % ≙ 267,03 €

**6** a) 2 % (4 000 von 200 000)
b) 1 250,00 € (5 Mio. dividiert durch 4 000)
c) 25,00 € (5 Mio. dividiert durch 200 000 oder 0,02 · 1 250)
d) 40 000,00 € (8 Mrd. dividiert durch 200 000)
e) 0,03125 (Lösung b durch Lösung d, also 1 250 € dividiert durch 40 000)
f) 0,625 ‰ (Ergebnis zu f1 – f3)

Rechenweg zu f1): 8 Mrd. ≙ 5 Mio. oder 8 Mrd. ≙ 1 000 ‰
1 000 ≙ x — 5 Mio. ≙ x ‰

Rechenweg zu f2): 40 000 € ≙ 25 € oder 40 000 € ≙ 1 000 ‰
1 000 ‰ ≙ x ‰ — 25 € ≙ x ‰

Rechenweg zu f3):
Schadenhäufigkeit = 4 000 : 200 000 = 0,02
Schadenausbreitung = 1 250 : 40 000 = 0,03125
0,02 · 0,03125 = 0,000625 (bzw. 0,625 ‰)

**7** a)

| | | |
|---|---|---|
| Risikoprämiensatz | | 1,80 ‰ |
| + Sicherheitszuschlag | 10 % | 0,18 ‰ |
| | | 1,98 ‰ |
| + Kosten- und Gewinnzuschlag | 60 % | 1,19 ‰ |
| = Tarifprämiensatz | | 3,17 ‰ |

b) 1,19 ‰ von 3,17 ‰ = 37,5 %

**8** Sterbewahrscheinlichkeit Männer:
841 (Tote) : 98 695 (30-jährige Lebende) = 0,0085
Schadenhäufigkeit: 10 000 · 0,0085 = 85 Tote
Schadenbedarf: 85 · 20 000 = 1 700 000 €
Risikoprämie: 1 700 000 : 10 000 = 170,00 €
Sterbewahrscheinlichkeit Frauen:
466 (Tote) : 99 216 (30-jährige Lebende) = 0,0047
Schadenhäufigkeit: 10 000 · 0,0047 = 47 Tote
Schadenbedarf: 47 · 20 000 = 940 000,00 €
Risikoprämie: 940 000 : 10 000 = 94,00 €

**9** $\frac{200 \cdot 1\,000}{100\,000}$ = 2 ‰ Sterbewahrscheinlichkeit;
Nettoprämie bei 80 000 € VS: 2 ‰ von 80 000 € = 160 €

**10** Änderungsrisiko bedeutet, dass sich die zugrunde gelegte Gefahren- bzw. Risikolage verändert, z. B. infolge technischen Wandels oder veränderter Ansprüche.

Beispiel zur Hausratversicherung:
In Haushalten sind immer mehr elektrische und elektronische Geräte (z. B. Computer, DVD-Player, Telefonanlagen) anzutreffen. Überspannungsschäden durch Blitz sind dann versichert, wenn auch Schäden anderer Art durch Blitzschlag an Sachen auf dem Grundstück des Versicherungsortes entstanden sind. Bei einem solchen Ereignis ist der Schaden heute höher als früher, als die Haushalte mit solch gefährdeten Geräten nicht so üppig ausgestattet waren.

## Lernkontrollen zu A 3.3 — Seite 95

### Tarifierung

**1** Jahresprämie ohne VersSt (Tarifzone H III)

| | |
|---|---|
| 87 500,00 € zu 3,2 ‰ (2,30 + 0,90) | 280,00 € |
| – 5 % Zahlungsweise-Nachlass | 14,00 € |
| | 266,00 € |
| + 16,15 % VersSt | 42,96 € |
| Jahresprämie | **308,96 €** |

**2** Prämienberechnung:
Hausratversicherung (Zone 3); Elementarschäden Tarifzone 1

Grunddeckung Zone H III: 2,30 ‰

Erhöhung der Entschädigungsgrenze für Wertsachen auf 25 % reicht aus, da die VS einschl. Vorsorge 92 950,00 € beträgt und 25 % hiervon 23 237,50 € betragen.

Prämiensatz für Zone H III: 0,40 ‰

Der VN ist darauf hinzuweisen, dass die Münzsammlung **im Schreibtisch** (also außerhalb eines anerkannten Wertschutzschrankes) nur bis 20 000,00 € trotz Erhöhung der Entschädigungsgrenze versichert ist (18.3.2.3 VHB 2016).

Klausel PK 7110: Entschädigungsgrenze von 2 % der VS einschl. Vorsorge deckt das vorhandene Fahrrad

Zone H III: 0,50 ‰ · 2 = 1,00 ‰

Einschluss weiterer Elementarschäden in Zone I: 0,20 ‰

Dem VN ist eine 3-jährige Vertragsdauer wegen des Dauernachlasses zu empfehlen.

Die ermittelte VS schließt die Klausel PK 7712 ein
(130 qm · 650,00 €/qm = 84 500,00 €).

| | |
|---|---|
| 84 500,00 € zu 3,90 ‰ (2,30 ‰ + 0,40 ‰ + 1,00 ‰ für Fahrrad bis 2 % der VS + 0,20 ‰) | 329,55 € |
| – 10 % Dauernachlass | 32,96 € |
| | 296,59 € |
| – 5 % Zahlungsweise-Rabatt | 14,83 € |
| Versicherungsentgelt | 281,76 € |
| + 16,15 % VersSt | 45,50 € |
| Jährliche Prämie | **327,26 €** |

| | |
|---|---|
| Glasversicherung: | |
| Wohnfläche im EFH bis 140 qm | 71,00 € |
| Aquarium über 500 Liter | 20,00 € |
| | 91,00 € |
| – 10 % Dauernachlass | 9,10 € |
| | 81,90 € |
| – 5 % Zahlungsweise-Rabatt | 4,10 € |
| Versicherungsentgelt | 77,80 € |
| + 19 % VersSt | 14,78 € |
| Jährliche Prämie | **92,58 €** |

**3** Prämie zur Hausratversicherung (Zone H II) und Versicherung weiterer Elementarschäden

Grunddeckung Zone H II: 2,00 ‰

Erhöhung der Entschädigungsgrenze für Wertsachen auf 30 %

Prämiensatz für Zone H II: 0,60 ‰ – 40 % für Einbruchmeldeanlage = 0,36 ‰

Einschluss weiterer Elementarschäden in Zone I: 0,20 ‰

| | |
|---|---|
| (Zone 1) | |
| 156 qm · 650,00 € = 101 400,00 € VS | |
| 101 400,00 € zu 2,56 ‰ (2,00 + 0,36 + 0,20) | 259,58 € |
| – 10 % Dauernachlass | 25,96 € |
| | 233,62 € |
| – 2 % Zahlungsweise-Nachlass | 4,67 € |
| | 228,95 € |
| : 4 (vierteljährl. Zahlungsweise) | 57,24 € |
| + 16,15 % VersSt | 9,24 € |
| Vierteljährlicher Beitrag | **66,48 €** |

**4** Grunddeckung Zone H I 1,70 ‰

| | |
|---|---|
| 120 qm · 650,00 € = 78 000,00 € zu 1,70 ‰ | 132,60 € |
| – 10 % Dauernachlass | 13,26 € |
| | 119,34 € |
| – 2 % Zahlungsweise-Nachlass | 2,39 € |
| | 116,95 € |
| : 4 | 29,24 € |
| + 16,15 % VersSt | 4,72 € |
| Vierteljährliche Prämie | **33,96 €** |

**Lernkontrollen zu A 3.4** **Seiten 99–100**

**Neuordnung des Versicherungsvertrages**

**1** a) Jahresprämie ohne VersSt (neuer Vertrag)

| | |
|---|---|
| 150 000,00 € zu 1,3 ‰ | 195,00 € |
| – 5 % Zahlungsweise-Nachlass | 9,75 € |
| | 185,25 € |
| Jahresprämie ohne VersSt (alter Vertrag) | |
| 100 000,00 € zu 1,3 ‰ | 130,00 € |
| – 5 % Zahlungsweise-Nachlass | 6,50 € |
| | 123,50 € |
| Jahresmehrprämie | 61,75 € |
| p. r. t. für 41 Tage | 7,03 € |
| + 16,15 % VersSt | 1,14 € |
| Nachprämie | **8,17 €** |

b) Jahresprämie ohne VersSt (neuer Vertrag)

| | |
|---|---|
| 40 000,00 € zu 2,7 ‰ | 108,00 € |
| – 5 % Zahlungsweise-Nachlass | 5,40 € |
| | 102,60 € |
| Jahresprämie ohne VersSt (alter Vertrag) | |
| 40 000,00 € zu 1,5 ‰ | 60,00 € |
| – 5 % Zahlungsweise-Nachlass | 3,00 € |
| | 57,00 € |
| Jahresmehrprämie | 45,60 € |
| p. r. t. für 168 Tage | 21,28 € |
| + 16,15 % VersSt | 3,44 € |
| Nachprämie | **24,72 €** |

c) Jahresprämie ohne VersSt (neuer Vertrag)

| | |
|---|---|
| 125 000,00 € zu 2,2 ‰ | 275,00 € |
| – 5 % Zahlungsweise-Nachlass | 13,75 € |
| | 261,25 € |
| Jahresprämie ohne VersSt (alter Vertrag) | |
| 75 000,00 € zu 1,8 ‰ | 135,00 € |
| – 5 % Zahlungsweise-Nachlass | 6,75 € |
| | 128,25 € |
| Jahresmehrprämie | 133,00 € |
| p. r. t. für 143 Tage | 52,83 € |
| + 16,15 % VersSt | 8,53 € |
| Nachprämie | **61,36 €** |

d) Jahresprämie ohne VersSt (neuer Vertrag)

| | |
|---|---|
| 31 000,00 € zu 2,5 ‰ | 77,50 € |
| – 5 % Zahlungsweise-Nachlass | 3,88 € |
| | 73,62 € |
| Jahresprämie ohne VersSt (alter Vertrag) | |
| 25 000,00 € zu 2,2 ‰ | 55,00 € |
| – 5 % Zahlungsweise-Nachlass | 2,75 € |

| | |
|---|---|
| | 52,25 € |
| Jahresmehrprämie | 21,37 € |
| p. r. t. für 111 Tage | 6,59 € |
| + 16,15 % VersSt | 1,06 € |
| Nachprämie | **7,65 €** |

**2** Jahresprämie ohne VersSt (neuer Vertrag, Tarifzone H II)

| | |
|---|---|
| 112 500,00 € zu 2,6 ‰ (2,00 + 0,60) | 292,50 € |
| – 5 % Zahlungsweise-Nachlass | 14,63 € |
| | 277,87 € |
| Jahresprämie ohne VersSt (alter Vertrag, Tarifzone H III) | |
| 87 500,00 € zu 3,2 ‰ (2,30 + 0,90) | 280,00 € |
| – 5 % Zahlungsweise-Nachlass | 14,00 € |
| | 266,00 € |
| Jahresmehrprämie | 11,87 € |
| p. r. t. für 156 Tage | 5,14 € |
| + 16,15 % VersSt | 0,83 € |
| Nachprämie | **5,97 €** |

**3** Jahresprämie ohne VersSt (alter Vertrag)

| | |
|---|---|
| 55 000,00 € zu 1,8 ‰ | 99,00 € |
| – 5 % Zahlungsweise-Nachlass | 4,95 € |
| | 94,05 € |
| Unverbrauchte Prämie für 285 Tage | 74,46 € |
| Jahresprämie ohne VersSt (neuer Vertrag) | |
| 55 000,00 € zu 2,6 ‰ | 143,00 € |
| – 5 % Zahlungsweise-Nachlass | 7,15 € |
| | 135,85 € |
| – unverbrauchte Prämie des alten Vertrages | 74,46 € |
| | 61,39 € |
| + 16,15 % VersSt | 9,91 € |
| Prämienschuld am 25. Juli | **71,30 €** |

**4** a) Jahresprämie ohne VersSt (neuer Vertrag)

| | |
|---|---|
| 110 000,00 € zu 2,3 ‰ | 253,00 € |
| – 10 % Dauerrabatt | 25,30 € |
| | 227,70 € |
| – 5 % Zahlungsweise-Nachlass | 11,39 € |
| | 216,31 € |
| Jahresprämie ohne VersSt (alter Vertrag) | |
| 90 000,00 € zu 2,9 ‰ | 261,00 € |
| – 5 % Zahlungsweise-Nachlass | 13,05 € |
| | 247,95 € |
| Jahresminderprämie | 31,64 € |
| p. r. t. für 144 Tage | 12,66 € |
| + 16,15 % VersSt | 2,04 € |
| Prämienerstattung am 07. Nov. | **14,70 €** |

| | |
|---|---|
| b) Prämie neuer Vertrag einschl. Rabatt/Nachlass | 216,31 € |
| – unverbrauchte Prämie aus altem Vertrag | |
| p.r.t. 247,95 € · 144 : 360 | 99,18 € |
| | 117,13 € |
| + 16,15 % VersSt | 18,92 € |
| Prämienschuld am 07. Nov. | **136,05 €** |

**Vorzeitige Beendigung des Versicherungsvertrages**

**5** Berechnung der Rückprämie

| | |
|---|---|
| Jahresprämie 48 000,00 € zu 2,70 ‰ | 129,60 € |
| – 5 % Zahlungsweise-Nachlass | 6,48 € |
| Versicherungsentgelt | 123,12 € |
| p.r.t. für 270 Tage | 92,34 € |
| + 16,15 % VersSt | 14,91 € |
| Rückprämie | **107,25 €** |

| **Lernkontrollen zu A 4** | **Seiten 109–111** |
|---|---|

**Obliegenheiten während der Vertragsdauer**

**1** a) Nach Vertragsabschluss darf der VN die Gefahr (Risiko, hier: Einbruchrisiko) ohne Einwilligung des VR nicht erhöhen (Gefahrstandspflicht).

b) Das erhöhte Risiko wäre vertragswidrig; außerdem erhält der VR dafür keine adäquate Prämie. Soweit das erhöhte Risiko überhaupt tragbar ist, wird der VR nur unter der Bedingung einer erneuten Tarifierung zu einer höheren Prämie seine Einwilligung erteilen.

c) c1) VR kann den Vertrag innerhalb der Wahrnehmungsfrist von 1 Monat fristlos kündigen (§ 24 (1) S. 1 VVG).

c2) Anstelle der Kündigung kann der VR aber auch eine höhere Prämie verlangen oder die Absicherung der höheren Gefahr ausschließen (§ 25 (1) VVG). Der VN hat ein außerordentliches Kündigungsrecht, wenn sich die Prämie um mehr als 10 % erhöht oder VR die höhere Gefahr nicht absichern will (§ 25 (3) VVG).

d)

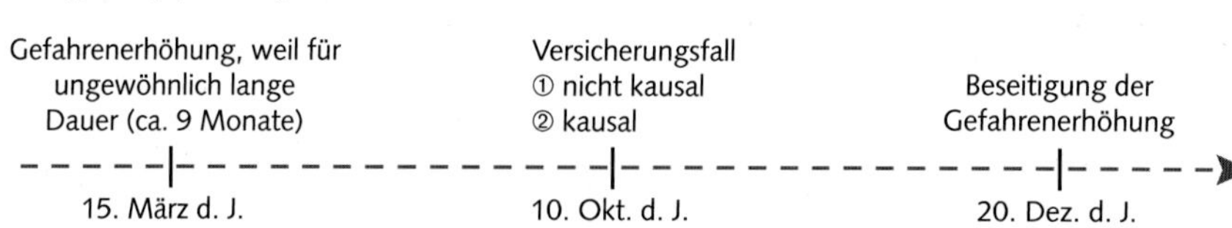


d1) Der VR ist wegen der groben Fahrlässigkeit des VN berechtigt, seine Leistung in einem der Schwere des Verschuldens des VN entsprechenden Verhältnis zu kürzen (§ 26 (1) S. 2 VVG).

d2) Mangels Kausalität ist der VR leistungspflichtig (§ 26 Nr. 3 VVG).

e) Mit Beseitigung der Gefahrerhöhung am 20. Dez. d. J. ist der VR wieder leistungspflichtig; gleichzeitig ist auch sein außerordentliches Kündigungsrecht hinfällig geworden.

**2** a) Anzeigepflicht bei nachträglich erkannter subjektiver Gefahrerhöhung. Erkennt der VN nachträglich, dass durch eine von ihm vorgenommene oder gestattete Handlung die Gefahrenlage verändert wurde, hat er dies unverzüglich anzuzeigen. Die Anzeigepflicht ist unverzüglich nach Kenntniserlangung zu erfüllen (§ 23 Abs. 2 VVG).

b) Der VR kann alternativ:

- den Vertrag unter Einhaltung einer Frist von einem Monat kündigen;
- die für diese höhere Gefahr entsprechende Prämie verlangen;
- die Absicherung der höheren Gefahr ausschließen.

Die Wahrnehmungsfrist für eines dieser Rechte beträgt 1 Monat.

c) Der Versicherungsfall ist später als einen Monat nach dem Zeitpunkt eingetreten, zu dem die Anzeige dem VR hätte zugehen müssen. Der Schaden infolge Rauchentwicklung am Hausrat in den übrigen Kelleräumen ist ursächlich (kausal). Der VR ist berechtigt, die Leistung nach dem Grad des Verschuldens des VN zu kürzen. Um den Verschuldensgrad prüfen zu können, sind Informationen darüber nötig, warum der VN die Anzeigepflicht verletzt hat.

**3** a) Ungewollte Gefahrerhöhung, da die Risikoänderung unabhängig vom Willen des VN eingetreten ist, er kann sie auch nicht verhindern.

b) Der VN ist verpflichtet, die Gefahrerhöhung unverzüglich anzuzeigen (§ 23 Abs. 3 VVG).

c) Grundsätzlich kann der VR innerhalb eines Monats nach Kenntnis der Gefahrerhöhung (Wahrnehmungsfrist) den Vertrag unter Einhaltung einer Kündigungsfrist von einem Monat (Wirkungsfrist) kündigen (§ 24 Abs. 2 VVG). Der VN soll Gelegenheit haben, sich anderweitig zu versichern.

Der VR kann bei grober Fahrlässigkeit die Entschädigung entsprechend der Schwere des Verstoßes kürzen, wenn der Versicherungsfall kausal ist und später als einen Monat nach dem Zeitpunkt eintritt, in welchem ihm die Anzeige hätte zugehen müssen (§ 26 Abs. 2 VVG).

d) Nein, die Wahrnehmungsfrist für die Kündigung nach Kenntnis der Gefahrerhöhung beträgt einen Monat. Tritt danach ein Versicherungsfall ein, so ist der VR sowohl für nichtkausale als auch für kausale Versicherungsfälle leistungspflichtig.

e)

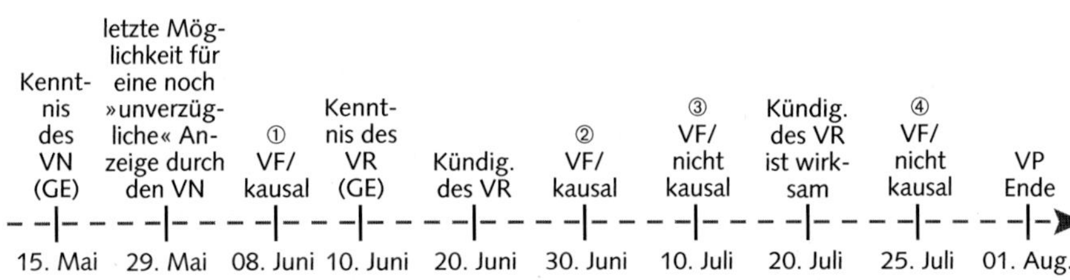


GE = Gefahrenerhöhung VF = Versicherungsfall VP = Versicherungsperiode

e1) Leistungspflichtig, da bei ungewollter Gefahrerhöhung der VR erst leistungsfrei wird (auch für kausale Versicherungsfälle), wenn mehr als ein Monat von dem Zeitpunkt ab verstrichen ist, zu dem eine Anzeige der Gefahrerhöhung noch hätte unverzüglich erfolgen können (§ 26 Abs. 2 VVG).

e2) Kürzung der Leistung entsprechend der Schwere des Verstoßes für kausale Versicherungsfälle ab 29. Juni (Ablauf der Monatsfrist bei Nichtanzeige) gem. § 26 Abs. 2 Satz 2, 2. Halbsatz VVG

e3) Leistungspflichtig mangels Kausalität des Versicherungsfalles (§ 26 Abs. 3 Nr. 1 VVG)

e4) Leistungsfrei; der VR hat am 20. Juni mit einmonatiger Wirkungsfrist gekündigt, d. h., der Vertrag ist ab 20. Juli beendet und der VR ist infolgedessen ab 20. Juli völlig leistungsfrei.

f) Dem VR gebührt die Prämie bis zur Wirksamkeit der Kündigung (Beendigung des Versicherungsvertrages) nach § 39 VVG.

**4** a) Es liegt eine Gefahrerhöhung vor, da sich die Umstände so verändert haben, dass der Eintritt eines Versicherungsfalles wahrscheinlicher geworden ist.

b) Es liegt noch keine Gefahrerhöhung vor, da die Wohnung nicht länger als 60 Tage unbewohnt ist.

c) Die allgemeine Voraussetzung einer Gefahrerhöhung, wonach die Gefahrerhöhung dem VN subjektiv bekannt sein muss, ist hier nicht gegeben. Der VN muss sich aber im Schadenfall ggf. vorhalten lassen, dass sein Verhalten grob fahrlässig war mit entsprechender Konsequenz für die Leistungspflicht des VR.

d) Das Verhalten ist als einfach fahrlässig zu werten. Es entspricht auch dem Gebot der Menschlichkeit. In der Aufregung ist dem VN die Gefahrerhöhung subjektiv verborgen geblieben. Der VR wird leisten müssen.

## Lernkontrollen zu A 5.1 — Seiten 115–116

### Obliegenheiten bei Eintritt des Versicherungsfalles

**1** a) Auskunftspflicht

b) Schadenabwehr- bzw. Schadenminderungspflicht

c) Schadenminderungspflicht

d) Belegpflicht

e) Schadenminderungspflicht

f) Auskunftspflicht, Belegpflicht

**2** Der VN war verpflichtet:

- den VR unverzüglich zu informieren (wegen des Wochenendes ist die Information am Montag als unverzüglich anzusehen),
- den Einbruch sofort der Polizei zu melden. Diese Obliegenheit wird verletzt.

Die Verlegung des Tatzeitpunktes ist ein Verstoß gegen die im VVG geforderte Auskunftspflicht; denn der VN wird spätestens in der Schadenanzeige danach gefragt, wann der Versicherungsfall eingetreten ist.

Die Digitalkamera war offensichtlich am Sonntag noch nicht beschädigt; denn sie wurde zum Schleuderpreis einem Dritten angeboten. Hätte die Polizei zu diesem Zeitpunkt von dem Einbruch gewusst, hätte der Täter vielleicht schon gefasst werden können.
Das Verhalten des VN ist als vorsätzlich und kausal zu bewerten (was durch die Verlegung des Tatzeitpunkts in besonderem Maße belegt ist), so dass ihm der Versicherungsschutz versagt werden kann.

| Lernkontrollen zu A 5.2 | Seiten 128–129 |
|---|---|

**Entschädigungsleistungen**

| | | |
|---|---|---|
| 1 | Wohnzimmereinrichtung abzügl. Restwert | 7 300,00 € |
| | + Reparaturkosten für technische Geräte | 300,00 € |
| | + Hausratgegenstände im Keller | |
| | versichert zum Neuwert | 550,00 € |
| | versichert zum gemeinen Wert | 15,00 € |
| | Entschädigung ohne Unterversicherung | 8 165,00 € |
| | Abrechnung nach Unterversicherungsformel: 8 165 · (35 000 + 3 500) : 45 000 | **6 985,61 €** |

2 Nicht versichert nach VHB 2016:
Reparaturkosten an der Haustür des Mehrfamilienhauses 300,00 €
Vandalismusschäden im Hausflur 600,00 €
Ersatzwerte:

| | |
|---|---|
| Reparaturkosten Wohnungstür | 250,00 € |
| Schmuck | 1 000,00 € |
| Stereoanlage (gemeiner Wert) | 130,00 € |
| | 1 380,00 € |

Abrechnung nach der Unterversicherungsformel:

$$E = \frac{1\,380 \cdot (45\,000 + 4\,500)}{60\,000} = \mathbf{1\,138{,}50\ €}$$

3 Das herbeigeschaffte Bargeld ist nicht versichert, da die Geschäftsräume nicht mehr zum Versicherungsort der Hausratversicherung zählen (4.2.2 i.V.m. 10.1 VHB 2016).
Der Bargeldbetrag von 2 000,00 € liegt über der betragsmäßig bestimmten Entschädigungsgrenze von 1 500,00 €, so dass hierfür 1 500,00 € als VW anzusetzen sind.
Der Schmuck im Werte von 25 000,00 € liegt über der hierfür betragsmäßig bestimmten Entschädigungsgrenze von 20 000,00 €, so dass hierfür 20 000,00 € als VW anzusetzen sind.
Für das Gemälde (Wert 7 500,00 €) gibt es keine betragsmäßig bestimmte Entschädigungsgrenze.
Die Versicherungswerte 1 500,00 €, 20 000,00 € und 7 500,00 €, also zusammen 29 000,00 €, liegen über der prozentualen Entschädigungsgrenze von 22 000,00 € (20 % der VS zuzügl. Vorsorgebetrag), so dass für die Wertsachen insgesamt 22 000,00 € als VW anzusetzen sind. Der VR wird die genannten Wertsachen **nur im Rahmen der Entschädigungsgrenzen** ersetzen, also insgesamt nur 22 000,00 €.

4 Der Brandschaden am Hausrat im Möbelwagen ist im Rahmen der Außenversicherung versichert. Es gilt die Entschädigungsgrenze nach 12.4 VHB 2016).
Unter den Versicherungsschutz fällt auch das Abhandenkommen infolge der versicherten Gefahr Brand (1 VHB 2016).
Der VR ersetzt max. 10 % der VS zuzüglich Vorsorgebetrag, also 10 % von 77 000,00 € = 7 700,00 €.

| | | |
|---|---|---|
| 5 | Sachschaden | 40 000,00 € |
| | Aufräumungskosten | 8 000,00 € |
| | Hotelkosten | |
| | 1 Promille der (VS + Vorsorgebetrag) = 44,00 € · 80 Tage | 3 520,00 € |
| | | 51 520,00 € |

Der Betrag von 51 520,00 € liegt über der maximalen Entschädigungsgrenze, die hier 44 000,00 € VS + weitere 10 % für die Kostendeckung, also 48 400,00 € betragen würde. Ersetzt werden **48 400,00 €.**

| Lernsituationen: | Kunden beim Abschluss von Hausratversicherungen beraten und Verträge bearbeiten |
|---|---|

**Lernsituation 1** **Seiten 132 – 133**

**»Gute Vorbereitung erhöht die Erfolgschance«**

**Methodisch-didaktische Hinweise**

Die Lernsituation kann für den Einstieg in das Lernfeld 3, aber auch noch später eingesetzt werden.

Die Auszubildenden setzen sich selbstständig mit den Hausratversicherungsbedingungen im **Proximus 4 Bedingungswerk** situationsbezogen auseinander und gewinnen erste Erfahrungen.

Die Lehrkraft leistet im Bedarfsfall Hilfestellung und erläutert ggf. Fachbegriffe.

Da i. d. R. Auszubildende anzutreffen sind, die bereits über Erfahrungen aufgrund ihrer Tätigkeit in der Agentur verfügen, empfiehlt sich die Gruppenarbeit, wobei jede Gruppe einen erfahrenen Auszubildenden als Gruppenteilnehmer haben sollte, der das Arbeitsergebnis präsentiert.

Die Gruppenarbeit ist auch deshalb angebracht, da die Lernsituation im Sinne des handlungsorientierten Lernens der »Methode Projekt« zuzuordnen ist.

Die Lernsituation bietet aber auch die Möglichkeit des Rollenspiels, bei der die Lehrkraft oder eine Schüler/eine Schülerin die Rolle des Kunden einnimmt und ein weiterer Schüler/eine weitere Schülerin (evtl. auch zwei) als Berater auftritt.

Für die Auftragsbearbeitung eignet sich auch die Metaplantechnik.

**Lösungshinweise:**

**1.**
- Terminplaner
- Termin vereinbaren
- Zeitplanung
- Infomaterial, Prospekte, Werbematerial
- Bereits vorhandene Kundendaten (zwecks Abgleich)
- Daten über Versicherungen bei der Proximus Versicherung
- Antrag
- Versicherungsbedingungen und Verbraucherinformationen
- Tarif
- Hilfsmittel (z.B. Fragebogen) zur Ermittlung des Versicherungswertes
- Laptop oder Notebook
- Beratungsvordruck (im Rahmen der Beratungsdokumentation)
- Visitenkarten
- Stadtplan oder Navigationsgerät

**2.**
- Wohnfläche in qm
- Lage der Wohnung, Tarifzone, Adresse
- Wertgegenstände
- Besondere Wertgegenstände (hier: Münzsammlung)
- Fahrräder
- Glas, Cerankochfelder, Aquarien
- Weitere Elementargefahren

- Vorversicherungen erfragen
- Vorschäden erfragen
- Wohnungstyp (ständig bewohnt)
- Lage des Wohngebietes
- Sicherungen (Schlösser, Haustür)

**3.** Versicherte Sachen; siehe 7, 8, 9 VHB 2016
Versicherte Kosten; siehe 13 VHB 2016
Versicherte Gefahren und Schäden; siehe 1–6 VHB 2016

**4.**
- Herr Sollmer ist selbstständiger Handelsvertreter. Vermutlich bringt er Handelsware mit nach Hause. Diese ist nicht versichert (8.3.7 VHB 2016).
- Die neue Einbauküche (Anbauküche nach VHB 2016, da sie aus vorgefertigten Elementen besteht), hat vermutlich ein Cerankochfeld (Glasbruchgefahr, die nach AGlB versichert werden kann).
- Aufgrund der Tierhalter-Haftpflichtversicherung kann auf das Vorhandensein eines Hundes geschlossen werden. Dieser fällt als Kleintier unter den Versicherungsschutz (8.3.8 VHB 2016).
- Die vorhandene Sportboot-Haftpflichtversicherung lässt darauf schließen, dass ein Segelboot vorhanden ist. Dies fällt nicht unter den Versicherungsschutz, wohl aber Kanus usw. (siehe 8.3.5 und 9.4 VHB 2016)
- Die neue Adresse: Am Rheinhafen liegt offensichtlich am Rhein. Die Versicherung weiterer Elementargefahren (wegen möglicher Überschwemmung) sollte angeboten werden. Anmerkung: Die Versicherbarkeit des Risikos nach ZÜRS wird unterstellt.
- Münzsammlung: ggf. Erhöhung der Entschädigungsgrenze
- Wohnung gemietet oder Eigentum (wegen Satellitenschüssel, evtl. Mehrfachversicherung)

**5.** Zusatzaufgabe:

a)
- Vertragserklärung für den Abschluss einer Hausratversicherung
- Datenschutzerklärung
- evtl. Einzugsermächtigung
- Belehrung über das Widerrufsrecht
- Anerkenntnis der VHB 2014 mit vereinbarten Klauseln

b) Versicherungsvertreter und Versicherungsmakler haben nach den Erstinformationen zunächst über die **Beratungsgrundlagen** zu informieren.
Versicherungsvertreter: Er muss zunächst informieren, auf welcher Markt- und Informationsgrundlage er seine Leistungen erbringt, für welchen VR er seine Tätigkeit ausübt und ob er für diesen ausschließlich tätig ist.
Versicherungsmakler: Er muss seiner Beratung eine hinreichende Zahl von angebotenen Versicherungsverträgen und Versicherern des Versicherungsmarktes zugrunde legen, um nach fachlichen Kriterien eine Empfehlung abgeben zu können, welcher Versicherungsvertrag die Bedürfnisse des VN in geeigneter Weise erfüllt.
Sofern der Makler eine eingeschränkte Versichererauswahl zugrunde legt, muss er hierüber vorab informieren.

Versicherungsvertreter und -makler haben die Pflicht, die vorstehend beschriebenen Beratungsgrundlagen in Textform vor Abschluss des Vertrages zu übermitteln.

Versicherungsvermittler (Vertreter, Makler) haben unter Berücksichtigung der angebotenen Versicherung und der Situation des VN diesen nach seinen Wünschen und Bedürfnissen zu befragen, zu beraten, sowie die Gründe für die erteilten Ratschläge anzugeben.

Die Beratung ist zu dokumentieren und ebenfalls in Textform zu übermitteln.

Verzichtet der VN auf Beratung und Dokumentation, muss er eine ausdrückliche schriftliche Erklärung abgeben, in der er auf die möglichen nachteiligen Folgen hingewiesen wird.

Darüber hinaus bestehen die Informationspflichten nach der VVG-InfoV.

## Lernsituation 2 Seiten 134–135

**»Hoffentlich ist alles versichert!«**

**Methodisch-didaktische Hinweise**

In den Zielen des Rahmenlehrplans ist u. a. vorgesehen, dass die Schülerinnen und Schüler den Geschädigten über die Leistungen dem Grunde und dem Umfang nach informieren. Die Lernsituation ist auf dieses Ziel ausgerichtet.

Als handlungsorientierte Lernmethode wurde hier die »Methode Postkorb« gewählt. Da sich die Methode Postkorb im Gegensatz beispielsweise zur Methode Projekt oder Fallstudie weniger für die Gruppenarbeit eignet, sollte die Einzelarbeit gewählt werden.

Je nach Leistungsfähigkeit der Schülerinnen und Schüler ist es unter Umständen erforderlich, die Situation in kleinere Elemente zu zerlegen und diese dann einzeln bearbeiten zu lassen.

Die Lernsituation bietet aber auch die Möglichkeit des Rollenspiels, bei der die Lehrkraft oder eine Schüler/eine Schülerin die Rolle des Kunden einnimmt und ein weiterer Schüler/eine weitere Schülerin (evtl. auch zwei) als Berater auftritt.

**Lösungshinweise:**

1. Formelle Deckungsprüfung:
   - Die Vertragsdaten zeigen u. a., dass kein Prämienrückstand vorhanden ist, Vertrag und Versicherungsschutz also bestehen.
   - Das Schadenereignis fällt unter den Versicherungsschutz nach VHB 2016.
   - Es besteht keine Unterversicherung, da Klausel PK 7712 vereinbart wurde und die Qm-Wohnfläche, multipliziert mit 650,00 €, die VS ergibt.
   - Der Hausrat der ausgezogenen Ehefrau, soweit er ihr alleine gehört, ist in dem Vertrag nicht mehr versichert, da sie keine Versicherungsnehmerin war. Soweit der entfernte Hausrat dem VN oder beiden gehört, besteht auch kein Versicherungsschutz mehr aus der Außenversicherung, da er bereits länger als 3 Monate entfernt ist; denn das Kriterium »vorübergehend« ist nicht mehr erfüllt.
   - Durch den hinzugekommenen Hausrat der Mutter hat sich die Risikosituation nicht verändert.
   - Fremdes Eigentum (hier der Hausrat der Mutter) ist nach VHB 2016 mitversichert; soweit es Sachen nach 7 und 8 VHB 2018 sind.
   - Der Schmuck der Mutter fällt unter 8.2 VHB 2016 und ist demzufolge auch versichert.
   - Die Fahrräder (einschließlich geliehenem Fahrrad) sind nach der eingeschlossenen Klausel PK 7110 bis 1 % der VS (71 500,00 € + 7 150,00 € Vorsorge), also zusammen bis 786,50 € versichert.

**2.** Materielle Deckungsprüfung

- Aufbrechen des Spindes im Umkleideraum des Schwimmbades ist Einbruchdiebstahl nach 4.1.2 VHB 2016 (... in einem Raum eines Gebäudes ein Behältnis aufbricht)
  Abhanden kommen 50,00 € Bargeld, 250,00 € auf einer Geldkarte und der Schlüsselbund.
  Leistungspflicht entsteht im Rahmen der Außenversicherung, da die Voraussetzungen für Schäden durch ED im Rahmen der Außenversicherung erfüllt sind. Die Entschädigungsgrenze von 10 % der VS, max. 10 000,00 €, wird nicht erreicht, ebenso nicht die betragsmäßig bestimmte Entschädigungsgrenze für Bargeld und Geldbeträge auf Geldkarten.
  Bargeld, Geldkarte und Schlüsselbund werden ersetzt. Ferner ersetzt der VR die Schlossänderungskosten für die Wohnung, da der Schlüsselverlust hier als versichertes Ereignis gilt.
- Die beiden Fahrräder sind nicht nach VHB 2016 sondern über die eingeschlossene Klausel versichert. Gegen entsprechende Nachweise ersetzt der VR maximal 786,50 € (siehe oben).
- Die Täter dringen mit dem richtigen Schlüssel in die Wohnung ein, den sie zuvor durch Einbruchdiebstahl erworben haben. Das Eindringen in die Wohnung ist demzufolge ein versicherter Einbruchdiebstahl nach 4.1.5 VHB 2016.
- Die Mutter wird beraubt. Sie steht nach 4.3.4 VHB 2016 dem VN gleich, da sie sich mit Zustimmung des VN in der Wohnung aufhält. Ihr Bargeld und ihr Schmuck sind demzufolge versichert. Die betragsmäßig bestimmte Entschädigungsgrenzen werden nicht erreicht.
- Vandalismus liegt vor, da zuvor in die Wohnung eingedrungen wurde.
- Ersetzt werden nach 4.2 VHB 2016 Vandalismusschäden an versicherten Sachen, also die mit Farbe besprühten Möbel.
- Die Schäden an Decke und Wände sind versichert als Reparaturkosten für Gebäudeschäden nach 13.7 VHB 2016.
- Der Krankenhausaufenthalt der Mutter fällt nicht unter den Versicherungsschutz, da die Hausratversicherung nur Sach- und keine Personenschäden deckt.

**3.** Der VN ist aufzufordern:

- eine Schadenanzeige auszufüllen
- dem VR und der Polizeidienststelle ein Verzeichnis der abhanden gekommenen Sachen einzureichen
- die Schäden in der Wohnung nicht zu verändern und dem VR die Besichtigung zu ermöglichen
- Belege (Kaufbelege für die Fahrräder, Schlossänderungskosten, Nachweis über den Geldkartenbetrag durch Kontoauszug, Nachweise zu Schmuck und Höhe des Bargeldes der Mutter) beizubringen

# B Wohngebäudeversicherung

**Lernkontrollen zu B 1** **Seite 139**

### Vertragsgrundlagen

1 Allgemeine Wohngebäude-Versicherungsbedingungen (VGB 2016 – Wert 1914)
Klauseln für die Erweiterung der Grunddeckung

2 Mehrere Gefahrengruppen sind in einem Vertrag zusammengefasst und werden versichert.

3 Nach 1 Satz 2 VGB 2016 können die Gefahrengruppen auch einzeln versichert werden im Gegensatz zur Hausratversicherung. Das ist darauf zurückzuführen, dass bei den seit 1994 aufgehobenen Monopol- und Zwangsanstalten das Feuerrisiko versichert werden musste, während die übrigen Gefahren anderweitig in Deckung gegeben werden konnten.

4 Wohngebäude und gemischt genutzte Gebäude, wobei der private Anteil 50 % nicht unterschreiten darf.
Beispiele: Mehrfamilienhaus mit Ladenlokal im Untergeschoss
Einfamilienhaus mit Praxisraum (z. B. Kosmetik)

**Lernkontrollen zu B 2.1** **Seiten 145–146**

### Versicherte Sachen

1 a) 1; b) 2; c) 2; d) 1; e) 1; f) 5; g) 2; h) 3; i) 1; k) 2; l) 4; m) 4; n) 5;

2 a) Nicht versichert nach VGB 2016, sondern durch die Hausratversicherung des Mieters.

b) Terrassenfliesen: Versichert nach 7.4 VGB 2016
Gartenmöbel: Nicht versichert nach VGB 2016

c) Dach, Fensterglas = versicherte Sache
Balkonpflanzen = versichertes Gebäudezubehör (Nutzung zu Wohnzwecken, außen angebracht)
Umzäunung = nicht versichert (weiterer Grundstücksbestandteil)

d) Versichert als Gebäudezubehör

e) War Sturm die Ursache, wäre der Gebäudeschaden, nicht aber das Auto in der Wohngebäudevers. versichert. Der Autoschaden ist ggf. in der Kfz-Versicherung (Kaskovers.) versichert.

3 Grundsätzlich gilt nach 7.5.2 VGB 2016:
Vom Mieter oder Wohnungseigentümer nachträglich **eingefügte** Sachen sind in der Wohngebäudeversicherung dann nicht versichert, wenn er sie auf seine Kosten beschafft und dafür die Gefahr trägt.
Dies trifft zu auf

- Whirlpoolwanne
- Kaminofen

- hochwertiger Teppichboden (PVC-Boden ist ja noch vorhanden)
  Diese Sachen sind in der Hausratversicherung des Mieters versichert, sofern eine solche besteht (ggf. Summenanpassung erforderlich). Der Vermieter könnte die Versicherung dieser Sachen in seiner Wohngebäudeversicherung vereinbaren, was er aber laut Fall ablehnt.

  Die vom Mieter **ausgetauschten** Sachen sind in der Wohngebäudeversicherung des Vermieters und nicht in der Hausratversicherung des Mieters versichert. Dies trifft zu auf die
  - höherwertigen Fliesen
  - neue Sanitärobjekte
  - Fenster mit Isolierglas
  - Glasfasertapeten

  Die Versicherung dieser Sachen ist in der Hausratversicherung nicht vorgesehen. Der Vermieter müsste also ggf. doch die VS seiner Wohngebäudeversicherung anpassen.

**4** Kein Versicherungsschutz für den Vermieter aus seiner Wohngebäudeversicherung (7.5.2 VGB 2016). Für die eingefügten Rollläden hat der Mieter keinen Versicherungsschutz aus seiner Hausratversicherung, da sich diese nicht nur vorübergehend sondern ständig außerhalb der Wohnung (Versicherungsort) befinden und deshalb Außenversicherungsschutz nicht besteht (12.1.2 VHB 2016). Für Sturm- und Hagelschäden würde der Außenversicherungsschutz der Hausratversicherung ohnehin nicht greifen, da er nur innerhalb des Gebäudes gilt (12.3 i.V.m. 6.5.7 VHB 2016).

Versicherungsmöglichkeiten bestehen:

- durch Vereinbarung der Klausel PK 7212 zur Hausratversicherung (im **Proximus 4 Bedingungswerk** nicht abgedruckt)
- durch gesonderte Vereinbarung zur Wohngebäudeversicherung des Vermieters nach 7.6.1 VGB 2016

## Lernkontrollen zu B 2.2 und B 2.3 Seiten 156–159

### Versicherte Gefahren und Schäden

*Brand*

**1** a) Nicht versichert:
Keine Lichterscheinung an Gardine, bestimmungsgemäßer Herd wird nicht verlassen.

b) Versichert:
Lichterscheinung ohne bestimmungsgemäßen Herd entstanden, Ausbreitung aus eigener Kraft.

c) Nicht versichert:
Verbrennung ohne Lichterscheinung.

d) Versichert: Wie b).

e) Nicht versichert:
Keine Lichterscheinung, reiner Sengschaden.

**2** a) Versichert:
Boden, Decke, Wände.
Nicht versichert: Einrichtung (Hausrat).

b) Versichert:
Sengschaden als Folge eines Einwirkungsschadens.

c) Versichert: Rußschäden in den Räumen (Folgeschaden eines versicherten Brandereignisses).
Nicht versichert: Möbel (Hausrat).

d) Nicht versichert:
Vom Mieter auf seine Kosten eingebrachte Sachen, für die er die Gefahr trägt, sind in der Wohngebäudeversicherung nicht versichert. Der Schaden wird durch die Hausratversicherung des Mieters ersetzt.

e) Nicht versichert:
Das Nachbarhaus wird nicht von der in Rede stehenden Wohngebäudeversicherung erfasst. Ölgemälde ist Hausrat. Der Eigentümer kann sich an seine Hausratversicherung wenden (Abhandenkommen nach einem Folgeschaden, hier: Rauchentwicklung durch Brand).

f) Nicht versichert: Laptop (Hausrat).
Versichert: Fensterflügel als Gebäudebestandteil (hier: Abhandenkommen infolge eines Brandes).

*Blitzschlag/Überspannung durch Bliz*

**3** a) Versichert:
Unmittelbares Auftreffen des Blitzes auf eine Sache liegt vor, die zudem versichert ist.

b) Versichert:
Überspannung durch Blitz (3.3 VGB 2016)

c) Es liegt ein Kurzschlussschaden an einer versicherten elektrischen Einrichtung (hier: Steuergerät) vor, der durch Blitz entstanden ist.
Die Spuren an der Wand sind die Folge eines Brandes.
Das Steuergerät und die Beschädigung der Wand durch die Brandspuren (Einwirkungsschadens eines Brandes) sind versichert.

d) Versichert:
Kalter Schlag. Die Voraussetzung, dass der Blitz auf eine Sache auftrifft, ist erfüllt, sodass der durch den Luftdruck des Blitzes entstehende Schaden versichert ist.

e) Versichert:
Der Sengschaden ist durch Auftreffen eines Blitzes auf eine Sache entstanden.

f) Versicherungsschutz besteht nur, wenn der Geräteschuppen als »Weiterer Grundstücksbestandteil« im Rahmen der Wohngebäudeversicherung mitversichert wurde.

**4** Versichert als Überspannung durch Blitz nach 3.3 VGB 2016.

*Explosion/Verpuffung/Implosion*

**5** a) Versichert:
Die Explosion muss nicht im versicherten Gebäude stattgefunden haben.

b) Nicht versichert:
Der Explosionsbegriff ist nicht erfüllt (kein Ausdehnungsbestreben von Gasen oder Dämpfen).
Anmerkung: Versicherungsschutz besteht auch nicht aus 4.4 VGB 2016, da das Rohr nicht der Versorgung versicherter Gebäude dient.

c) Versichert: Die Glasscheibe ist versichert, da eine Explosion nach dem Explosionsbegriff vorliegt.

d) Versichert infolge Implosion sind nur die Tapeten (Gebäudebestandteil). Fernsehapparat und Möbel sind in der Hausratversicherung versichert.

*Luftfahrzeuge*

**6** Nicht versichert: Es hat kein Anprall eines Luftfahrzeuges stattgefunden.

**7** Versichert, da es sich bei dem Modellflugzeug um ein Luftfahrzeug handelt. Der Wohngebäude-VR wird leisten, jedoch beim Schadenverursacher bzw. einem aufsichtspflichtigen Dritten Regress nehmen.

*Leitungswasser*

**8** Versichert.
Bestimmungswidriges Austreten von Leitungswasser aus einem mit dem Rohrsystem verbundenen Schlauch. Die Gebäudeschäden sind versichert. Hat der Mieter eine Hausratversicherung, sind die Reparaturkosten für Leitungswasserschäden (hier an Tapeten und Parkettfußboden) auch dort versichert.

**9** a) Nicht versichert:
Abflussrohr der Dachrinne (sog. Regenfallrohr nach VGB 2016) ist kein Abflussrohr der Wasserversorgung. Nach 4.5.1 VGB 2016 sind die entstehenden Schäden nicht versichert. Rückstau durch Niederschläge (hier infolge des verstopften Abflussrohres) ist gem. 4.5.4 VGB 2016 ohnehin ausgeschlossen.
Anmerkung: Durch Klausel PK 7166 können Nässeschäden durch Wasser aus Regenfallrohren innerhalb versicherter Gebäude und durch Klausel PK 7167 die Beseitigung von Rohrverstopfungen innerhalb versicherter Gebäude versichert werden.

b) Nicht versichert:
Kein versicherter Bruchschaden nach 4.4 VGB 2016, da kein Zuleitungsrohr der Wasserversorgung betroffen ist.

**10** Die Suchkosten werden nicht ersetzt, da kein ersatzpflichtiger Rohrbruchschaden vorliegt.

**11** Der Rohrbruchschaden im Durchlauferhitzer ist nicht versichert, da das gebrochene Rohr Bestandteil eines Boilers ist (4.3.1 VGB 2016).

Der Leitungswasserchaden an dem fest eingeklebte Teppichboden ist sowohl in der Hausratversicherung nach 13.8 VHB 2016 (Reparaturkosten für Leitungswasserschäden) als auch nach den VGB 2016 als Gebäudebestandteil versichert. Es liegt eine Mehrfachversicherung vor. Schäden bis 1 000,00 € zahlt allein der Gebäude-VR. Bei Schäden über 1 000,00 € erfolgt die Aufteilung zwischen Wohngebäude- und Hausrat-VR nach Maßgabe des § 78 Abs. 2 VVG.

Der Schaden an den Sockeln der Möbel ist Gegenstand der Hausratversicherung des Mieters.

**12** Die Feuerversicherung des Herrn Müller wird die Regulierung als Leitungswasserschaden ablehnen, da die Gefahr Leitungswasser nicht versichert ist.

Auf den Ausschluss nach 4.5.7 VGB 2016 (Leitungswasserschäden als Folge eines Brandes) kann sich der Feuerversicherer nicht berufen, da dieser Ausschluss nur für die versicherte Gefahr Leitungswasser gilt, diese hier aber nicht Gegenstand der Versicherung ist.

Der Leitungswasserschaden ist für Herrn Müller die Folge einer versicherten Explosion im Rahmen seiner Feuerversicherung. Da 4.5.7 VGB 2016 nicht anwendbar ist, wird der VR den Schaden als Folgeschaden einer Explosion ersetzen müssen. Es hat eine Explosion mit der beschriebenen Folge stattgefunden. Die Explosion musste sich nicht im Haus von Herrn Müller ereignen.

Die Verbundene Wohngebäudeversicherung des Herrn Schmitz ist für die Schäden am Haus des Herrn Müller nicht zuständig, da dieses Haus nicht mehr zu den versicherten Sachen zählt.

**13** a) Nicht versichert:
Schwammbildung ist nach 4.5.3 VGB 2016 ausgeschlossen. Schwamm entsteht allmählich durch Mauerfeuchtigkeit. Bei ordnungsgemäßer Außenmauerisolierung kann ein solcher Allmählichkeitsschaden nicht entstehen, auch wenn Leitungswasser außerhalb des Gebäudes austritt.

b) Versichert:
Die Rissbildung im Mauerwerk ist versichert, da Leitungswasser aus einem Ableitungsrohr den Erdrutsch verursacht hat (4.5.6 VGB 2016). Das gebrochene Abflussrohr selbst ist nicht versichert, da es sich außerhalb des Wohngebäudes befindet.

**14** Das Gartenschwimmbad ist als »Weiterer Grundstücksbestandteil« nach 6 S. 2 VGB 2016 nicht versichert.
Das Zuleitungsrohr ist nach 4.3.1.1 VGB 2016 nicht versichert, da es nicht der Versorgung eines versicherten Gebäudes oder einer Anlage dient.

Ableitungsrohre auf dem Grundstück sind nach VGB 2016 grundsätzlich nicht versichert.

*Sturm/Hagel und weitere Naturgefahren (Elementargefahren)*

**15** Kann der Sturmnachweis gem. 5.1 VGB 2016 geführt werden, sind die Schäden durch die Tischtennisplatte versichert.
Sturm hat einen Gegenstand auf die versicherte Sache (Terrassenfenster, Fensterrahmen) geworfen.
Die Schäden am Parkettfußboden durch eindringendes Regenwasser sind als Folgeschäden versichert.
Die Schäden durch das eingedrungene Regenwasser auf dem Balkon sind nicht versichert, da keine unmittelbare Sturmeinwirkung auf eine versicherte Sache stattgefunden hat.

**16** Die Schäden an geparkten Autos sind nicht Gegenstand der Wohngebäudeversicherung, sondern der Teilkaskoversicherung.
Die durch den Baukran verursachten Gebäudeschäden am Dach und in der Dachgeschosswohnung sind als Sturmschäden versichert (Sturm wirft Gegenstände auf versicherte Sachen). Die Einrichtung der Dachgeschosswohnung ist nicht Gegenstand der Wohngebäude-, sondern der Hausratversicherung.
Das Gewächshaus ist als »Weiterer Grundstücksbestandteil« nach VGB 2016 nur nach besonderer Vereinbarung versichert.

**17** Schäden durch Hagel an versicherten Sachen sind grundsätzlich versichert. Es kommt nicht auf die Sturmstärke an, wenn es hagelt. Gedeckt sind danach die Schäden an der Lichtkuppel, am Parkettfußboden und an den Tapeten. Die Schäden an den Möbeln ersetzt der Hausratversicherer.

**18** a) Nicht versichert, da das Grundwasser noch nicht an die Erdoberfläche gedrungen ist (5.5.3 VGB 2016).

b) Der Riss der Dachfolie durch die Trockenheit ist nicht versichert (5.5.5 VGB 2016). Das eindringende Niederschlagswasser ist nicht versichert; denn es liegt keine Überschwemmung (Überflutung des Grund und Bodens des Versicherungsgrundstücks) durch Witterungsniederschläge nach 5.4.1 VGB 2016 vor.

c) Der Riss der Dachhaut durch Schneedruck ist versichert (5.4.6 VGB 2016). Es bleibt zu prüfen, ob dem VN grobe Fahrlässigkeit wegen Nichtbeseitigung der Schneemassen vorgeworfen werden kann.

**19** Der Riss in der Kellerwand ist über die versicherte Gefahr Erdrutsch versichert, da durch die Überschwemmung ein naturbedingtes Absinken der Erdmassen entstanden ist. Die Schäden durch Rückstau in der Waschküche sind ebenfalls versichert.

## Lernkontrollen zu B 2.4 — Seiten 165–166

### Kostenschaden

**1** a) Brandschutt: Abfahren und Ablagern sind als Aufräumungskosten im Rahmen der Entschädigungsgrenzen versichert, da der Brandschutt aus versicherten Sachen besteht. Die Analyse des Brandschutts fällt nicht unter den Versicherungsschutz.
Erdreich: Keine versicherte Sache; die Entsorgung ist daher nicht versichert.

b) Versichert nach § 83 VVG als Aufwendungen zur Abwehr oder Minderung des Schadens (Schadenabwendungs- oder Schadenminderungskosten).

c) Versichert: Abdecken des Dachstuhls und Entsorgung der unbrauchbar gewordenen Ziegel sind als Aufräumungs- und Abbruchkosten nach 11.1 VGB 2016 versichert. Das Aufbringen der Plane ist nach § 83 VVG als Schadenabwendungs- oder Schadenminderungskosten versichert.

d) Nicht versichert: Abtransport der Pappel, da sie keine versicherte Sache ist. Die Beseitigung der Pappel vom Dach wäre jedoch im Rahmen der Bewegungs- und Schutzkosten versichert, da dieser Vorgang zum Zweck der Wiederherstellung des Daches erfolgt.
Versichert: Notreparatur des Daches als Schadenabwendungs- oder Schadenminderungskosten nach § 83 VVG.

e) Versichert. Abbau und Zwischenlagerung der Einbaumöbel sind als Bewegungs- und Schutzkosten nach 11.2 VGB 2016 versichert.
Die Reparaturkosten für den Rohrbruch sind als Sachschaden nach 4.3 VGB 2016 versichert.

### Mietausfallschaden

**2** Ersetzt wird der ortsübliche Mietwert zuzüglich anteiliger Nebenkosten nach dem Mietrecht, wenn dem VN die Beschränkung auf den benutzbar gebliebene Teil der Wohnung nicht zugemutet werden kann. Das ist im vorliegenden Fall gegeben; denn es ist unzumutbar, dass die Kinder auch im Wohnzimmer schlafen. Dem VN steht der Anspruch auch deshalb zu, da die Obergeschossräume nicht mehr nutzbar sind.

**3** Ja; denn der Mieter ist berechtigt, die Zahlung eines Teils der Miete zu verweigern. Der VR ersetzt diesen Teil und die anteiligen Mietnebenkosten für maximal 12 Monate.

**4** Nicht die Mietkosten für die neuen Räume, sondern der Mietwert für die selbst genutzten Wohnräume ist Gegenstand der Versicherung. Da die Fußpflegepraxis eine gewerbliche Raumnutzung darstellt, besteht kein Anspruch auf Ersatz des ortsüblichen Mietwertes.
Die Unterbringung der Praxiseinrichtung in einem anderen Raum und auch die Rückführung sind als Bewegungs- und Schutzkosten versichert, wenn dies für die Beseitigung des Rohrbruchschadens erforderlich ist. Ersetzt werden aber nur die üblichen Schutzkosten und nicht die Miete, da der gemietete Raum ja auch noch anderweitig genutzt wird. Kann der Rohrbruchschaden auch ohne Entfernung der Praxiseinrichtung durchgeführt werden, besteht kein Versicherungsschutz für die Kosten der Auslagerung und Rückführung.

## Lernkontrollen zu B 2.5 und B 2.6 — Seiten 171–172

### Klauseln

**1** a) Versichert nach 3.3 VGB 2016.

b) Versichert nach VGB 2016.

c) Versicherbar über Klausel PK 7165

d) Nicht versicherbar (Klausel PK 7166 versichert nur Regenfallrohre innerhalb des Gebäudes).

e) Rohrbruch: Versicherbar über Klausel PK 7262; Leitungswasserschaden am Gebäude ist versichert.

f) Dach des Einfamilienhauses versichert nach VGB 2016.
Gartenhaus gesondert versicherbar über Klausel PK 7264.

g) Gebäudebeschädigung infolge Einbruch versicherbar über Klausel PK 7361.
Graffitischäden im Innern des Gebäudes nicht versicherbar (ggf. versichert als Vandalismusschaden über die Hausratversicherung).
Die Klausel PK 7366 versichert nur Graffitischäden an Außenseiten von versicherten Sachen im Sinne der VGB 2016

**2** a) Nach den VGB 2016 sind nur die dort genannten Gefahren, Schäden und Sachen versichert.
Deckungslücken bestehen für
- den Whirlpool,
- das Gewächshaus

b) Whirlpool:
Es ist nach Klausel PK 7264 nicht versicherbar. Die Ableitungsrohre können nach Klausel PK 7262 hier nicht versichert werden, da die Anlage selbst versichert sein muss. Nur die Zuleitungsrohre sind nach Klausel PK 7260 versicherbar.
Gewächshaus: Versicherbar über Klausel PK 7264.

**3** Nicht versichert.
Die Gebäudebeschädigung muss die Folge eines Einbruchs bzw. Einbruchsversuchs sein. Versichert wären dann die Kosten für die Beseitigung von Schäden an Türen, Schlössern, Fenstern, Rollläden und Schutzgittern eines versicherten Gebäudes. Die Außenmauerwerkschäden wären versichert, wenn sie die Folge einer Einbruchshandlung sind (z. B. Ausstemmen eines Schutzgitters). Für den Ersatz von Graffitischäden an Außenseiten muss Klausel PK 7366 vereinbart sein.

**4** Es besteht kein Versicherungsschutz.
Die Klausel PK 7262 versichert nur Frost- und sonstige Bruchschäden an Ableitungsrohren der Wasserversorgung außerhalb versicherter Gebäude. Das Rohr der Dachentwässerung ist kein solches Rohr. Der Gebäudeschaden durch das Wasser ist ebenfalls nicht versichert, da kein Schaden durch Leitungswasser (bestimmungswidrig austretendes Wasser aus einem Zu- bzw. Ableitungsrohr der Wasserversorgung) vorliegt.

## Glasversicherung

**5** Versichert sind:

| | |
|---|---|
| Notverglasung (Schadenminderungskosten) | 150,00 € |
| Neuverglasung | 700,00 € |
| | 850,00 € |

Die Wein- und Sektgläser sind nicht versichert.

Die Lichtkuppel hätte nach 4.2.4 AGlB 2016 gesondert versichert werden müssen.

## Lernkontrollen zu B 2.7 — Seiten 191 – 194

### Ermittlung der Versicherungssumme

| | | | |
|---|---|---|---|
| **1** | a) | Gebäudetyp: Flachdach, EG, Keller | 190 M |
| | | Zuschläge: | |
| | | Leichtmetallfenster | + 4 M |
| | | Fußbodenheizung | + 6 M |
| | | Edelholzverkleidung | + 6 M |
| | | | 206 M |
| | | 156 qm · 206 M | 32 136 M |
| | | Garage | 700 M |
| | | VS »Wert 1914« (gerundet auf volle 100 M) | **32 900 M** |
| | b) | Gebäudetyp: DG ausgebaut, EG + OG, Keller | 150 M |
| | | Zuschläge: | |
| | | Naturschieferdach | + 4 M |
| | | Handstrichklinker | + 5 M |
| | | Teppichböden | + 4 M |
| | | Edelholztüren | + 3 M |
| | | | 166 M |
| | | 280 qm · 166 M | 46 480 M |
| | | Keller 40 qm · 15 M | 600 M |
| | | 2 Garagen à 700,00 M | 1 400 M |
| | | VS »Wert 1914« (gerundet auf volle 100 M) | **48 500 M** |

### Tarifierung

| | | | | |
|---|---|---|---|---|
| **2** | a) | 23 500 M zu 1,1 ‰ = 25,85 M · 18,55 | 479,52 € | |
| | | – 5 % Zahlungsweise-Nachlass | 23,98 € | 455,54 € |
| | | + 16,34 % VersSt | | 74,44 € |
| | | Jahresprämie 2019 | | 529,98 € |
| | b) | 27 300 M zu 0,85 ‰ = 23,21 M · 18,55 | 430,55 € | |
| | | – 5 % Zahlungsweise-Nachlass | 21,53 € | 409,02 € |
| | | + 19 % VersSt | | 77,71 € |
| | | Jahresprämie 2019 | | 486,73 € |

| | | | |
|---|---|---|---|
| c) | Gebäudetyp: Flachdach, EG mit Keller | | 190 M |
| | 120 qm · 190 M | | 22 800 M |
| | 22 800 M zu 0,2 ‰ = 4,56 M · 18,55 | 84,59 € | |
| | – 5 % Zahlungsweise-Nachlass | 4,23 € | 80,36 € |
| | + 13,2 % VersSt | | 10,61 € |
| | Jahresprämie 2019 | | 90,97 € |

**3** 67547 Worms = Leitungswasserzone 2, Sturmzone 1
Holzfachwerk mit Steinfüllung, Ziegeldach = Bauartklasse II
Die VS kann nach dem Summenermittlungsbogen ermittelt werden.

| | | |
|---|---|---|
| Gebäudetyp: DG nicht ausgebaut, EG + OG, ohne Unterkellerung | | 140 M |
| Abschlag für Ofenheizung | | 4 M |
| | | 136 M |
| VS »Wert 1914« : 120 m² · 136 M = 16 320 M | | ger. 16 400 M |
| **Prämienberechnung:** | | |
| 0,20 + 0,35 + 0,25 = 0,80 ‰ | | |
| 16 400 M · 0,80 ‰ = 13,12 M · 18,55 | 243,38 € | |
| – 5 % Zahlungsweise-Nachlass | 12,17 € | 231,21 € |
| + 16,34 % VersSt | | 37,78 € |
| Jahresprämie 2019 | | 268,99 € |

| | | |
|---|---|---|
| **4** | Grundprämie F | 0,20 ‰ |
| | Zuschlag nicht ständig bewohntes Gebäude | 0,55 ‰ |
| | 30 000,00 € VS zu 0,75 ‰ | 22,50 € |
| | Mindestprämie lt. Tarif | 40,00 € |
| | 13,2 % VersSt | 5,28 € |
| | Jahresprämie | 45,28 € |

**5** 116,34 % ≙ 529,57 € 455,19 € ≙ 95 %
100 % ≙ 455,19 € 479,15 € ≙ 100 %
479,15 € : 18,55 (Anpassungsfaktor 2019) = 25,83 M (Prämie 1914)
24 600,00 M ≙ 1 000 ‰
25,83 M ≙ x ‰ x = 1,05 ‰

**6** a) 429,99 € : 18,55 (Anpassungsfaktor 2019) 23,18 M
b) 0,95 ‰ ≙ 23,18 M
1 000,00 ‰ ≙ x M x = 24 400

**Zuschläge und Nachlässe**

| | | |
|---|---|---|
| **7** | Grundbeitrag: 0,20 ‰ + 0,35 ‰ + 0,25 ‰ | 0,80 ‰ |
| | Einschlüsse: 0,10 ‰ + 0,10 ‰ + 0,15 ‰ | 0,35 ‰ |
| | | 1,15 ‰ |
| | 80 500 M zu 1,15 ‰ = 92,58 M · 18,55 | 1 717,36 € |
| | – 10 % Dauernachlass | 171,74 € |
| | | 1 545,26 € |
| | – 2 % Zahlungsweise-Nachlass | 30,91 € |
| | | 1 514,71 € |
| | : 4 | 378,68 € |
| | + 16,34 % VersSt | 61,88 € |
| | Vierteljährliche Prämie 2019 | **440,56 €** |

**8** a) Angebot des VR A

| | |
|---|---|
| 24 800 M zu 1,05 ‰ = 26,04 M | |
| · 18,55 (Anpassungsfaktor 2019) | 483,04 € |
| – 20 % Selbstbehaltsrabatt | 96,61 € |
| Versicherungsprämie (jährlich) | 386,43 € |
| Angebot des VR B | |
| Jährliche Prämie ohne VersSt | 409,40 € |

Zum Vergleich: A = 386,43 €, B = 409,40 € ➔ **VR A ist günstiger**

b)

| | | |
|---|---|---|
| 409,40 € : 18,55 (Anpassungsfaktor 2019) | | 22,07 M |
| 24 800,00 M ≙ 1 000,00 ‰ | | |
| 22,07 M ≙ 0,89 ‰ | 0,89 ‰ + 0,10 ‰ | 0,99 ‰ |

Der Prämiensatz ist bei VR B zwar günstiger, aber der hohe Selbstbehaltsrabatt von 20 % bei A macht die Prämie dort wesentlich günstiger.

**Neuordnung des Vertrages**

**9**

| | |
|---|---|
| Neue Jahresprämie ohne VersSt | |
| 25 000,00 M zu 0,75 ‰ = 18,75 M · 18,55 (Anpassungsfaktor 2019) | 347,81 € |
| – 5 % Zahlungsweise-Nachlass | 17,39 € |
| | 330,42 € |
| Alte Jahresprämie ohne VersSt | |
| 22 000,00 M zu 0,75 ‰ = 16,50 M · 18,55 (Anpassungsfaktor 2019) | 306,08 € |
| – 5 % Zahlungsweise-Nachlass | 15,25 € |
| | 290,83 € |
| Jahresmehrprämie ohne VersSt | 39,59 € |
| p. r. t. für 261 Tage (21 + 8 · 30) | 28,70 € |
| + 16,34 % VersSt | 4,69 € |
| Nachprämie | 33,39 € |

**10** a)

| | |
|---|---|
| 43 700 M zu 1,35 ‰ = 59,00 M · 18,55 (Anpassungsfaktor 2019) | 1 094,45 € |
| – 54,72 € (5 % Zahlungsweise-Nachlass) = | 1 039,73 € |
| + 16,34 % VersSt | 169,89 € |
| | **1 209,62 €** |

b)

| | |
|---|---|
| (5 · 30 + 14) | **164 Tage** |

c)

| | |
|---|---|
| Unverbrauchte Prämie p. r. t. ohne VersSt: | |
| 1 039,73 € · 164 : 360 | **473,65 €** |

d)

| | |
|---|---|
| Neue Jahresprämie ab 01. Sept. 2019 | |
| 49 300 M zu 1,50 ‰ = 73,95 M · 18,55 (Anpassungsfaktor 2019) | 1 371,77 € |
| – 68,59 € (5 % Zahlungsweise-Nachlass) = | 1 303,18 € |
| – 473,65 € unverbrauchte Prämie ohne VersSt = | 829,53 € |
| + 16,34 % VersSt | 135,55 € |
| Prämienschuld ab 01. Sept. 2019 | **965,08 €** |

e)

| | |
|---|---|
| Neue Jahresprämie ohne VersSt | 1 303,18 € |
| – alte Jahresprämie ohne VersSt | 1 039,73 € |
| Jahresmehrprämie | 263,45 € |
| p. r. t. für 164 Tage | 120,02 € |
| + 16,34 % VersSt | 19,61 € |
| Nachprämie | **139,63 €** |

**Vorzeitige Vertragsbeendigung**

**11** Kündigung wirksam einen Monat nach Zugang (ab 21.11. 0 Uhr)

| | |
|---|---|
| Jahresprämie ohne VersSt | 433,60 € |
| Unverbr. Prämie v. 21. Nov. bis 14. April (10 + 4 · 30 + 14 = 144 Tage) | 173,44 € |
| + 16,34 % VersSt | 28,34 € |
| Rückprämie einschl. VersSt | **201,78 €** |

**Veräußerung und Vererbung**

**12** a) mit der Eintragung ins Grundbuch

b) mit dem Tod des Erblassers

c) mit dem Zeitpunkt des Zuschlags

**13** a) Rechtslage: Mit dem Tode der Erblasserin, Frau Amelung, ist die von ihr abgeschlossene Versicherung auf die Erben übergegangen, auch ohne dass diese vom Bestehen der Versicherung Kenntnis hatten. Die Erben sind zur Vertragsfortsetzung verpflichtet.
Mit der Veräußerung des Gebäudes durch die Erbengemeinschaft ist die Versicherung nach Ziff. 25.1 VGB 2016 auf den Erwerber übergegangen. Der Übergang vollzieht sich ab dem Datum des Grundbucheintrags lt. VGB 2016. Der Erwerber hat das Recht, den Versicherungsvertrag innerhalb einer Ausübungsfrist von einem Monat mit sofortiger Wirkung oder zum Ende der laufenden Versicherungsperiode zu kündigen.
Hatte der Erwerber keine Kenntnis vom Bestehen der Versicherung, wie im vorliegenden Fall, bleibt das Kündigungsrecht bis zu dem Zeitpunkt bestehen, in welchem er von der Versicherung Kenntnis erlangt. Ggf. muss der Erwerber dann innerhalb eines Monats mit sofortiger Wirkung oder zum Ende der laufenden Versicherungsperiode kündigen.
Verhaltensempfehlung: Herr Berthold soll die Versicherung bei der Südstern-Versicherung mit sofortiger Wirkung nach Ziffer 25.2.2 VGB 2016 kündigen.

b) Die durch die Erblasserin abgeschlossene Versicherung ist auf die Erben übergegangen. Aufgrund der Veräußerung ist der Käufer VN geworden. Die Erben haben als Veräußerer kein außerordentliches Kündigungsrecht. Sie müssen vielmehr für die Prämie der laufenden Versicherungsperiode einstehen, wenn der Erwerber (oder der VR) das Versicherungsverhältnis kündigt.
Da Herr Berthold kündigen wird, muss die Erbengemeinschaft für die Prämienrechnung über die zweite Halbjahresprämie der laufenden Versicherungsperiode einstehen. Der VR hat allerdings nur Anspruch auf den Teil der Prämie, der der dann abgelaufenen Vertragszeit entspricht.

**14** Arne Müller ist mit dem Zuschlag Eigentümer des Gebäudes geworden (= Übergang der versicherten Sache). Bei einer Zwangsversteigerung werden die Vorschriften über die Veräußerung entsprechend angewendet, d. h. Arne Müller ist VN geworden, hat als Erwerber aber ein außerordentliches Kündigungsrecht. Macht er hiervon fristgerecht Gebrauch, muss er für die unbezahlte Prämie der laufenden Versicherungsperiode nicht mehr einstehen. Ansonsten haften der bisherige Eigentümer und Arne Müller als Gesamtschuldner. Da der bisherige Eigentümer der Zwangsvollstreckung unterlag, wird sich die Südstern-Versicherung an Arne Müller halten wollen. Die Kündigung des Versicherungsvertrages bei der Südstern-Versicherung durch Arne Müller nach Ziff. 25.2.2 VGB 2016 ist also dringend zu empfehlen, wenn das Gebäude bei der Proximus versichert werden soll.

## Lernkontrollen zu B 2.8 Seiten 204–207

### Sachschäden, Kosten und Mietausfall

1

| | |
|---|---|
| Dachdeckerrechnung | 26 400,00 € |
| – notwendige Reparaturkosten übersteigender Betrag (zusätzl. Dachgauben) | 2 300,00 € |
| | 24 100,00 € |
| + Erneuerung Parkettfußboden | 2 150,00 € |
| + Schadenminderungskosten (Notdach) | 800,00 € |
| + Mietpreisminderung (3 · 125,00 €) | 375,00 € |
| Entschädigung | **27 425,00 €** |

Der Schadenersatzanspruch des Mieters für die von ihm eingebrachte Holzdecke ist Gegenstand der Hausratversicherung des Mieters.

2 Das Antwortschreiben muss folgende Inhalte umfassen:

**Aufräumungskosten:**
Versichert sind nur die durch den Vertrag versicherten Sachen, also der Dachstuhlabtransport, nicht aber die Wohnungseinrichtung. Dieser Abtransport wäre über eine Hausratversicherung des Mieters versichert. Die Entschädigungsgrenze in der Wohngebäudeversicherung wird nicht überschritten.

**Wiederaufbau des Dachstuhls mit Blitzableiter:**
Der Blitzableiter ist nicht versichert, da er zuvor nicht vorhanden war, also keine notwendigen Reparaturkosten darstellt. Die Mehrkosten der Dacheindeckung infolge behördlicher Auflagen sind nach 14.1.1.2 VGB 2016 gedeckt.

**Innenausbau:**
Die Kosten für das Bad werden ersetzt, da der Mieter diese Sachen nur ausgetauscht und nicht neu eingebracht hat (7.5.2 VGB 2016).

**Satellitenschüssel und Gemeinschaftsantennne:**
Die Satellitenschüssel wurde vom Mieter angebracht und ist daher nicht in der Wohngebäudeversicherung des Hauseigentümers versichert. Die Gemeinschaftsantenne ist Gebäudebestandteil und daher in der Wohngebäudeversicherung versichert.

**Mietausfall:**
Ersetzt werden nicht die Hotelkosten und die Verpflegung des Mieters, sondern der Mietausfall für den Vermieter einschließlich etwaiger fortlaufender Mietnebenkosten.

3

| | |
|---|---|
| Sachschaden | 370 000,00 € |
| + Aufräumungskosten u. dgl. von 28 000,00 €* (max. 5 % von 36 300 M · 18,55 [Anpassungsfaktor 2019]) | 28 000,00 € |
| + Mietausfall (für max. 12 Monate) 12 · 1 600,00 € | 19 200,00 € |
| Entschädigung | **417 200,00 €** |

*) Der Apothekeninhalt (2 000,00 €) ist keine versicherte Sache in der Wohngebäudeversicherung und bleibt daher unberücksichtigt.

## Anrechnung einer Unterversicherung

| | | |
|---|---|---|
| **4** a) | Sachschaden | 24 000,00 € |
| | – notwendige Reparaturkosten übersteigender Betrag | 2 750,00 € |
| | Entschädigung | **21 250,00 €** |
| b) | 21 250 · 22 000 : 28 000 | **16 696,43 €** |
| c) | Ermittelte Entschädigung | 16 696,43 € |
| | abzügl. Schadenselbstbehalt | 500,00 € |
| | | **16 196,43 €** |

**5** 5 000,00 M Unterversicherung ≙ 13 400,00 € Abzug
25 000,00 M VW 1914 ≙ x € Gesamtschaden

13 400 · 25 000 : 5 000 **67 000,00 €**

| | | |
|---|---|---|
| **6** a) | Neuwertschaden | 87 500,00 € |
| | – Restwert | 7 500,00 € |
| | + Mehrkosten wegen behördl. Auflagen*) | 5 500,00 € |
| | + Aufräumungs- und Abbruchkosten **) | 3 600,00 € |
| | + Mietausfall ($^{12}/_{14}$ von 3 150,00 €) | 2 700,00 € |
| | Gesamtentschädigung | **91 800,00 €** |

*) Die Mehrkosten von 3 750,00 € für die Fußbodenheizung werden nicht ersetzt.

**) Die Entschädigungsgrenzen werden nicht überschritten.

b) 91 800 · 15 000 : 18 000 **76 500,00 €**

**7** 76 500,00 € · 25 000,00 M : 30 000,00 M **63 750,00 €**

Die Preissteigerung ist versichert, da der VN die Verzögerung nicht verschuldet hat.

**8** Der Mietwert wird für max. 12 Monate entschädigt.
Die laufenden Nebenkosten werden erstattet, soweit es sich um Nebenkosten im Sinne des Mietrechts handelt.
Sachschaden, Aufräumungskosten und Mietwert werden nach der Unterversicherungsformel abgerechnet.

| | |
|---|---|
| Sachschaden | 92 500,00 € |
| + Aufräumungskosten | 3 250,00 € |
| + Mietausfall und Nebenkosten (12 Monate) | 5 880,00 € |
| | 101 630,00 € |
| 101 630 · 17 000 : 21 000 = | **82 271,90 €** |

## Verzinsung der Entschädigung

**9** p = 4 % (min.)

| **Betrag** | **Zeit** | **Tage** | |
|---|---|---|---|
| 100 000,00 | 23.07.–22.08. | 29 | – *) |
| 50 000,00 | 23.07.–01.09. | 38 | 19 000 |
| 50 000,00 | 23.07.–15.09. | 52 | 26 000 |
| 34 500,00 | 23.07.–25.09. | 62 | 21 390 |
| 234 500,00 | | | 66 390 |

*) Keine Verzinsung bei Zahlung innerhalb eines Monats

| | | |
|---|---|---|
| Zinsteiler: 360 : 4 = 90 | z = 66 390 : 90 | 737,67 € |
| 34 500,00 + 737,67 | | **35 237,67 €** |

**10**

| Betrag | Tage | | | |
|---|---|---|---|---|
| 60 000,00 | 137 | 22 200 | | |
| 70 000,00 | 158 | 40 600 | | |
| 28 000,00 | 161 | 45 080 | | |
| | | 107 880 | | |
| Zinsteiler: 360 : 4,5 = 80 | | | z = 107 880 : 80 | 1 348,50 € |
| 28 000,00 + 1 348,50 | | | | **29 348,50 €** |

**11** Sobald die Leistungspflicht dem Grunde und der Höhe nach festgestellt ist, ist die Auszahlung der Entschädigung fällig. Am 10. Okt. (1 Monat nach Schadenanzeige) kann als Abschlagszahlung der Betrag beansprucht werden, der nach Lage der Sache mindestens zu zahlen ist.

| Lernsituationen: | Kunden beim Abschluss von Wohngebäudeversicherungen beraten und Verträge bearbeiten |
|---|---|

| Lernsituation 1 | Seiten 210–215 |
|---|---|

**»Bauen heißt versichern«**

**Methodisch-didaktische Hinweise**

Die Lernsituation kann für den Einstieg in Einstieg in die Wohngebäudeversicherung, aber auch später eingesetzt werden. Empfohlen wird, zunächst die versicherten Sachen in der Wohngebäudeversicherung zu thematisieren und dann diese Lernsituation einzusetzen. Beim Testen der Lernsituation wurde festgestellt, dass die Lernenden aufgrund der erworbenen Grundkenntnisse sehr bemüht waren, den Versicherungsschutz richtig zu gestalten.

Da die Lernsituation im Sinne des handlungsorientierten Lernens der »Methode Projekt« zuzuordnen ist, bietet sich die Gruppenarbeit an. Bei der Präsentation kann auch das Rollenspiel eingesetzt werden, bei der die Lehrkraft oder eine Schüler/eine Schülerin die Rolle des Kunden einnimmt und ein weiterer Schüler/eine weitere Schülerin (evtl. auch zwei) als Berater auftritt.

**Lösungshinweise:**

Zu a)

Analyseergebnisse:

- Der Kunde benötigt eine Rohbauversicherung und eine Wohngebäudeversicherung.
- Der Kaufpreis von 169 900,00 € gilt für ein zweigeschossiges Haus mit Flachdach, aber ohne Keller, ohne Doppelgarage und ohne Maler- und Tapezierarbeiten.
- Der Kaufpreis beinhaltet die Entwurfs- und Planungsleistungen.
- Der Kunde will einen Kellerraum zusätzlich zu Wohnzwecken ausbauen.
- Die Baubeschreibung erwähnt große Fensterflächen.
- Das Heizöl soll in einem außen liegenden Erdtank gelagert werden.
- Die Bauzeichnung weist einen Büroraum aus (gewerbliche Nutzung).
- Es gibt eine überdachte Terrasse.
- Die Beschreibung der Ausstattung erwähnt Holzsprossenfenster, Edelholztüren, Natursteinfußböden, hochwertige Sanitärobjekte im Bad.

Ermittlung der VS, die eine Unterversicherung vermeidet:

Richtiges Ausfüllen des Summenermittlungsbogens. Die Vorarbeit kann durch die Agentur geleistet und die Eintragungen dann vom Kunden geprüft und bestätigt werden.

Eine Versicherung nach VGB 2016 kommt infrage, da das Büro (gewerblicher Teil) unter 50 % der Gesamtwohnfläche liegt.

Wohnfläche Erdgeschoss: 100,66 qm
Wohnfläche Obergeschoss: 62,26 qm
Ausgebauter Kelleraum mit der Nummer 1 laut Plan: 35,73 qm

| | |
|---|---|
| Gebäudetyp lt. Summenermittlungsbogen: | |
| Flachdach EG+OG, mit Unterkellerung | 190 M |
| Bauausführung: | |
| Holzsprossenfenster | 4 M |
| Edelholztüren | 3 M |
| Natursteinfußböden | 4 M |
| hochwertige Sanitärobjekte | 6 M |
| Summe | 207 M |

| | |
|---|---|
| Wert 1914 pro qm Wohnfläche: (100,66 qm + 62,26 qm) · 207 M = | 33 725 M |
| Wohnfläche im Keller: 35,73 qm · 15 M | 536 M |
| Doppelgarage | 1 400 M |
| | 35 661 M |
| gerundet auf volle 100 M | 35 700 M |

Beitragsberechnung:
PLZ für Bochum, Gartenstr. = 44869, Lw-Zone 3, St-Zone 2; BAK I

| | |
|---|---|
| Mindestversicherungsschutzangebot (3-jährige Dauer wegen Dauernachlass): | |
| Grundbeitrag F 0,20, Lw III 0,40, St II 0,30 | 0,90 ‰ |
| Garteneinfriedung nach Klausel PK 7264 (bis 1 % der VS) | 0,10 ‰ |
| Summe | 1,00 ‰ |

| | | |
|---|---|---|
| Beitrag 1914: 35 700,00 M zu 1 ‰ | | 35,70 M |
| * Anpassungsfaktor 18,55 für 2019 | | 662,24 € |
| – 20 % Neubaurabatt | 132,45 € | 529,79 € |
| – 10 % Dauernachlass | 52,98 € | 476,81 € |
| – 5 % Zahlungsweise-Nachlass | 23,84 € | 452,97 € |
| + 16,34 % VersSt | | 74,02 € |
| Jahresprämie 2019 | | 526,99 € |

Folgender Einschluss sollte dem Kunden mindestens empfohlen werden:

Versicherung weiterer Naturgefahren (Elementargefahren)

Die Rohbauversicherung wird prämienfrei für 12 Monate bei einer 3-jährigen Vertragsdauer für die Wohngebäudeversicherung gewährt.

Zu b)
Eine Bauleistungsversicherung ist angebracht, obgleich das Gebäude von einem Bauträger schlüsselfertig gebaut wird; denn für Schäden durch höhere Gewalt muss der Bauträger nicht einstehen.
Nach Fertigstellung empfiehlt sich eine Glasversicherung.
Das Haus- und Grundbesitzer-Haftpflichtrisiko ist bei Einfamilienhäusern in der Privat-Haftpflichtversicherung mit eingeschlossen. Es wird unterstellt, dass eine Privat-Haftpflichtversicherung besteht.

**Lernsituation 2** **Seiten 215–216**

**»Wer den Schaden hat ...«**

**Methodisch-didaktische Hinweise**

In den Zielen des Rahmenlehrplans ist u.a. vorgesehen, dass die Schülerinnen und Schüler den Geschädigten über die Leistungen dem Grunde und dem Umfang nach informieren. Die Lernsituation ist auf dieses Ziel ausgerichtet.

Als handlungsorientierte Lernmethode wurde hier die »Methode Postkorb« gewählt. Da sich die Methode Postkorb im Gegensatz beispielsweise zur Methode Projekt oder Fallstudie weniger für die Gruppenarbeit eignet, sollte die Einzelarbeit gewählt werden.

Die Lernsituation bietet aber auch die Möglichkeit des Rollenspiels, bei der die Lehrkraft oder eine Schüler/eine Schülerin die Rolle der Kundin einnimmt und ein weiterer Schüler/eine weitere Schülerin (evtl. auch zwei) als Berater auftritt.

**Lösungshinweise:**

Formelle Deckungsprüfung:

- Die Vertragsdaten zeigen u. a., dass kein Prämienrückstand vorhanden ist, Vertrag und Versicherungsschutz also bestehen.
- Das Schadenereignis fällt unter den Versicherungsschutz nach VGB 2016, sofern die Pappel durch Sturm (mind. Windstärke 8) umgefallen ist; was hier unterstellt wird.
- Es besteht eine Gleitende Neuwertversicherung, so dass wahrscheinlich eine Unterversicherung nicht vorliegt.
- Aufräumungskosten für Bäume gem. Klausel PK 7363 sind bis 2 000 € versichert.

Materielle Deckungsprüfung

- Die Gebäudeschäden sind versichert zum Neuwert.
- Es entstehen Mehrkosten infolge behördlicher Wiederherstellungsbeschränkungen für das Dach (Walmdach statt Spitzdach) und die Fassadengestaltung (Klinkerfassade statt Putz).
- Diese Mehrkosten sind versichert (Ziff. 14.1.1.2 VGB 2016).
- Der Neuwertanteil an der Entschädigung wird nur geleistet, soweit die Wiederherstellung innerhalb von 3 Jahren nach dem Schadenfall sichergestellt ist.
- Offensichtlich muss die Hauswand aus Sicherheitsgründen abgerissen werden. Versicherungsschutz besteht im Rahmen der versicherten Aufräumungs- und Abbruchkosten bis 5 % der VS »Wert 1914«, multipliziert mit dem Anpassungsfaktor
  (hier für das Jahr 2019: 5 % von 22 000 = 1100 · 18,55 = 18 550,00 €).
- Das Beseitigen der Pappel ist bis 2 000,00 € gedeckt.
- Ferner bekommt die VN den Mietausfall für die vermietete Dachgeschosswohnung einschließlich Mietnebenkosten und den Mietwert einschl. Nebenkosten im Sinne des Mietrechts für ihre eigene Wohnung bis zu 12 Monaten ersetzt.
- Steht der Anspruch dem Grunde und der Höhe nach fest, wird die Entschädigung fällig. Frau Böhmer kann einen Monat nach Meldung des Schadens eine Abschlagzahlung beanspruchen (20.1.1 Satz 2 VGB 2016).

# C Vorsorgemaßnahmen und Lebensversicherung

## Lernkontrollen zu C 1 Seiten 229–230

### Leistungen der gesetzlichen Rentenversicherung

1 a) Veränderung der Altersstruktur (rückläufige Geburtenzahlen, längere Lebensdauern)
Einnahmeausfälle infolge Arbeitslosigkeit, rückläufige Beschäftigtenzahlen
Frühverrentung, längere Lebensdauern führen zu längeren Rentenbezugsdauern

b) Absenkung des Rentenniveaus
Einführung eines Nachhaltigkeitsfaktors in die Rentenformel (zukünftige Rentenanpassungen werden gedämpft, wenn sich das Verhältnis der Beitragszahler zu den Rentnern nachhaltig verschlechtert)
Anhebung von Altersgrenzen (Rente ab 67)

2 Die GRV bietet nur Schutz, wenn die Erwerbsfähigkeit teilweise oder voll gemindert ist, d. h. die Berufsunfähigkeit ist nicht abgesichert.
Volle Erwerbsminderungsrente: Der Versicherte kann nicht bis zu 3 Stunden täglich erwerbstätig sein.
Teilweise Erwerbsminderungsrente: Der Versicherte kann täglich nur bis 6 Stunden arbeiten.

3 Die Ehefrau hat Anspruch auf die große Witwenrente, obgleich sie das 45. Lebensjahr noch nicht vollendet hat, da sie zwei minderjährige Kinder erzieht. Diese Rente fällt fort, wenn das jüngste Kind das 18. Lebensjahr vollendet hat.
Für beide Kinder wird die Halbwaisenrente gezahlt.

### Rentenberechnung und Versorgungslücke

4 Die Leistungen der GRV stellen nur eine Grundversorgung dar. Weitere Leistungskürzungen sind zu erwarten, da das Verhältnis von Aktiven zu Passiven sich weiter verschiebt (zunehmend mehr Passive statt Aktive, aus deren Beiträgen die Renten gezahlt werden). Idealversorgung: 90 % des letzten Nettoeinkommens.
Deckung nach dem Dreischichtenmodell.
Unter der Annahme, dass die Einkommenssituation unverändert bleibt und 90 % des Nettoeinkommens von 2 200,00 € als Altersversorgung zugrunde gelegt werden, müsste Herr Claas 1 980,00 € im Rentenalter zur Verfügung haben.
Die Rentenversicherung wird nach gegenwärtigem Stand bei normalem Versicherungsverlauf nach Steuern ca. 60 % des letzten Nettoeinkommens von 2 200,00 € = 1 320,00 € leisten.
Es bleibt eine Versorgungslücke von monatlich 660,00 €, die gedeckt werden muss.
Da Herr Claas ledig ist, also niemanden zu versorgen hat, sollte auch das BU-Risiko gedeckt werden.

Hinweis: Beim Rentenniveau sind folgende Formen zu unterscheiden

1. **Bruttorentenniveau**
Das Bruttorentenniveau setzt die Brutto-Standardrente ins Verhältnis zum durchschnittlichen Bruttoentgelt desselben Jahres.

**2. Nettorentenniveau vor Steuern**
Seit 2005 wird von der Rentenversicherung nur noch das Nettorentenniveau vor Steuern ausgewiesen. Dieses setzt eine Standardrente abzüglich der darauf entfallenden Sozialabgaben (Kranken und Pflegeversicherung) ins Verhältnis zum Durchschnittsverdienst desselben Jahres abzüglich der darauf entfallenden durchschnittlichen Sozialabgaben (Kranken-, Pflege-, Renten- und Arbeitslosenversicherung) einschließlich des durchschnittlichen Aufwands zur zusätzlichen Altersvorsorge. Die Steuern bleiben beim Nettorentenniveau vor Steuern außer Betracht. Aufgrund des RV-Nachhaltigkeitsgesetzes vom 21. Juli 2004 soll das Nettorentenniveau vor Steuern von derzeit (2014) 47,9 Prozent (Standardrente in den alten Bundesländern) im Jahre 2020 auf 46 Prozent und im Jahre 2030 auf 43 Prozent absinken.

**3. Nettorentenniveau nach Steuern**
Da von 2005 bis 2040 jeder Rentenjahrgang (abhängig vom Jahr des Rentenzugangs) einen steigenden Anteil der Rente versteuern muss (= nachgelagerte Besteuerung), ist die Berechnung des Nettoniveaus nach Steuern nicht mehr einheitlich möglich.

**5**

| Monatsrente MR | · | Monatsrente MR | · | Rentenartenfaktor RAF | · | Aktueller Rentenwert AR |
|---|---|---|---|---|---|---|

PEP = Σ Ep · Zf

$$\text{Entgeltpunkte (EP) eines Jahres} = \frac{\text{persönlicher Verdienst des jeweiligen Jahres, brutto}}{\text{Durchschnittsverdienst aller Versicherten des jeweiligen Jahres, brutto}}$$

$$\text{EP insgesamt} = \frac{\text{persönlicher Verdienst (pro Jahr, brutto)}}{\text{Durchschnittsverdienste aller Versicherten (pro Jahr, brutto)}}$$

Zf = Zugangsfaktor (abhängig vom Zeitpunkt des Rentenbeginns)
RAF = Rentenartenfaktor (abhängig von der Rentenart)
AR = monatliche Altersrente, die sich aus den Jahresbeiträgen eines Durchschnittsverdieners ergibt

**6** a) Berechnung der EP aus Bruttoverdienst von Herrn Brunner und Durchschnittsentgelt aller Versicherten (lt. Tabelle in Abschnitt D 2.1.2 des Lehrbuches)

| 2013 | 2014 | 2015 | 2016 | 2017 | 2018 |
|---|---|---|---|---|---|
| 0,72 | 0,73 | 0,73 | 0,73 | 0,73 | 0,53 |

PEP = Summe aller EP · ZF = (50,5 + 4,17) · 1 = 54,67
Monatsrente = PEP · RAF · AR = 54,67 · 1 · 32,03 = 1 751,08 €

b) Der Bruttoverdienst für die Monate Jan. bis Sept. 2016 betrug 19 806,00 €;
EP für 2016: 0,55
EP: 50,5 + 0,72 + 0,73 + 0,73 + 0,55 = 53,23

Zugangsfaktor: 1 – (24 · 0,003) = 0,928
PEP = 53,23 · 0,928 = 49,40

Anfängliche Monatsrente = 49,40 · 1 · 30,45 = 1 504,23 €

7 Da der Durchschnittsverdienst von Herrn Krause dem Durchschnittsverdienst aller Versicherten entspricht, ergeben sich bei 47 Versicherungsjahren 47 EP.

PEP: 47 · 1 = 47

Voraussichtliche Monatsrente (auf der Basis des aktuellen Rentenwertes 2018): 47 · 1 · 32,03 = 1 505,41 €

Legt man 90 % des Nettoeinkommens als Versorgungsziel zugrunde, ergibt sich folgende Versorgungslücke:

| | |
|---|---|
| 90 % v. 2 000 = | 1 800,00 € |
| – Rente | 1 505,41 € |
| Versorgungslücke | 294,59 € |
| gerundet: | 300,00 € |

**Lernkontrollen zu C 2.1 und C 2.2** **Seite 238**

**Dreischichtenmodell und Basisvorsorge**

1 Aufgrund der Finanzierungsprobleme der gesetzlichen Rentenversicherung und der daraus folgenden Notwendigkeit der Eigenvorsorge, wurde das Dreischichtenmodell entwickelt.
**1. Schicht – Basisvorsorge:** Gesetzliche Rente, Basisrente (Rürup-Rente)
Die gesetzliche Rente wird als Grundversorgung angesehen, die durch private Initiative um eine kapitalgedeckte Basisrente ergänzt werden soll. Steuerlich können die Beiträge zur ersten Schicht als Altersvorsorgebeiträge im Rahmen der beschränkt abzugsfähigen Sonderausgaben steuermindernd geltend gemacht werden. Die Renten sind später zu versteuern (nachgelagerte Besteuerung).
**2. Schicht – Kapitalgedeckte Zusatzvorsorge:** Riester-Rente (Zulagen-Rente), betriebliche Altersversorgung
Die Riester-Rentenversicherung wurde als Ausgleich für die Absenkung des Renteniveaus der gesetzlichen Rentenversicherung geschaffen.
Die betriebliche Altersversorgung ist ein weiterer Baustein zur Deckung der Versorgungslücke.
Riester-Rente und betriebliche Altersversorgung werden ebenfalls staatlich gefördert.
**3. Schicht – Übrige Vorsorge:** z. B. private Rentenversicherung
Diese Schicht umfasst Kapitalanlageprodukte, die später für die Versorgung herangezogen werden.

2 Für Herrn Kuhn kommt eine Rentenversicherung »Basisrente« infrage.
Da er selbstständig ist, kann der den Höchstbetrag an Altersvorsorgebeiträgen voll ausschöpfen, d.h. wenn er 24 305,00 € an Beiträgen aufbringt, können hiervon im Jahr 2019 88 % als Altersvorsorgebeiträge steuerlich geltend gemacht werden. Allerdings sind die später fälligen Renten zu versteuern (nachgelagerte Besteuerung). Die Rentenzahlung aus einer Rentenversicherung »Basisrente« darf nicht vor dem 62. Lebensjahr beginnen.
Eine Hinterbliebenenversorgung für den Ehegatten und das Kind kann in den Vertrag eingeschlossen werden.

3 Vertragsgestaltung:
- Rentenversicherung mit aufgeschobener Rentenzahlung
- Rentenzahlung nicht vor Vollendung des 62. Lebensjahres
- Hinterbliebenenversorgung kann vereinbart werden für Ehegatte und berücksichtigungsfähige Kinder

Verfügbarkeit:
- nicht vererbbar
- nicht übertragbar
- nicht veräußerbar
- nicht kapitalisierbar

**4 Steuerliche Behandlung**

a) 24 305,00 €

b) Beitragssatz 18,6 % im Jahr 2019, davon
9,3 % Arbeitnehmer- und 9,3 % Arbeitgeberanteil
Arbeitnehmer- und Arbeitgeberanteil je 5 580,00 €

| | | **2019** |
|---|---|---|
| c) | Arbeitnehmer- und Arbeitanteil zusammen | 11 160,00 € |
| | davon 88 % im Jahr 2019 | 9 821,00 €[1] |
| | abzüglich Arbeitgeberanteil | 5 580,00 € |
| | steuerlich wirksam im Jahr 2019 | 4 241,00 € |
| d) | Höchstbetrag an Altersvorsorgebeiträgen | 24 305,00 € |
| | – Arbeitnehmer- und Arbeitgeberanteil | 11 160,00 € |
| | erforderlicher Beitrag zur Basisrentenvers. | 13 145,00 € |
| | Sonderausgabenabzugsberechnung: | |
| | Höchstbetrag an Altersvorsorgebeiträgen | 24 305,00 € |
| | davon 88 % | 21 389,00 €[1] |
| | abzüglich Arbeitgeberanteil | 5 580,00 € |
| | steuerlich wirksam in 2019 | 15 809,00 € |
| e) | Rentenbezug im Jahr 2040: | 100 % |
| 5 a) | 900,00 € monatlich ergibt jährlich | 10 800,00 € |
| | davon 88 % im Jahr 2019 | 8 640,00 € |

b) 2 800,00 €
Beiträge zur Risiko-Lebensversicherung, Kranken-, Pflege-, Unfall-, Haftpflicht-, Arbeitslosenversicherung

## Lernkontrollen zu C 2.3 Seiten 255–257

### Förderung der kapitalgedeckten Altersvorsorge (Riester-Rente)

**1 Staatliche Förderung:**
Alle Personen, die von der Absenkung des Renten- oder Pensionsniveaus betroffen sind, können die entstehende Versorgungslücke durch eine zusätzliche, freiwillige, kapitalgedeckte private oder betriebliche Altersversorgung auffüllen, indem sie einen zertifizierten Altersvorsorgevertrag abschließen. Diese Altersversorgung wird aus einem während des Arbeitslebens angesparten Kapital finanziert. Um Anreize für diese eigenverantwortliche Altersversorgung zu schaffen, werden vom Staat

1 wird auf volle Euro aufgerundet

Zulagen (oder Steuervergünstigungen) unter der Voraussetzung gewährt, dass ein einkommensabhängiger Eigenbetrag geleistet wird. Die staatlichen Zulagen setzen sich zusammen aus der Grundzulage (175,00 €) und einer Kinderzulage (bis Ende 2007 Geborene: 185,00 €, für nach dem 01.01.2008 geborene Kinder: 300,00 €), die für jedes zugleich kindergeldberechtigte Kind gewährt wird.

2 a) **Mindestbeitrag:**

Um den vollen Umfang der staatlichen Förderung für die Riesterrente zu erhalten ist es nötig, dass der volle **Mindestbeitrag** in den Altersvorsorge-Vertrag eingezahlt wird. Seit 2008 müssen **mindestens 4% des sozialversicherungspflichtigen Brutto-Vorjahreseinkommens** angelegt werden. Wird der Mindestbetrag unterschritten erhält man nur eine anteilige Förderung.

**Eigenbeitrag:**

Der Eigenbeitrag (das was der Anleger tatsächlich selber zahlt) um die volle Förderung zu erhalten, ergibt sich aus dem **Mindestbeitrag** abzüglich der staatlichen Förderung. Dieser Eigenbeitrag kann, je nach Einkommen und familiärer Situation, sehr gering und rechnerisch sogar negativ sein (siehe Sockelbeitrag).

**Höchstbeitrag:**

Der Höchstbeitrag, der durch Zulagen (oder bei Geltendmachung der Eigenbeträge als Sonderausgaben steuerlich) gefördert wird beträgt, ab 2008 jährlich 2 100,00 €.

**Sockelbeitrag:**

Damit der Mindesteigenbeitrag nicht vollständig aus Zulagen finanziert wird, muss eine **Mindesteigenleistung** von 60,00 € erbracht werden.

3

| 1. Fall | 2. Fall | 3. Fall |
|---|---|---|
| Ein Auszubildender, keine Kinder, mit einer monatlichen Ausbildungsvergütung im Jahr 2018 von 580,00 € zahlt 2019 monatlich 5,00 € ein. | Eine Angestellte, ledig, keine Kinder mit einem Bruttoarbeitslohn von 56 940,00 € im Jahr 2018 zahlt im Jahr 2019 monatlich 160,42 € ein. | Ein Angestellter, verheiratet, 2 Kinder, mit einem Bruttoarbeitslohn von 36 500,00 im Jahr 2018 zahlt im Jahr 2019 einmalig 1 500,00 € ein. |

Fall 1:

a) Mindesteigenleistung 2019:

| | |
|---|---|
| 4 % von (12 · 580,00) | 278,40 € |
| Grundzulage | – 175,00 € |
| Mindesteigenleistung | = 103,40 € |

Der Auszubildende erhält nicht die volle Förderung, weil seine Eigenleistung nur 12 · 5,00 € = 60,00 € beträgt.

b) 60 · 100 / 103,40 = 58,03 %

Der Auszubildende zahlt nur 58,03 % der Mindesteigenleistung ein und erhält daher eine verringerte Grundzulage in Höhe von 58,03 % von 175,00 € = 101,55 €.

Fall 2:

a) Mindesteigenleistung 2019: 4 % von 56 940,00 € = 2 277,60 €

Der Mindesteigenbeitrag beläuft sich aber auf maximal 2 100,00 € abzüglich Zulagen.

2 100,00 € – 175,00 € Grundzulage = 1 925,00 €

Die Angestellte zahlt 2019 exakt 1 925,04 € (12 · 160,42 €) ein und erhält die volle Grundzulage.

b) Die volle Grundzulage beträgt 175,00 €. Im vorliegen Fall wird die Günstigerprüfung aber dazu führen, dass die bei einem Sonderausgabenabzug zu erzielende Einkommensteuerersparnis wesentlich höher ist als die Grundzulage.

Fall 3:

a) Mindesteigenleistung 2019:

| | |
|---|---|
| 4 % von 36 500,00 € | 1 460,00 € |
| Grundzulage | – 175,00 € |
| Kinderzulage € | – 370,00 € |
| Mindesteigenleistung | 915,00 € |

Der Angestellte spart mehr als zur Erzielung der vollen Zulage erforderlich ist.

Für nach dem 01.01.2008 geborene Kinder würde die Kinderzulage 300,00 € pro Kind betragen.

b) Die volle Förderung beträgt 175,00 € (Grundzulage) + 185,00 € (Kinderzulage 1. Kind) + 185,00 € (Kinderzulage 2. Kind) = 545,00 €.

Für nach dem 01.01.2008 geborene Kinder würde die Kinderzulage 300,00 € pro Kind betragen.

**4 Staatliche Förderung:**
Zur staatlichen Förderung, siehe Lösung zu Aufgabe 1.

**Begünstigter Personenkreis:**
Herr Lück ist Angestellter und gehört damit zum begünstigten Personenkreis. Frau Lück gehört als Ehepartner eines Förderungsberechtigten zum begünstigten Personenkreis, wenn sie einen eigenständigen Vorsorgevertrag abschließt.

**Mindesteigenbeitrag, Höhe der Zulagen und Verteilung auf die Verträge:**
Wenn beide Ehepartner einen Vertrag abschließen, dann gilt:

| | |
|---|---|
| 4% von 42 000,00 € | 1 680,00 € |
| – Grundzulage Mann | – 175,00 € |
| – Grundzulage Frau | – 175,00 € |
| – 2 · Kinderzulage | – 370,00 € |
| **Mindesteigenbeitrag Mann** | **960,00 €** |
| **Eigenbeitrag Frau (Sockelbetrag)** | **60,00 €** |

Sofern die Frau die Kinderzulagen erhalten soll, ergibt sich folgende Verteilung auf die Verträge:

| | **Vertrag Mann** | **Vertrag Frau** |
|---|---|---|
| Eigenbeitrag | 960,00 € | 60,00 € |
| Grundzulage | 175,00 € | 175,00 € |
| Kinderzulagen | | 370,00 € |
| **Summe** | **1 135,00 €** | **605,00 €** |

**5** Mindestbeitrag im Jahr 2019 für die volle Zulage: 4 % von 50 000,00 € = 2 000,00 €; 1 825,00 € (2 000,00 € – 175,00 €) Beitrag berechtigt zu 175,00 € Zulage; 400,00 € Beitrag berechtigt zu 38,36 € (175,00 € · 400,00 € / 1 825,00 €) Zulage

**6** a) Herr Frey zahlt im Jahr 2019 exakt den maximal zulässigen Betrag von 2100,00 €. Er hat dann Anspruch auf die volle Grundzulage von 175,00 € für das Jahr 2019. Bei einem Grenzsteuersatz von 40 % ergibt sich eine Steuerminderung von 840,00 €. Das ist mehr als die ihm zustehende Zulage von 175,00 €. Das Finanzamt nimmt aufgrund der Günstigerprüfung den Sonderausgabenabzug vor.

b) Die Einkommensteuerschuld wird um die Herrn Frey maximal zustehende Zulage (175,00 €) erhöht. Auf diesem Wege holt sich das Finanzamt die bereits gewährte Zulage zurück. Die Steuerminderung beträgt somit 840,00 € – 175,00 € = 665,00 €.

**7** Günstigerprüfung

Die Begünstigung der Riester-Rente erfolgt durch Zulagen und steuerliche Entlastungen. Das Finanzamt überprüft im Rahmen der Einkommensteuer, welche Förderung für den Steuerpflichtigen günstiger ist. Sollte die steuerliche Förderung günstiger sein, wird die Steuerminderung mit den bereits erhaltenen Zulagen verrechnet, damit eine Doppelförderung ausgeschlossen ist.

**8** a)
- Beruf/Tätigkeit (um ermitteln zu können, ob sie zum begünstigten Personenkreis zählt)
- Bruttoeinkommen des letzten Jahres
- Familienstand, Anzahl und Alter der Kinder

b) Sie muss einen zertifizierten Altersvorsorge-Vertrag abschließen. Solche Verträge werden von Kreditinstituten, Lebensversicherern, Bausparkassen, Finanzdienstleistern und Kapitalanlagegesellschaften angeboten.
Lebensversicherer bieten 2 Produktvarianten an:
- Klassische Rentenversicherung mit laufender Beitragszahlung in flexibler Höhe
- Fondsgebundene Rentenversicherung mit laufender Beitragszahlung in flexibler Höhe

Um die volle Grundzulage und für jedes ihrer minderjährigen Kinder die volle Kinderzulage zu erhalten, muss sie im Jahr 2019 4 % der beitragspflichtigen Einnahmen, maximal 2100,00 €, als Mindesteigenleistung einschließlich aller Zulagen aufbringen. Sie erhält dann für das Jahr 2019 eine Grundzulage von 175,00 € und für jedes vor dem 01.01.2008 geborene Kind eine Kinderzulage von 185,00 € (sonst 300,00 € pro Kind). Angenommen, ihre beitragspflichtigen Einnahmen im Jahr 2018 hätten 60000,00 € betragen und ihre beiden Kinder sind vor 2008 geboren. Ihre Mindesteigenleistung würde sich dann wie folgt berechnen:

| | |
|---|---|
| 4 % von 60 000,00 € = 2 400,00 €, maximal zulässig sind nur | 2100,00 € |
| abzüglich Grundzulage | 175,00 € |
| abzüglich 2 Kinderzulagen à 185,00 € | 370,00 € |
| Eigenleistung jährlich | 1555,00 € |

Dieser Betrag wird als jährlicher Beitrag für einen Altersvorsorge-Vertrag angesetzt und der Vertrag entsprechend geschlossen. Gleichzeitig stellt sie einen Dauer-Zulagenantrag, der jährlich vom VR beim zuständigen Finanzamt eingereicht wird. Die daraufhin gewährten Zulagen werden als flexible Beitragszahlung zu dem Vertrag betrachtet und erhöhen den späteren Rentenanspruch. Anstelle der Zulagenförderung prüft das Finanzamt im Rahmen der Günstigerprüfung, ob der Sonderausgabenabzug günstiger ist. Aufgrund der Kinderzulagen ist dies im vorliegenden Fall eher unwahrscheinlich.

Die spätere Rente ist voll zu versteuern.

**Betriebliche Altersversorgung**

**9** a), b) und c)

| Beruf der Kunden | Kaufmann | Arzt | Abteilungs-leiterin | Beamtin |
|---|---|---|---|---|
| **Einordnung in das 3-Schichten-Modell** | 3. Schicht | 1. Schicht | 1. Schicht | entfällt, da keine eigenen Beiträge |
| **Riester-Rente** | nein, weder unmittelbar noch mittelbar begünstigt | nein, weder unmittelbar noch mittelbar begünstigt (Ehefrau nicht berufstätig) | möglich, da unmittelbar begünstigt | möglich, da unmittelbar begünstigt |
| **betriebliche Altersversorgung** | nein, da kein Arbeitnehmer | nein, da kein Arbeitnehmer | ja, da Arbeitnehmerin | nein, da Beamtin |

d) Steuerfrei sind jährlich 8 % der Beitragsbemessungsgrenze der gesetzlichen Rentenversicherung (2019: 8 % von 80 400,00 € = 6 432,00 €). Die Sozialabgabenfreiheit besteht nur bis zu 4 % der Beitragsbemessungsgrenze der gesetzlichen Rentenversicherung (2019: 4 % von 80 400,00 € = 3 216,00 €).

**10** a) Direktversicherung, Direktzusage, Pensionskasse, Pensionsfonds, Unterstützungskasse

b) Der Arbeitnehmer macht von seinem Recht Gebrauch, dass Teile seines Lohnes bzw. Gehaltes zum Aufbau einer Betriebsrente mit staatlicher Förderung verwendet werden.

c) Mindestbeitrag im Jahr 2019: 233,63 €

Er errechnet sich aus 1/160 der Bezugsgröße der Sozialversicherung von 37 380,00 € im Jahr 2019

Höchstbeitrag im Jahr 2019: 6 432,00 €

Er entspricht 8 % der Beitragsbemessungsgrenze (West) von 80 400,00 € im Jahr 2019.

d) **Vorteil für Arbeitnehmer:** Für den Betrag (maximal 6 432,00 € steuerfrei und 3 216,00 € sozialabgabenfrei) im Rahmen der Entgeltumwandlung sind keine Lohnsteuer und derzeit auch keine Sozialversicherungsbeiträge zu zahlen.

**Vorteil für Arbeitgeber:** Er spart teilweise den anteiligen Arbeitgeberanteil am nicht sozialversicherungspflichtigen Betrag im Rahmen der Entgeltumwandlung abzüglich des verpflichtenden Arbeitgeberzuschusses (15 % vom Umwandlungsbetrag).

e) VN ist der Arbeitgeber, versicherte Person und unwiderruflich Bezugsberechtigter ist der Arbeitnehmer.

f) Es muss sich um eine aufgeschobene Renteversicherung handeln.

Das Endalter darf nicht vor dem 62. Lebensjahr liegen.

Die vorzeitige Kündigung durch den Arbeitnehmer muss ausgeschlossen sein, wenn er aus dem Betrieb ausscheidet und den Vertrag mitnimmt.

Anstelle der Rentenzahlung ist auch die Kapitaloption möglich.

g) Unverfallbarkeit: Das Bezugsrecht ist von Anfang als unwiderruflich zu gestalten.

Portabilität: Der Vertrag kann nach dem Ausscheiden auf den neuen Arbeitgeber übertragen oder privat weiter geführt werden.

**11** Bei der Direktzusage verpflichtet sich der Arbeitgeber, dem Arbeitnehmer oder dessen Angehörigen nach Beendigung des Arbeitsverhältnisses Versorgungsleistungen zu gewähren. Die arbeitgeberfinanzierten Beiträge beispielsweise zu einer hierfür abgeschlossenen Direktversicherung stellen steuermindernde Betriebsausgaben dar.

**12** Durch den Pensions-Sicherungs-Verein (PSV) werden die Verpflichtungen aus einer Direktzusage abgesichert, wenn der Arbeitgeber insolvent wird. Das gilt auch für eine Direktversicherung im Rahmen der Direktzusage, solange für den Arbeitnehmer noch kein unwiderrufliches Bezugsrecht besteht.

**13** Beim Ausscheiden des Arbeitnehmers hat dieser das Recht, unverfallbar gewordene Anwartschaften auf den neuen Arbeitgeber übertragen zu lassen oder den Vertrag mit eigenen Mitteln fortzuführen.

**Rückdeckungsversicherung**

**14** a) Unmittelbare Versorgungszusagen im Rahmen der betrieblichen Altersversorgung (z. B. Werkspensionen) stellen für ein Unternehmen ein betriebsfremdes Risiko dar. Dieses betriebsfremde Risiko lässt sich durch eine Rückdeckungsversicherung abdecken.

b) Der Arbeitgeber schließt als VN eine Versicherung auf das Leben des Arbeitnehmers (= versicherte Person) ab. Dem Arbeitnehmer wird aber – im Gegensatz zur Direktversicherung – kein Bezugsrecht eingeräumt, sodass der Arbeitgeber Leistungsempfänger bleibt.

**15** Auf das Leben eines leitenden Angestellten (Key-man) wird eine Risikoversicherung abgeschlossen. Im Todesfall soll aus der VS die Suche und Einarbeitung einer Ersatzkraft finanziert werden.
Die Key-man Versicherung ist wirkungslos, wenn die versicherte Person das Arbeitsverhältnis kündigt.

## Lernkontrollen zu C 3 — Seiten 286–292

**Risikoanalyse und Vorsorgebedarf**

**1** a)
- Versicherungsschutz für Herrn Breitenbach zur eigenen Vorsorge und zur Hinterbliebenenvorsorge:
  Rentenversicherung »Basisrente« mit Hinterbliebenenvorsorge im Rahmen der 1. Schicht (Basisvorsorge) und/oder Aufgeschobene Rentenversicherung im Rahmen der 3. Schicht (Sonstige Vorsorge) und/oder
  Kapitallebensversicherung auf den Todes- und Erlebensfall mit Dynamik sowie Unfall-Zusatzversicherung (er ist als Architekt viel auf Baustellen unterwegs) und Berufsunfähigkeits-Zusatzversicherung
  und/oder Selbstständige Berufsunfähigkeitsversicherung
- Versicherungsschutz für Frau Breitenbach:
  Risikolebensversicherung zur Deckung mindestens der Bestattungskosten bei vorzeitigem Tod
- Versicherungsschutz für die beiden Kinder:
  Ausbildungsversicherung (Termfixversicherung)

b) – Einkommensverhältnisse und finanzielle Belastungen ermitteln
– bereits vorhandene Vorsorge (z. B. freiwillige Mitgliedschaft in der GRV), Berufstätigkeit und Vermögensverhältnisse der Ehefrau
– Zielvorstellungen des Kunden (z. B. hohe Rendite oder hohe Hinterbliebenenversorgung)

**Private Rentenversicherung**

**2** Sofortrente: lebenslange Leibrente gegen Einmalzahlung des Beitrags unmittelbar vor Rentenbeginn;
Aufgeschobene Rente: lebenslange Leibrente gegen laufende oder einmalige Beitragszahlung während einer mehrjährigen Aufschubzeit; bei laufender Beitragszahlung stimmen Beitragszahlungsdauer und Aufschubzeit i. d. R. überein.

**3** – Beitragszahlung während der Aufschubzeit,
– Beginn der Rentenzahlung nach Ablauf der Aufschubzeit (lebenslängliche Leibrente),
– statt Rentenzahlung kann i. d. R. ein Kapitalwahlrecht ausgeübt werden,
– Überschussbeteiligung sowohl vor als auch nach Rentenbeginn,
– reine Erlebensfallversicherung, sofern keine Todesfallleistung durch Vereinbarung einer Rentengarantiezeit versichert wird.

**4** a) Handelt es sich bei der Rentenversicherung um eine reine Erlebensfallversicherung, besteht für den VN die Gefahr, dass dem VR bei frühem Tod der versicherten Person hohe Beitragssummen ohne Gegenleistung zufallen. Daher wird die Rentenversicherung i. d. R. um eine Todesfallleistung durch Vereinbarung einer Rentengarantiezeit ergänzt.

b) Je nach Vereinbarung:
– Beitragsrückgewährung (bei aufgeschobener Rente): stirbt der Versicherte während der Aufschubzeit (also vor Rentenbeginn), werden die bisher entrichteten Beiträge ohne Beiträge für eingeschlossene Zusatzversicherungen zuzüglich der Überschussbeteiligung an die Hinterbliebenen gezahlt;
– Rentengarantiezeit (bei Sofortrente und aufgeschobener Rente): nach Beginn der Rentenzahlung wird die Rente unabhängig vom Tod des Versicherten mindestens bis zum Ablauf der Garantiezeit (je nach Eintrittsalter zwischen 5 und 20 Jahren) gezahlt; anstelle der Rentenzahlung kann auch eine Kapitalabfindung in Höhe des Barwertes der ausstehenden Renten erfolgen; für die Hinterbliebenenversorgung nach Ablauf der Garantiezeit kann eine Hinterbliebenenrente vereinbart werden.
– Einmalige Kapitalzahlung (bei Sofortrente).

**5** Ausgangssituation:
Ein Antrag auf kapitalbildende LV wird zum gegenwärtigen Zeitpunkt vom VR sicherlich abgelehnt, da die Krebsoperation erst vor kurzem durchgeführt wurde und noch nicht sicher ist, ob die Erkrankung damit auf Dauer behoben ist.

Vorschlag:
Aufgeschobene Rentenversicherung über die geplante Vertragsdauer.
Die geplante Beitragshöhe wird als Grundlage für die Rentenversicherung genommen. Es wird ermittelt, welche Rente bei Rentenbeginn hierfür gezahlt werden kann.
Es kann eine Rentengarantiezeit nach Rentenbeginn vereinbart werden.
Bei Tod vor Rentenbeginn (also während der Auschubzeit) werden die entrichteten Beiträge ohne Beiträge für eingeschlossene Zusatzversicherung und die Überschussbestätigung an die Hinterbliebenen gezahlt.

**6** a) Private Altersrentenversicherung: Während der Aufschubzeit werden die bis zum Todestag gezahlten Beiträge ohne Beiträge für etwa eingeschlossene Zusatzversicherungen zuzüglich Überschussbeteiligungen zurückerstattet. Bei Tod der versicherten Person nach Rentenzahlungsbeginn leistet der VR die Rente bis zum Tod des Versicherten. Sofern eine Rentengarantiezeit vereinbart worden ist, wird bei Tod während der Rentengarantiezeit die Rente bis zum Ablauf dieser an den Bezugsberechtigten gezahlt.
Gemischte LV: Ab dem materiellen Beginn besteht Todesfallschutz in Höhe der vereinbarten VS. Die Verrentung der Kapitalleistung beinhaltet kein Versicherungsgeschäft. Es handelt sich vielmehr um die Änderung der Zahlungsform aufgrund finanzmathematischer Berechnungen. Die Dauer der Rentenzahlung hängt von der gewählten Laufzeit ab (Zeitrente).

Alternativ kann die Kapitalleistung als Einmalzahlung für eine sofort beginnende lebenslange Rente dienen.

b) Private Altersrentenversicherung: Während der Aufschubzeit werden die bis zum Todestag gezahlten Beiträge ohne Beiträge für etwa eingeschlossene Zusatzversicherungen zuzüglich Überschussbeteiligungen zurückerstattet.
Gemischte LV: Ab dem materiellen Beginn besteht Todesfallschutz in Höhe der vereinbarten VS.

**Vorsorge durch Kapital-Lebensversicherung**

**7** a) Gemischte LV:
- Kapitalversicherung auf den Todes- und Erlebensfall,
- kapitalbildende Versicherung (Beiträge enthalten Sparanteile, die vom VR verzinslich angesammelt werden),
- unbedingte Leistungspflicht, da die VS in jedem Fall (Erlebens- oder Todesfall) fällig wird.

Risikoversicherung:
- nur Abdeckung des Todesfallrisikos für einen bestimmten Zeitraum,
- keine Kapitalbildung (Beiträge enthalten keine Sparanteile),
- bedingte Leistungspflicht des VR, da die VS nur bei Eintritt des Todes während der Laufzeit fällig wird.

b)
- für junge Familien, deren anderweitige Versorgungsansprüche noch gering sind
- zur Absicherung von Krediten (Restschuldversicherung)

**8** Die Risikoversicherung kann in diesem Fall bis zum Ende des 10. Versicherungsjahres ohne erneute Gesundheitsprüfung in eine gemischte LV mit gleicher oder niedrigerer VS umgetauscht werden. Für die gemischte LV gelten Eintrittsalter und Tarif zum Zeitpunkt des Umtauschs. Vorteil des Umtauschs gegenüber dem Neuabschluss einer gemischten LV: Fortfall der Gesundheitsprüfung.

**9** Lebenslängliche Todesfallversicherung:
- kapitalbildende LV,
- VS wird bei Tod der versicherten Person fällig (= unbedingte Leistungspflicht des VR).

Kurze (temporäre) Todesfallversicherung (Risikoversicherung):
- keine kapitalbildende LV,
- VS wird nur fällig, wenn die versicherte Person während der zeitlich befristeten Vertragslaufzeit (i.d.R. zwischen 5 und 25 Jahren) stirbt (= bedingte Leistungspflicht des VR).

## Vorsorgebedarf und Arten der Lebensversicherung

**10** Ergebnis einer Bedarfsanalyse:

Frau Strohe ist Arbeitnehmerin und damit sozialversicherungspflichtig. Sie hat eine Versorgungslücke, da die Sozialversicherung nur eine Grundversorgung bietet. Für den Fall ihres vorzeitigen Todes ist der Versorgungsanspruch ihres Kindes an die Sozialversicherung auch nur gering.

Versicherungsschutz für Frau Strohe:
Gemischte LV: Sie deckt das Risiko des vorzeitigen Todes, wodurch der Sicherungszweck für die Tochter erreicht wird. Ferner wird durch die Kapitalbildung der Altersvorsorgezweck erreicht.
Alternativ: Rentenversicherung, die auf den Altersvorsorgebedarf ausgerichtet ist, z. B. Rürup-Rentenversicherung (nach Schicht 1) oder Riester-Vertrag, ferner Risikoversicherung zur Deckung des Hinterbliebenenrisikos für die Tochter.
Frau Strohe benötigt ferner einen Versicherungsschutz für den Fall der vorzeitigen Berufsunfähigkeit.

Versicherungsschutz für die Tochter:
Für die Tochter würde sich eine Termfixversicherung anbieten. Man sollte den Ablauftermin zwischen dem 18. und 20. Lebensjahr der Tochter vereinbaren, damit das Geld zeitnah bei evtl. Studienbeginn oder bei einer frühen Heirat zur Verfügung steht.

Vorteile gegenüber Sparvertrag:
Das Versorgungsziel für die Tochter wird in jedem Falle erreicht, auch wenn Frau Strohe stirbt, da bei einer Termfixversicherung der Vertrag bei vorzeitigem Tod der versicherten Person immer bis zum Ablauftermin vom VR fortgeführt wird. Bei einem Sparvertrag steht immer nur das vorhandene Sparkapital plus Zinsen zur Verfügung.

**11** a) Anders als die herkömmliche LV sieht die Termfixversicherung die Auszahlung der VS nur nach Ablauf der Versicherungsdauer (nicht also auch bei vorzeitigem Tod) vor.

b) Ein vereinbarter Kapitalbetrag soll zu einem bestimmten Termin unabhängig vom Tod des Versicherten ausgezahlt werden, z. B. für Ausbildung (Ausbildungsversicherung) oder Existenzgründung.

**12** Vorschlag: Termfixversicherung (Ausbildungsversicherung) auf das Leben eines Elternteils des Patenkindes. Wegen des geringeren Eintrittsalters des Elternteils sind die Beiträge günstiger.

Möglichkeit 1:
Ein Elternteil wird versicherte Person und VN (= Vertragspartner des VR und Schuldner der Beiträge). Mit Frau Spörl wird vereinbart, dass sie die Beitragszahlung übernimmt. Damit ist dem Wunsch von Frau Spörl entsprochen. Wenn sie vorzeitig stirbt oder die Beiträge aus anderen Gründen nicht mehr bezahlt, ist der VN weiterhin Zahlungspflichtiger.
Nachteil dieser Regelung für Frau Spörl: Der VN hat die Gestaltungsrechte und kann die Versicherung (gegen den Willen von Frau Spörl) kündigen, abtreten usw.

Möglichkeit 2:
Frau Spörl wird VN (= Vertragspartner des VR und Schuldner der Beiträge). Wenn Frau Spörl vorzeitig stirbt, kann die Versicherung von den Erben weitergeführt werden. Werden die Beiträge nicht weitergezahlt, erfolgt eine qualifizierte Mahnung mit Kündigung durch denVR, die zur Umstellung in eine beitragsfreie Versicherung mit herabgesetzter VS führt.

Als Ablauftermin sollte das 20. Lebensjahr des Patenkindes vereinbart werden, damit das Geld zeitnah beim evtl. Studienbeginn oder bei einer frühen Heirat zur Verfügung steht. Stirbt das Patenkind vorher, läuft die LV weiter. Die Ablaufleistung wird zum vereinbarten Termin dem VN oder einer anderen bezugsberechtigten Person ausgezahlt. Es ist auch eine Beitragsfreistellung bei herabgesetzter Versicherungssumme möglich.

Vorteile gegenüber Sparvertrag:
Das Versorgungsziel für das Patenkind wird bei Tod der versicherten Person ohne weitere Beitragszahlung in der ursprünglich vereinbarten Höhe erreicht.
Bei einem Sparvertrag steht dagegen immer nur das vorhandene Sparkapital plus Zinsen zur Verfügung.

**13** Hinterbliebenenversorgung hat hier Vorrang vor Altersvorsorge. Daher kommen insbesondere Risikoversicherung oder Kapitalversicherung mit erhöhter Todesfallleistung infrage.

Risikoversicherung:
- reine Risikoversicherung als preisgünstigste Hinterbliebenenvorsorge,
- wegen fehlender Erlebensfallleistung für Altersvorsorge nicht geeignet (aber: Risikoumtauschversicherung, die den Umtausch innerhalb von 10 Jahren ohne erneute Gesundheitsprüfung in eine Todes- und Erlebensfallversicherung gestattet).

Kapitalversicherung mit einer gegenüber der Erlebensfallsumme erhöhten Todesfallsumme (z. B. doppelte Todesfallsumme):
- wesentlich höherer Beitrag als bei Risikoversicherung,
- kapitalbildende Versicherung mit Erlebensfallleistung zur Altersvorsorge,
- Todesfallsumme kann später ab einem vom VN festzulegenden Zeitpunkt (schrittweise) der Erlebensfallsumme angeglichen werden.

**Weitere Versicherungsschutzangebote der Lebensversicherung**

**14** Voraussetzungen:
Versicherter erleidet während der Versicherungsdauer einen Unfall und stirbt innerhalb eines Jahres an den Unfallfolgen (= Unfalltod-Zusatzversicherung).

Leistungen:
Neben der Todesfallleistung aus der Hauptversicherung wird die vereinbarte UZV-Leistung fällig (UZV-Leistung stimmt i. d. R. mit der anfänglichen Todesfallsumme aus der Hauptversicherung überein, sodass bei Unfalltod die doppelte Todesfallleistung fällig wird).

**15** a) Berufsunfähigkeit von mindestens 50 % als Voraussetzung
- Leistung wird dann in vollem Umfang fällig,
- bei niedrigerem Grad der Berufsunfähigkeit keine Leistung.

Leistungen:
- Beitragsbefreiung
- Zahlung der versicherten Berufsunfähigkeitsrente
- Das Pflegefallrisiko ist in der Form eingeschlossen, dass eine mindestens der Pflegestufe I entsprechende ununterbrochene Pflegebedürftigkeit von 6 Monaten als Berufsunfähigkeit angesehen wird.
  Bei Pflegestufe I beträgt die BU-Rente 40 %, bei Pflegestufe II 70 % und bei Pflegestufe III 100 % der versicherten BU-Rente. Die Regelungen zum Pflegefallrisiko kommen nur zum Tragen, wenn die Voraussetzungen für die Berufsunfähigkeit nicht erfüllt sind, d.h. wenn die VP zu mindestens 50 % berufsunfähig (mindestens für 6 Monate) ist und Pflegestufe I hat, dann wird trotzdem die volle Rente gezahlt.

b) – Ende der Berufsunfähigkeit bzw. wenn der Grad der Berufsunfähigkeit unter 50 % sinkt
– Erlöschen der Versicherung durch Ablauf oder Tod

**16** Die Höhe der Versorgungslücke im Alter kann aus den gespeicherten Kundendaten nicht ermittelt werden, aber es fehlt die dynamische Anpassung des Versicherungsschutzes, deshalb: Einschluss der Dynamik anbieten (erneute Gesundheitsprüfung erforderlich).
VN ist noch relativ jung, deshalb: Die Leistungen der GRV bei BU sind in jungen Jahren sehr gering (Erwerbsminderungsrente).
Empfehlung: Einschluss der BUZ mit Beitragsbefreiung und Rente oder Abschluss einer Selbstständigen BU-Versicherung.
Als Reisender ist der VN viel unterwegs, mit entsprechendem Unfallrisiko. Empfehlung: Einschluss der UZV, soweit Hinterbliebene zu versorgen sind.
Im Abschnitt zur Unfallversicherung ist dargestellt, dass man auch eine private Unfallversicherung empfehlen sollte.

**17** Personen, die keine ausreichenden anderweitigen Versorgungsansprüche für den Fall der Berufsunfähigkeit haben (Versorgungslücke).

**Besondere Vertragsformen**

**18** a) – Anpassung der Versicherungsleistung an den steigenden Lebensstandard,
– Ausgleich der inflationsbedingten Geldwertminderung,
– Verringerung der durch Einkommenssteigerungen entstehenden Versorgungslücken.

b) VR verpflichtet sich, die Erhöhung ohne Gesundheitsprüfung zu akzeptieren, während der VN zu jedem Erhöhungstermin die Möglichkeit hat, eine weitere Beitragserhöhung zu verhindern.

c) Widerspruch bis zum Ende des ersten Monats nach dem Erhöhungstermin oder Zahlungsverweigerung des Erhöhungsbetrages innerhalb von zwei Monaten nach dem Erhöhungstermin.

d) – wenn drei aufeinander folgende Erhöhungen ausgelassen wurden;
– Erhöhungen bis zum Ende der Beitragszahlung, längstens jedoch bis zum 65. Lebensjahr.

**19** Dynamische Lebensversicherung:

Der Beitrag erhöht sich jährlich im gleichen Verhältnis, wie sich der Höchstbeitrag zur GRV erhöht.
Aus dem erhöhten Beitragsteil wird in Abhängigkeit vom derzeitigen Alter und der Restlaufzeit des Vertrages die Summe berechnet, um die sich die bisherige VS erhöht.
Die Erhöhungssumme kann nicht im gleichen Verhältnis steigen, da die Ansparzeit der jeweiligen Erhöhungssumme im Vergleich zur vereinbarten Vertragsdauer bei Vertragsabschluss immer kürzer wird.

Argumente:
Die Erhöhung wird ohne erneute Gesundheitsprüfung vorgenommen, also auch dann noch, wenn der Versicherte infolge seines derzeitigen Gesundheitszustandes im Grunde nicht mehr versicherbar ist.
Der Erhöhung kann bis zu zweimal hintereinander widersprochen werden, weil z. B. ein finanzieller Engpass beim VN besteht, ohne dass die Dynamik entfällt.
Die Beiträge für die Erhöhungssumme nehmen ebenfalls an der Gewinnbeteiligung teil, sodass ein beachtliches Kapital für die Altersversorgung aufgebaut wird.

**20** 1: Termfixversicherung (Ausbildungsversicherung);
2: gemischte LV; Altersrentenversicherung; selbstständige Berufsunfähigkeitsversicherung;
3: gemischte LV (u. U. auch als Direktversicherung); selbstständige Berufsunfähigkeitsversicherung; vermögensbildende LV ungünstig, da bei anderen Anlageformen (z. B. Wertpapiersparen, Bausparbeiträge) Arbeitnehmersparzulage beansprucht werden kann;
4: wie 2;
5: Altersvorsorge in Form von gemischter LV oder aufgeschobener Rentenversicherung; selbstständige Berufsunfähigkeitsversicherung;
6: Altersvorsorge zur Deckung der Versorgungslücke in Form von gemischter LV oder aufgeschobener Rentenversicherung; vermögensbildende LV; selbstständige Berufsunfähigkeitsversicherung;
7: Kapitalanlage in Form von fondsgebundener LV; LV mit erhöhter Erlebensfallleistung; Tilgungsversicherung (Hypothekenversicherung) bei Baufinanzierung u. Ä.; Rentenversicherung; Erbschaftsteuerversicherung;
8: wie 7;
9: Hinterbliebenenversorgung in Form von Risikoversicherung; gemischte LV usw.;
10: Termfixversicherung (Ausbildungsversicherung);
11: wie 9;
12: Termfixversicherung (Ausbildungsversicherung).

**21** a) Die Steigerung der VS im gleichen Verhältnis wie die Beitragssteigerung ist nicht möglich, da für die Ansparung der jeweiligen Erhöhungssumme ein immer kürzer werdender Zeitraum (Restlaufzeit des Vertrages) nur zur Verfügung steht und das Eintrittsalter des Versicherten zunehmend größer wird.

b) Der Verlust des rechten Armes bedeutet eine teilweise Berufsunfähigkeit von mehr als 50 %. Aufgrund der 50 %-Pauschalregelung hat der VR die volle BU-Leistung zu erbringen (im Beispielsfall 977,00 € garantierte monatliche BU-Rente; 1397,11 € inkl. Bonus).

c) Die bestehende Termfixversicherung kann nicht als Vermögensbildungsversicherung herangezogen werden.

Gründe:
- Vermögensbildungsversicherungen werden nach einem besonderen Tarif kalkuliert, da der Rückkaufswert im ersten Jahr bereits mindestens 50 % der eingezahlten Beiträge betragen muss. Der Tarif wurde hier nicht angewendet.
- Der Sohn muss VN sein (Arbeitnehmer muss VN sein), was hier auch nicht erfüllt ist.
- Der monatliche Beitrag darf höchstens 40,00 € betragen.
- Der Vertrag würde auch nicht mehr mit einer AN-Sparzulage bedacht, da er nach dem 01. Jan.1989 abgeschlossen wurde.

d) Es können bis zu zwei aufeinander folgende Erhöhungen ausgelassen werden, ohne dass das Erhöhungsrecht erlischt. Herr Lechner müsste dann eine Erhöhung wieder durchführen und könnte dann wieder aussetzen. Während der 5-jährigen Studiendauer kann er so 4 Jahre aussetzen.

e) Frau Lechner hat eine Risikoumtauschversicherung abgeschlossen. Sie hat also das Recht, ohne erneute Gesundheitsprüfung die Umstellung in eine Kapital-Lebensversicherung mit gleicher VS (hier: 20 000,00 €) zu fordern. Als Endalter sollte zweckmäßigerweise das 60. Lebensjahr gewählt werden, um ein gewisses Kapital für das Alter zu haben.

## 22 Grundprinzipien fondsgebundener Kapitallebens- und Rentenversicherungen

Sowohl die gemischte Lebensversicherung als auch die Rentenversicherung können als fondsgebundene Versicherungen abgeschlossen werden. In beiden Fällen erfolgt der Sparvorgang in der Form, dass die Sparanteile in ein Sondervermögen fließen. Diese Mittel werden – je nach Vertrag – in unterschiedliche Wertpapiere und Anlageformen (z.B. Aktien, Immobilien) investiert und in Anteilseinheiten aufgeteilt. Diese Fondsanteile bilden als Anlagestock innerhalb des Deckungsstocks eine selbstständige Abteilung. Die Erträge des Anlagestockes wie z.B. Dividenden, Kursgewinne und Zinsen verbleiben im Anlagestock und bewirken einen Zinseszinseffekt der Anlage (Gewinnthesaurierung).

Bei fondsgebundenen gemischten LV wird neben der Ansammlung der Sparanteile für den Erlebensfall zusätzlich auch ein Todesfallschutz vereinbart. Bei Vertragsablauf erhält der Versicherungsnehmer üblicherweise den Wert der bis dahin erworbenen Fonds-Anteile in einer Summe. Auch kann vereinbart sein, dass diese Anteile bei Vertragsablauf alternativ in ein Wertpapierdepot des Versicherungsnehmers übertragen werden können.

Bei einer fondsgebundenen Rentenversicherung steht der Sparvorgang und nicht die Todesfallabsicherung im Vordergrund. Auch in diesem Fall erfolgt die Kapitalanlage in Form von Fondsanteilen. Bei Vertragsablauf erhält der Versicherungsnehmer lebenslang eine monatliche Rente. Deren Höhe bestimmt sich aus dem zum Rentenzahlungsbeginn vorhandenen Wert des Deckungskapitals und dem vereinbarten Rentenfaktor (§ 2 Abs. 2 AVB-FLV). Der garantierte Rentenfaktor gibt an, wie hoch die Rente je 10000 € vorhandenem Deckungskapital ist. Wenn der VN bei Vertragsabschluss ein Kapitalwahlrecht vereinbart hatte, kann er, anstelle der lebenslangen Rentenzahlung, eine einmalige Auszahlung verlangen (§ 2 Abs. 3 AVB-FLV).

**Fondsarten nach Risikoklassen**

Nach Tarif S 32 kann die Anlage vor Rentenbeginn in folgenden Fonds erfolgen:

(1) sicherheitsorientiert: PROXIMUS Bond Invest.
(2) renditeorientiert: PRO XIMUS Balance Invest
(3) chancenorientiert: PROXIMUS Global Invest

Beschreibung der Fonds (siehe **Proximus 4 Bedingungswerk,** S. 430 ff.)

**Vor- und Nachteil eine FLV**

Die Höhe der Ablaufleistung hängt großenteils von der Zins- und Börsenentwicklung ab. Je nachdem, wie sich der Wert der gewählten Fonds an der Börse entwickelt und je nachdem, zu welchem Zeitpunkt der Vertrag endet, kann das Anlageergebnis günstig oder ungünstig sein. Anders als bei privaten Rentenversicherung gibt es bei der Reinform einer FLV keine Garantieverzinsung. Allerdings werden inzwischen auch Varianten mit unterschiedlichen Garantiemodelle angeboten.

Den Renditechancen bei günstigem Börsenverlauf stehen allerdings vergleichsweise hohe Abschluss- und Verwaltungskosten gegenüber. Außerdem besteht bei einer FLV nur geringe Flexibilität hinsichtlich der Möglichkeit, günstige Börsenentwicklungen auszunutzen (u.a. wegen Einhaltung der Kündigungsfrist und des vereinbarten Ablauftermins sowie der geringen Fondsauswahl für Shiften oder Switchen).

Bei Kündigung: Wegen der Abschlusskosten geringerer Rückkaufswert als bei Verkauf eigener Fondsanlagen

**Produktempfehlung:**
Im vorliegenden Fall sollte Herrn Engel – je nach Risikofreudigkeit – eine FLV Proximus Balance Invest oder Proximus Global Invest empfohlen werden.

**Begründung:**
- Während der voraussichtlichen Laufzeit von 27 Jahren ist trotz möglicher zwischenzeitlicher Schwankungen eine angemessene Wertsteigerung zu erwarten.
- Bruttoeinkommen und Familienstand von Herrn Engel lassen vermuten, dass er über ausreichende Mittel verfügt, um zusätzlich in anderer Form für sein Alter vorzusorgen.
- Ein Todesfallschutz wird von Herrn Engel nicht benötigt.

**Exkurs: Unterschiede zwischen einer FLV und einem Fondssparplan**
Ein Fondssparplan ist ein Sparvertrag mit regelmäßiger Einzahlung in einen Investmentfonds.

| | **FLV** | **Fondssparplan** |
|---|---|---|
| **Produkt** | Regelmäßige Beiträge an einen VR, der diese zum Erwerb von Investmentfondsanteilen verwendet. | Regelmäßige Beiträge an einen VR, der diese zum Erwerb von Investmentfondsanteilen verwendet. |
| **Flexibilität** | Eingeschränkte Flexibilität. Beitragspausen oder Laufzeitänderungen sind nur eingeschränkt möglich. Kündigung möglich, aber wegen der Abschlusskosten möglicherweise geringer Rückkaufswert.<br>Shiften und Switchen möglich | Volle Flexibilität. Entnahmen, Beitragsaussetzungen oder Beitragsveränderungen sind jederzeit möglich.<br>Anlage ist jederzeit kündbar. Fonds können jederzeit gewechselt werden. |
| **Verrentung** | FLV als Rentenversicherung: Flexible Entscheidung zwischen Kapitalauszahlung und Verrentung (Leibrente) bis kurz vor Rentenbeginn möglich. | Keine Auszahlung als lebenslange Rente (Leibrente). Alternativ: Übertragung in einen Entnahmeplan möglich. |
| **Ausgabeaufschlag** | i. d. R. keine Ausgabeaufschläge | Ausgabeaufschläge:<br>Proximus Bond Invest: 3,00 %<br>Proximus Balance Invest: 3,40 %<br>Proximus Global Invest: 4,25 % |
| **Sonstige Kosten** | Abschluss- , Vertriebs- und Verwaltungskosten sind nicht immer transparent<br><br>§ 18 AVB-FLV | transparente lfd. Kosten, z. B.<br>Proximus Bond Invest:<br>0,86 % p. a.<br>Proximus Balance Invest:<br>1,25 % p. a.<br>Proximus Global Invest:<br>2,01 % p. a. |

| | FLV | Fondssparplan |
|---|---|---|
| **Besteuerung** | Unter bestimmten Voraussetzungen bei Kapitalauszahlung: Besteuerung nach Halbeinkünfteverfahren (50 % der Erträge sind mit persönlichem Steuersatz bei Laufzeitende zu versteuern)<br>bei Verrentung: Besteuerung mit günstigem Ertragsanteilverfahren | Die gesamten Erträge unterliegen der Abgeltungssteuer: 25 % zuzüglich Solidaritätszuschlag und ggf. Kirchensteuer |
| **Todesfallschutz** | gemischte FLV<br>Tod vor Laufzeitende: Auszahlung der Todesfallsumme<br>FLV als Rentenversicherung<br>Tod vor Rentenzahlungsbeginn: Es wird lediglich das bis dahin angesammelte Deckungskapital ausgezahlt.<br>Tod nach Rentenzahlungsbeginn: Es kann eine Rentengarantiezeit vereinbart werden. | Todesfallschutz kann ggf. durch eine Risikolebensversicherung erlangt werden |

**Lernkontrollen zu C 4** **Seiten 314–317**

**Beteiligte Personen am Lebensversicherungsvertrag**

**1** Wenn die Todesfallleistung die gewöhnlichen Beerdigungskosten übersteigt; Spekulation mit fremdem Leben soll verhindert werden.

**2** a) Abschluss nur mit Zustimmung des Familiengerichts, wenn das Versicherungsverhältnis mehr als ein Jahr über das vollendete 18. Lebensjahr der versicherten Person hinaus fortdauern soll. Andernfalls genügt die Zustimmung der Eltern. Wird diese Vorschrift nicht beachtet, ist der Vertrag schwebend unwirksam.

b) Bei einer Fremdversicherung, deren Leistung die gewöhnlichen Beerdigungskosten übersteigt, ist die schriftliche Einwilligung der versicherten Person nötig. Für diese Einwilligung sind bei geschäftsunfähigen Kindern bzw. beschränkt geschäftsfähigen Minderjährigen folgende Fälle zu unterscheiden:

1. Grundsätzlich tritt an die Stelle der Einwilligung des Kindes die seiner gesetzlichen Vertreter (i. d. R. beide Elternteile des minderjährigen Kindes).
2. Ist der gesetzliche Vertreter (hier: ein Elternteil) gleichzeitig VN, ist vom Vormundschaftsgericht ein Pfleger zu bestellen, da die Eltern als gesetzliche Vertreter das Kind in diesem Fall bei der Erteilung der Einwilligung nicht vertreten können.
3. Wenn ein Elternteil als VN eine LV auf das Leben eines minderjährigen Kindes abschließt, ist die familiengerichtliche Genehmigung durch einen Pfleger aber nur dann erforderlich, wenn bei Tod vor Vollendung des 7. Lebensjahres eine die gewöhnlichen Beerdigungskosten übersteigende Leistung vereinbart wird.

Um im Fall 3 die familiengerichtliche Genehmigung bei höheren Versicherungssummen zu umgehen, wird bei Kindern unter 7 Jahren i. d. R. eine Zusatzvereinbarung in der Art getroffen, dass bei Tod des Kindes vor Vollendung des 7. Lebensjahres nur die Beerdigungskosten geleistet und die Beiträge für den übersteigenden Teil der Versicherungsleistung zurückgezahlt werden.

Bei Kindern über 7 Jahren (= beschränkte Geschäftsfähigkeit) erübrigt sich die Einwilligung der Eltern und damit die Bestellung eines Ergänzungspflegers, da beschränkt Geschäftsfähige wirksame Willenserklärungen abgeben können, sofern diese ausschließlich zu ihrem rechtlichen Vorteil sind (§ 107 BGB). Nach herrschender Meinung gilt diese Regelung auch für sog. neutrale Rechtsgeschäfte, bei denen der beschränkt Geschäftsfähige weder einen Vorteil noch einen Nachteil erlangt. Dies trifft im Falle einer Fremdversicherung auf das Leben eines beschränkt Geschäftsfähigen zu.

**3** – (LV auf verbundene Leben),
– Altersrentenversicherung mit Hinterbliebenenrente.

**4** Es handelt sich um eine Fremdversicherung, deren VS über die Beerdigungskosten hinausgeht.

Dazu ist grundsätzlich die schriftliche Einwilligung der versicherten Person nötig. Die versicherte Person ist beschränkt geschäftsfähig.

Beschränkt Geschäftsfähige können u. a. rechtswirksame Willenserklärungen abgeben, wenn sie dadurch ausschließlich einen rechtlichen Vorteil erlangen. Dies gilt nach herrschender Meinung auch für sog. neutrale Rechtsgeschäfte. Daher braucht die versicherte Person im vorliegenden Fall bei der Einwilligung nicht durch einen Ergänzungspfleger vertreten zu werden.

Ergebnis:
Frau Schäfer kann als VN eine LV auf das Leben ihrer Enkelin abschließen, wenn diese ihre schriftliche Einwilligung gibt.

Pflichten:
Frau Schäfer schuldet als VN die fälligen Beiträge.

Rechte:
Ihr stehen alle Gestaltungsrechte (z. B. Kündigung, Abtretung, Vertragsänderungen) zu.

Vorzeitiger Tod:
Wenn Frau Schäfer vorzeitig stirbt, kann die Versicherung von den Erben weitergeführt werden. Werden die Beiträge nicht weitergezahlt, erfolgt eine qualifizierte Mahnung mit Kündigung seitens des VR, die die Umstellung in eine beitragsfreie Versicherung mit herabgesetzter VS bewirkt.

**5** Die VN ist beim Eingang des Schreibens noch minderjährig und kann zum gegenwärtigen Zeitpunkt ohne Zustimmung des gesetzlichen Vertreters noch keine Willenserklärung abgeben, die ihr einen rechtlichen Nachteil bringt.
Sie kann daher zum jetzigen Zeitpunkt noch nicht erklären, dass der Vertrag mit der Volljährigkeit aufgehoben werden soll.
Der Vertrag selbst ist zum gegenwärtigen Zeitpunkt schwebend unwirksam.
Das Vertragsverhältnis dauert länger als ein Jahr über das 18. Lebensjahr hinaus fort und es hätte deshalb der Zustimmung des Familiengerichts bedurft.
Der VR ist verpflichtet, einen volljährig Gewordenen über die schwebende Unwirksamkeit zu informieren und darauf aufmerksam zumachen, dass die weitere Zahlung des Beitrages innerhalb einer Frist von vier Wochen als Vertragsgenehmigung anzusehen ist.
Die VN wird also ihre Willenserklärung, dass der Vertrag aufgehoben werden soll, bei Volljährigkeit erneut abgeben müssen. Alternativ kann sie auch die Beitragszahlung verweigern.Erst dann kann der VR den Vertrag aufheben und die Erstattung aller eingezahlten Beiträge zuzüglich Zinsen vornehmen.

**Vertragsabschluss**

**6** Todesfallrisiko braucht nicht kalkuliert zu werden, da nicht versichert (je früher der Versicherte stirbt, desto günstiger für den VR).

**7** Objektive Risiken:
Eintrittsalter, Geschlecht, Laufzeit, Gesundheitsverhältnisse, Beruf;

subjektive Risiken:
Lebensumstände und Verhalten des Versicherten (Gesundheitsbewusstsein, Lebenswandel, Betrugsabsicht, Selbstmordneigung).

**8** Akute Erkrankung (Infektion); erhebliche Verschlechterung des Gesundheitszustandes.

**9** Es liegt ein erhöhtes Risiko vor, das nur zu erschwerten Bedingungen angenommen werden kann. Ein Risikozuschlag ohne Rückgewähr **über die gesamte Vertragsdauer** wird der Situation nicht gerecht, da das Leiden auf Dauer ganz ausheilen soll, das erhöhte Risiko also zukünftig fortfällt.

Ein Zuschlag nur für einen Teil der Dauer kann bewirken, dass bei dem derzeit noch hohen Risiko der VR ggf. schon nach Zahlung nur eines Zuschlages die volle Versicherungsleistung erbringen muss.
Ein Risikozuschlag mit Rückgewähr wird dem gegenwärtig noch hohen Risiko aus dem vorgenannten Grunde auch nicht gerecht.
Die Erschwernis sollte dem Risikoverlauf entsprechen. Hierfür eignet sich die Staffelung. Bei einer $^{1}/_{10}$-Staffelung werden bei Tod im ersten Versicherungsjahr 10 % der VS, bei Tod im 2. Versicherungsjahr 20 % der VS usw. ausgezahlt.
Ab dem 10. Jahr besteht dann die volle Leistungspflicht. Das Risiko dürfte dann wieder normal sein.

**10** Wenn mit späterem Ausbruch einer Krankheit gerechnet wird bzw. eine langfristige Prognose der Lebenserwartung nicht möglich ist.

**11** Ablehnung des Antrags, verbunden mit neuem Antrag, den der ursprüngliche Antragsteller (VN) wiederum annehmen oder ablehnen kann (§ 150 (2) BGB).

**12** Altersrentenversicherung als Erlebensfallversicherung (ohne Todesfallleistung); hier entfällt eine Risikoprüfung, da das Todesfallrisiko nicht versichert ist.

**Versicherungsbeginn**

**13** Vorverlegung des technischen Beginns vor den formellen Beginn, um ein niedrigeres Eintrittsalter und damit geringere Beiträge für die Gesamtlaufzeit zu erreichen.

**14** Materieller Beginn nach § 3 ALB: Mit Abschluss des Vertrages, aber nicht vor dem technischen Beginn.

**15** Höchstsumme: 100 000,00 €

Voraussetzungen: technischer Beginn nicht später als 2 Monate nach Antragstellung; Erstbeitrag bereits gezahlt bzw. Einzugsermächtigung erteilt; weitere Voraussetzungen, siehe § 2 der Bedingungen für den vorläufigen Versicherungsschutz (Bed. vorl. VSchutz).

Beginn: mit dem Tag, an dem der Antrag beim VR eingeht

Beendigungsmöglichkeiten nach § 3 (2) Bed. vorl. VSchutz u. a.:
- Versicherungsschutz aus der beantragten Versicherung beginnt,
- Antrag abgelehnt oder vom Antragsteller widerrufen, angefochten oder zurückgenommen wird,
- Erstbeitrag nicht eingezogen werden kann.

**16** Der Vertrag wurde nach dem sog. Antragsmodell geschlossen. Die VN kann ihre Vertragserklärung innerhalb von 30 Tagen widerrufen (§§ 8, 152 VVG).
Die Widerrufsfrist beginnt mit dem Zugang des Versicherungsscheins und der Belehrung über das Widerrufsrecht und die Rechtsfolgen des Widerrufs.
Mit dem Widerruf endet auch der vorläufige Versicherungsschutz aus der Lebensversicherung.

Der Inhalt des Schreibens von Frau Lützenrath könnte als Widerruf aufgefasst werden. Da aber der bereits bestehende Versicherungsschutz aus der vorläufigen Deckung verloren geht, sollte Frau Lützenrath ein vorbereitetes Formular für den Widerruf zugesandt werden.
Nach Eingang der Widerrufserklärung ist der eingezogene Beitrag zurückzuerstatten. Da der vorläufige Versicherungsschutz beitragsfrei gewährt wird, ist hierfür nichts einzubehalten, soweit nicht zwischenzeitlich der Versicherungsfall eintritt (§ 5 der Bedingungen für den vorläufigen Versicherungsschutz).

**Beitrag**

**17** Einmalbeitrag: Anstelle der laufenden (jährlichen bzw. unterjährigen) Beitragszahlung sieht der LV-Tarif nur eine einzige Beitragszahlung zu Beginn des Versicherungsverhältnisses vor.

Beitragsdepot: Vorauszahlung an den VR für die in Zukunft fälligen laufenden Beiträge. Aus dem Depotguthaben, das vom VR verzinst wird, werden die laufenden Beiträge (i. d. R. jährlich) abgebucht.

**18** Beitragsbestandteile: Risikoanteil, Sparanteil, Kostenanteil;
- Risikoanteil: abhängig von der Wahrscheinlichkeit des Todesfalls (Eintrittsalter, Gesundheitszustand);
- Sparanteil: Laufzeit, Rechnungszinsfuß, VS;
- Kostenanteil: Abschlusskosten (rechnungsmäßige Abschlusskosten z. B. maximal 25 ‰ der während der Vertragslaufzeit zu zahlenden Beiträge); Verwaltungskosten: Kombination aus beitragsabhängigem Kostenzuschlag (ca. 4 % des Beitrages) und Stückkostenzuschlag (z. B. 24,00 € jährlich).

**19** a) Sterbetafel 2015/2017 bzw DAV 2008:
Mann: **1,26 (1,31)** ‰, d. h., von 1 000 40-jährigen Männern sterben lt. Statistik im nächsten Jahr 1,26 (1,31).
Frau: **0,70 (0,82)** ‰, d. h., von 1 000 40-jährigen Frauen sterben lt. Statistik im nächsten Jahr 0,70 (0,82).

b) Sterbetafel 2015/2017:
Mann: mittlere Lebenserwartung noch 39,45 Jahre, d. h. insgesamt **40 + 39,45 = 79,45 Jahre**.
Frau: mittlere Lebenserwartung noch 43,92 Jahre, d. h. insgesamt **40 + 43,92 = 83,92 Jahre**.

**20** a) Gemischte LV: Tarife für Frauen niedriger als für Männer, da die Lebenserwartung bei Frauen höher ist (= geringeres Todesfallrisiko); durch Unisextarife Beitragserhöhung für Frauen.

b) Aufgeschobene Rentenversicherung: höhere Tarife für Frauen als für Männer, da die Lebenserwartung bei Frauen höher ist (= höheres Erlebensfallrisiko); durch Unisextarife Beitragserhöhung für Männer.

**21** a) Bei gleichem Beitrag höhere VS, da das Deckungskapital schneller wächst (Zinseszinseffekt) und am Ende der Laufzeit höher ist als bei einem niedrigeren Rechnungszinsfuß; dafür ist aber die Überschussbeteiligung geringer als bei einem niedrigeren Rechnungszinsfuß.
Problem: Bei zu hohem Rechnungszinsfuß (= zu hoher VS) sind die tatsächlich vom VR erwirtschafteten Kapitalerträge u.U. geringer als die kalkulierten Erträge bzw. die garantierte Mindestverzinsung; Folge: Verluste des VR.

b) Bei gleichem Beitrag niedrigere VS, da das Deckungskapital langsamer wächst und am Ende der Laufzeit niedriger ist als bei einem höheren Rechnungszinsfuß; dafür ist aber die Überschussbeteiligung höher als bei einem höheren Rechnungszinsfuß.

**22** a)

| | |
|---|---|
| Bruttobeitrag p. a. lt. Tarif S 10 | 1 200,00 € |
| – Stückkosten jährlich | 24,00 € |
| Nettobeitrag | 1 176,00 € |
| Für diesen Beitrag gilt lt. Tarif: | |
| – Rente garantiert | 123,75 € |
| – Rente gesamt | 202,67 € |

| | |
|---|---:|
| Tatsächlicher Bruttobeitrag vierteljährlich | 1 500,00 € |
| – Stückkosten vierteljährlich | 6,00 € |
| tatsächlicher Nettobeitrag vierteljährlich | 1 494,00 € |
| 1 494,00 € · 3,883491 = Nettobeitrag jährlich | 5 801,94 € |

$$123{,}75 \cdot \frac{5\,801{,}94}{1\,176{,}00} = 610{,}54\text{ € Rente garantiert}$$

$$202{,}67 \cdot \frac{5\,801{,}94}{1\,176{,}00} = 999{,}90\text{ € Rente gesamt}$$

b)

| | |
|---|---:|
| Bruttobeitrag p. a. lt. Tarif S 30 | 1 200,00 € |
| – Stückkosten jährlich | 24,00 € |
| Nettobeitrag | 1 176,00 € |
| Für diesen Beitrag gilt lt. Tarif: | |
| – Kapital garantiert | 37 228,00 € |
| – Kapital gesamt | 61 091,00 € |
| – Rente garantiert | 119,75 € |
| – Rente gesamt | 196,50 € |
| Tatsächlicher Bruttobeitrag vierteljährlich | 1 500,00 € |
| – Stückkosten vierteljährlich | 6,00 € |
| tatsächlicher Nettobeitrag vierteljährlich | 1 494,00 € |
| 1 494,00 € · 3,883491 = Nettobeitrag jährlich | 5 801,94 € |

$$37\,228 \cdot \frac{5\,801{,}94}{1\,176{,}00} = 183\,668{,}90\text{ € Kapital garantiert}$$

$$61\,091 \cdot \frac{5\,801{,}94}{1\,176{,}00} = 301\,399{,}93\text{ € Kapital gesamt}$$

$$119{,}75 \cdot \frac{5\,801{,}94}{1\,176{,}00} = 590{,}80\text{ € Rente garantiert}$$

$$196{,}50 \cdot \frac{5\,801{,}94}{1\,176{,}00} = 969{,}46\text{ € Rente gesamt}$$

c)

| | |
|---|---:|
| Bruttobeitrag p. a. lt. Tarif S 34 | 1 200,00 € |
| – Stückkosten jährlich | 24,00 € |
| Nettobeitrag | 1 176,00 € |
| Für diesen Beitrag gilt lt. Tarif: | |
| – Kapital garantiert | 35 336,00 € |
| – Kapital gesamt | 59 358,00 € |
| Tatsächlicher Bruttobeitrag vierteljährlich | 1 500,00 € |
| – Stückkosten vierteljährlich | 6,00 € |
| tatsächlicher Nettobeitrag vierteljährlich | 1 494,00 € |
| 1 494,00 € · 3,883491 = Nettobeitrag jährlich | 5 801,94 € |

$$35\,336 \cdot \frac{5\,801{,}94}{1\,176{,}00} = 174\,334{,}48\text{ € Kapital garantiert}$$

$$59\,358 \cdot \frac{5\,801{,}94}{1\,176{,}00} = 292\,849{,}96\text{ € Kapital gesamt}$$

| | | |
|---|---|---|
| **23** | Bruttobeitrag p. a. lt. Tarif S 20 | 1 200,00 € |
| | – Stückkosten jährlich | 24,00 € |
| | Nettobeitrag | 1 176,00 € |
| | Für diesen Beitrag gilt lt. Tarif: | |
| | – Kapital garantiert (maximale Kapitalabfindung 30 %) | 11 880,00 € |
| | – Kapital gesamt (maximale Kapitalabfindung 30 %) | 21 597,30 € |
| | – Rente garantiert | 153,25 € |
| | – Rente gesamt | 279,49 € |
| | Tatsächlicher Bruttobeitrag monatlich | 90,00 € |
| | – Stückkosten monatlich | 2,00 € |
| | tatsächlicher Nettobeitrag monatlich | 88,00 € |
| | 88,00 € · 12 = Nettobeitrag jährlich | 1 056,00 € |

$$11\,880 \cdot \frac{1\,056{,}00}{1\,176{,}00} = 10\,667{,}76 \text{ € Kapital garantiert (maximale Kapitalabfindung 30 \%)}$$

$$21\,597{,}30 \cdot \frac{1\,056{,}00}{1\,176{,}00} = 19\,393{,}49 \text{ € Kapital gesamt (maximale Kapitalabfindung 30 \%)}$$

$$153{,}25 \cdot \frac{1\,056{,}00}{1\,176{,}00} = 137{,}61 \text{ € Rente garantiert}$$

$$279{,}49 \cdot \frac{1\,056{,}00}{1\,176{,}00} = 250{,}97 \text{ € Rente gesamt}$$

| | | |
|---|---|---|
| **24** a) | Bruttobeitrag p. a. lt. Tarif S 33 | 1 200,00 € |
| | – Stückkosten jährlich | 24,00 € |
| | Nettobeitrag | 1 176,00 € |
| | Für diesen Beitrag gilt lt. Tarif: | |
| | – garantierte Versicherungssumme Nichtraucher | 557 746,00 € |
| | Tatsächlicher Bruttobeitrag monatlich | 30,00 € |
| | – Stückkosten monatlich | 2,00 € |
| | tatsächlicher Nettobeitrag monatlich | 28,00 € |
| | 28,00 € · 11,428571 = Nettobeitrag jährlich ohne Beitragsverrechnung (=70 %) | 320,00 € |
| | Nettobeitrag jährlich mit Beitragsverrechnung (=100 %) | 457,14 € |

$$557\,746{,}00 \cdot \frac{457{,}14}{1\,176{,}00} = 216\,809{,}53 \text{ € garantierte Versicherungssumme}$$

| | | |
|---|---|---|
| b) | Garantierte Versicherungssumme Raucher | 222 056,00 € |

$$222\,056 \cdot \frac{457{,}14}{1\,176{,}00} = 86\,318{,}61 \text{ € garantierte Versicherungssumme}$$

| | | |
|---|---|---|
| **25** | Bruttobeitrag p. a. lt. Tarif S 35 | 1 200,00 € |
| | – Stückkosten jährlich | 24,00 € |
| | Nettobeitrag | 1 176,00 € |
| | Für diesen Beitrag gilt lt. Tarif: | |
| | – BU-Rente garantiert (ab Endalter 63) | 1 430,25 € |
| | – BU-Rente gesamt | 2 045,26 € |

| | |
|---|---|
| Tatsächlicher Bruttobeitrag halbjährlich | 600,00 € |
| – Stückkosten halbjährlich | 12,00 € |
| tatsächlicher Nettobeitrag halbjährlich | 588,00 € |
| 588,00 € · 1,960784 = Nettobeitrag jährlich | 1 152,94 € |

$$1430,25 \cdot \frac{1\,152,94}{1\,176,00} = 1402,20 \text{ € BU-Rente garantiert}$$

$$2045,26 \cdot \frac{1\,152,94}{1\,176,00} = 2005,15 \text{ € BU-Rente gesamt}$$

**26** a) Eintrittsalter: 45 Jahre Endalter: 67 Jahre
Risikoklasse: Chancenorientiert PROXIMUS Global Invest (6 %)

| | |
|---|---|
| Bruttobeitrag p.a. lt. Tarif S 32 | 1 200,00 € |
| – Stückkosten jährlich | 24,00 € |
| Nettobeitrag | 1 176,00 € |

Für diesen Fall gilt lt. Tarif:

| | |
|---|---|
| Kapitalabfindung: | 68 630,00 € |
| Lebenslange monatliche Leibrente: | 365,17 € |

| | |
|---|---|
| Tatsächlicher Bruttobeitrag monatlich | 400,00 € |
| – Stückkosten monatlich | 2,00 € |
| tatsächlicher Nettobeitrag monatlich | 398,00 € |
| tatsächlicher Nettobeitrag jährlich | 4 776,00 € |

Tarifliche Leistungen:

$$68\,630 \cdot \frac{4\,776}{1\,176} = 278\,721,84 \text{ € Kapitalabfindung}$$

$$365,17 \cdot \frac{4\,776}{1\,176} = 1\,483,04 \text{ € lebenslange Monatsrente}$$

b) Die tatsächliche Wertentwicklung des Fonds kann nicht vorhergesagt werden. Sie hängt von der künftigen Börsenentwicklung ab. Im vorliegenden Fall wird von einer jährlichen Wertsteigerung in Höhe von 6 % ausgegangen. Die im Tarif ausgewiesenen Leistungen basieren auf dieser Annahme.

c) Bei FLV wird keine Nachkalkulation für eine unterjährige Zahlungsweise vorgenommen, da der VR keinen Zinsverlust erleidet. Wegen des sog. Durchschnittskosteneffekts (Cost-Average-Effekt) erweist sich die monatliche Beitragszahlung bei einer FLV als vorteilhaft.

d) Der Rentenfaktor gibt an, wie viel Rente je 10 000 € des bei Rentenzahlungsbeginn vorhandenen Deckungskapitals gezahlt wird. Wenn die Modellrechnung, auf der die im Tarif angegebenen Leistungen basieren, tatsächlich zutrifft, würde der aktuelle Rentenfaktor bei Rentenzahlungsbeginn 53,21 € betragen.
Rentenfaktor = 10 000 · 365,17 / 68 630,00 € = 53,21 €
Nach der vorliegenden Modellrechnung würden somit je 10 000 € Deckungskapital 53,21 € Rente gezahlt.

Der garantierte Rentenfaktor wird vom VR festgelegt und ist Bestandteil des Vertrags. Er gibt an, wie viel Rente je 10 000 € vorhandenem Deckungskapital beim Rentenzahlungsbeginn mindestens gezahlt wird. Der Faktor drückt aus, zu welchen Bedingungen das vorhandene Deckungskapital verrentet wird. Je geringer das Deckungskapital ist, umso geringer ist naturgemäß die Rente. Sollte im Extremfall ein Totalverlust eingetreten sein, so dass kein Deckungskapital vorhanden ist, kann auch keine Rente gezahlt werden.

**Lernkontrollen zu C 5.1** Seiten 323–325

**Beitragsverwendung**

1 Deckungskapital = zum Rechnungszinsfuß verzinslich angesammelte Sparanteile. Aufgaben: Sicherung der Ablaufleistung; Grundlage für mögliche Vorauszahlung der Versicherungsleistung (»Policendarlehen«); Grundlage für die Berechnung der Rückvergütung bei vorzeitiger Vertragsauflösung; Grundlage für die Berechnung der beitragsfreien VS bei vorzeitiger Einstellung der Beitragszahlung.

2 a) Ausgleich für das zeitliche Auseinanderklaffen von Entstehung der Abschlusskosten (bei Versicherungsbeginn) und Tilgung der Abschlusskosten (ratenweise Tilgung durch den in den laufenden Bruttobeitrag einkalkulierten Abschlusskostenzuschlag). Das Zillmern hat sich als notwendig erwiesen, weil besonders bei großem Neuzugang der VR andernfalls infolge der verausgabten Abschlusskosten u.U. einen bilanzmäßigen Verlust ausweisen müsste. Bei Anwendung der Zillmerung kann der VR das Deckungskapital um die Abschlusskosten, die ihm vom VN erst im Laufe der Versicherungsdauer zurückgezahlt werden, kürzen und während der Dauer eines negativen DK einen entsprechenden Posten »Forderungen gegen VN« auf der Aktivseite der Bilanz ausweisen. Hinweis: Das VVG gestattet nicht den Abzug noch nicht getilgter Abschlusskosten (§ 169 Abs. 5 S. 2 VVG).

b) Deckungskapital wächst langsamer, da in den ersten Jahren der Sparanteil zur Tilgung der vom VR vorfinanzierten Abschlusskosten herangezogen wird.

c) Das Zillmerverfahren führt in den ersten Versicherungsjahren zu keinem bzw. nur einem geringen Deckungskapital, sodass bei einer vorzeitigen Kündigung des Vertrages durch den VN kein oder nur ein geringer Rückkaufswert zur Verfügung steht. Der VN erleidet also einen beträchtlichen Kapitalverlust. Der Mindestrückkaufswert (§ 169 Abs. 3 VVG) schützt vor diesem großen Kapitalverlust.

Bei einer Kündigung muss mindestens der Betrag des Deckungskapitals erstattet werden, der sich bei gleichmäßiger Verteilung der angesetzten Abschluss- und Vertriebskosten auf die ersten 5 Jahre ergibt. Weitere Abzüge dürfen vorgenommen werden, soweit diese zuvor vereinbart und beziffert worden sind.

d) Neben dem Mindestrückkaufswert ist auch der sog. Höchstzillmersatz gesetzlich geregelt (§ 4 DeckRV). Durch das Lebensversicherungsreformgesetz 2014 wurde der Höchstzillmersatz von zuvor 40‰ der Summe aller Beiträge auf 25‰ gesenkt. Das bedeutet, dass ein VR in den ersten fünf Jahren der Vertragslaufzeit die Abschlusskosten nur in Höhe von bis zu 25‰ der Beitragssumme eines Lebensversicherungsvertrages in der Bilanz mit dem Deckungskapital (= Sparguthaben des VN) verrechnen kann.

**Beispiel (stark vereinfacht):**

Versicherungssumme 40 000,00 €; Vertragslaufzeit 20 Jahre; Abschluss- und Vertriebskosten 1 000,00 €

Kündigung zum Ende des 3. Jahres

Ungetilgte Abschlusskosten nach dem Zillmerverfahren: 17/20 von 1 000,00 € = 850,00 €. Sie wurden vor Einführung des neuen VVG vom Deckungskapital abgezogen, so dass der Rückkaufswert erheblich geringer ausfiel.

Ungetilgte Abschlusskosten aufgrund der Mindestrückkaufswertberechnung nach VVG, wonach die Abschlusskosten auf 5 Jahre zu verteilen sind:

In den ersten 5 Jahren werden für die Mindestrückkaufswertberechnung jeweils 1/5 der Abschlusskosten von 1 000,00 € als getilgt angesehen. Bei Kündigung nach 3 Jahren sind also 3/5 = 600,00 € als getilgt und noch 2/5 = 400,00 € als ungetilgt anzusehen. Vom Deckungskapital, dass aus den Sparbeiträgen der drei zurückgelegten Versicherungsjahre gebildet wurde, dürfen 400,00 € als ungetilgte Abschlusskosten (§ 169 (5) S. 2 VVG) abgezogen werden. Das Ergebnis ist der Mindestrückkaufswert.

Gegenüber dem Zillmerverfahren, wonach die Abschlusskosten über die Vertragslaufzeit verteilt und durch den Abschlusskostenanteil im Beitrag allmählich gedeckt werden, steht durch den im VVG geforderten Mindestrückkaufswert bei vorzeitiger Vertragsbeendigung ein wesentlich höherer Rückkaufswert zur Verfügung. Der nicht gedeckte Teil an Abschlusskosten geht quasi zu Lasten des VR, soweit nicht die Möglichkeit besteht, beim Vermittler einen Teil der Abschlussprovision zurückzufordern.

**3** – VS wächst aufgrund der Beitragserhöhung in Höhe von 6 % jährlich von ursprünglich 100 000,00 € auf ca. 280 000,00 € (= Wachstum von durchschnittlich 3 % jährlich);
– Das riskierte Kapital (als Differenz zwischen VS und Deckungskapital) entwickelt sich aufgrund der Dynamik erheblich anders als ohne Dynamik; es steigt zunächst kräftig (bis auf ca. 148 000,00 € bei der Hälfte der Laufzeit) und fällt erst gegen Ende steil ab; diese Entwicklung liegt u. a. darin begründet, dass das Deckungskapital nicht so schnell wächst wie die VS aufgrund der dynamischen Erhöhungen. Erst später wird dieser Effekt durch das Anwachsen des Deckungskapitals ausgeglichen. Die Erhöhung der VS erfolgt ohne Gesundheitsprüfung und der VR trägt somit ein erhöhtes Risiko, dass sich der Gesundheitszustand des VN während der Laufzeit verschlechtert.

**4** a) Gemischte LV: geringeres Risiko, da Versicherungsleistung bei vorzeitigem Tod teilweise durch verzinslich angesammelte Sparanteile (= Deckungskapital) gedeckt.

b) Gemischte LV gegen Einmalbeitrag: geringeres Risiko, da das riskierte Kapital erheblich kleiner ist als bei LV mit laufender Beitragszahlung.

**5** a) Deckungskapital: wird durch verzinsliche Ansammlung der Sparanteile gebildet.
Deckungsrückstellung: in der Bilanz (Passivseite) ausgewiesene Summe des gesamten (positiven) gezillmerten Deckungskapitals aus allen LV-Verträgen; Verbindlichkeit des VR gegenüber den VN.
Sicherungsvermögen: in der Bilanz (Aktivseite, Anlagevermögen) ausgewiesene Vermögensgegenstände, in die das Deckungskapital investiert ist; bilanzieller Gegenwert zur Deckungsrückstellung.
Sonstiges gebundenes Vermögen: bilanzieller Gegenwert (Aktivseite) der Rückstellungen für Beitragsrückerstattung.

b) Anlageformen gem. Anlagenverordnung u. a.: Hypothekendarlehen, inländische Schuldverschreibungen, Aktien, Darlehen (Bund, Länder, Gemeinden), Vorauszahlungen auf die VS (»Policendarlehen«), Einlagen bei Bundesbank und Kreditinstituten, ... Bis zu 5 % des Sicherungsvermögens und des sonstigen gebundenen Vermögens können in Anlagen außerhalb des Anlagenkatalogs investiert werden (Öffnungsklausel).Grundsätze: Rentabilität (angemessene Verzinsung), Liquidität (jederzeitige Erfüllbarkeit auch kurzfristiger Verbindlichkeiten), Sicherheit (z. B. keine Spekulationsgeschäfte), Mischung (Risikoverteilung auf verschiedene Anlageformen), Streuung (Risikoverteilung innerhalb einzelner Anlageformen durch Variation von Branchen und Fälligkeit).

**6** a) Der Versicherungsvertrag wird zum Änderungszeitpunkt so behandelt, als sei er von vornherein über eine Versicherungsdauer von 25 Jahren vereinbart worden. Infolge der längeren Versicherungsdauer vermindert sich der Beitrag. Der Sparanteil des Beitrages ist jetzt wesentlich geringer, da eine längere Dauer für die Ansparung der VS zur Verfügung steht.
Der Risikoanteil wird zwar nach dem bisherigen Eintrittsalter 30 berechnet, ist aber gegenüber dem bisherigen Beitrag im Verhältnis etwas höher, da das riskierte Kapital (Differenz zwischen VS und Deckungskapital) aufgrund der längeren Dauer nicht so schnell abnimmt.
Zum Änderungszeitpunkt ist aufgrund der bisher vereinbarten kürzeren Ansparzeit ein zu großes Deckungskapital vorhanden. Die Differenz zwischen dem vorhandenen und jetzt nur benötigten Deckungskapital steht für andere Zwecke zur Verfügung. Die Gewinnbeteiligung wird ebenfalls an der neuen Vertragsdauer ausgerichtet, sodass unter Umständen ein zu hohes Gewinnguthaben gegenüber dem Gewinnguthaben bei einer 15-jährigen Vertragsdauer vorhanden ist. Diese Differenz steht dann ebenfalls zur Verfügung.

b) Die Dauerverlängerung wird der VR vom Ergebnis einer erneuten Gesundheitsprüfung abhängig machen. Nur wenn Frau Frohme auch zum Änderungszeitpunkt als normales Risiko angesehen werden kann, ist die Änderung in der beschriebenen Form möglich.

**7** Hinweis auf

- gesetzlich vorgeschriebene Anlagegrundsätze: Sicherheit, Liquidität, Mischung, Streuung (§ 124 VAG, §§ 1, 2 AnlV);
- gesetzlich vorgeschriebene Obergrenzen für die Kapitalanlage in Aktien u. Ä.

Hinweis, dass in der LV-Branche die Nettorendite auf Kapitalanlagen im Durchschnitt noch ca. 2,5 % beträgt und eine hohe Sicherheit aufweist.

Anmerkung: In einer Niedrigzinsphase und bei möglichen Kursverlusten an der Börse haben manche VR Probleme, den Rechnungszins zu erwirtschaften.

## Lernkontrollen zu C 5.2 und C 5.3 — Seiten 332–333

### Überschussquellen und Überschussverteilung

**1** Zinsüberschüsse: wenn die tatsächliche Verzinsung der vom VR Zins bringend angelegten Sparanteile höher als die rechnungsmäßige Verzinsung (z. Zt. 0,9 %) ist; die Zinsüberschüsse haben den größten Anteil (ca. 80 %) an den Gesamtüberschüssen.

Risikoüberschüsse: wenn in Wirklichkeit weniger Versicherungsfälle eintreten, als bei der Kalkulation des Risikobeitrags angenommen wurde; z. B. weniger Todesfälle als auf Basis der Sterbetafel kalkuliert (Sterblichkeitsüberschüsse) wegen längerer Lebenserwartung, gezielter Risikoauslese u. a.; Anteil an den Gesamtüberschüssen ca. 20 %.

Kostenüberschüsse: wenn die tatsächlichen Kosten geringer sind als die bei Kalkulation des Kostenanteils (Bruttobeitrag) angenommenen.

**2** VS basiert auf der aus Vorsichtsgründen niedrig angesetzten Mindestverzinsung der Sparanteile mit dem Rechnungszinsfuß (0,9 % ab 01.01.2017 für Neuverträge); die tatsächliche Rendite künftiger Kapitalanlagen und die sich daraus ergebenden Zinsüberschüsse lassen sich aber nicht vorhersagen.

**3** Die für die Kalkulation von VS bzw. dazugehörigem (Netto-)Beitrag verwendeten Rechnungsgrundlagen (Rechnungszinsfuß, Wahrscheinlichkeiten für den Sterbefall) sind bei allen VR gleich. Lediglich hinsichtlich der Kostenzuschläge (= 3. Rechnungsgrundlage) können sich Unterschiede ergeben. Daher weichen VS und die entsprechenden Beiträge bei verschiedenen VR kaum voneinander ab. Die Zinsüberschüsse, die für die Ablaufleistung maßgebend sind, können aber – je nach Kapitalanlagepolitik – von VR zu VR höchst unterschiedlich sein.

**4** a) Ein Teil der jährlichen Überschüsse wird dem Vertrag des VN unmittelbar zugerechnet, ohne zunächst den RfB zugeführt zu werden (Direktgutschrift). Für die Verträge mit Abschluss nach dem 29. Juli 1994 ist die Direktgutschrift bedingt durch den Wegfall der Genehmigungspflicht der Geschäftspläne nicht mehr zwingend vorgeschrieben. Dennoch sehen die meisten VR auch für solche Verträge eine Direktgutschrift vor.

b) Zeitnähere Gutschrift eines Teils der Versichertendividende; der verbleibende Überschuss wird über die RfB nur mit zeitlicher Verzögerung den VN zugerechnet; die Direktgutschrift bewirkt aber nicht automatisch eine Erhöhung der Überschüsse.

c) Wenn keine RfB gebildet, sondern alle Überschüsse direkt den VN gutgeschrieben würden, müsste der Beteiligungssatz (Versichertendividende) entsprechend den Schwankungen des Bruttoergebnisses (Rohergebnisses) jeweils neu angepasst werden. Die VR streben jedoch einen möglichst stabilen Beteiligungssatz an, um die für die Werbung nachteiligen Folgen einer Minderung der Beteiligung gegenüber dem Vorjahr zu vermeiden. Die RfB dienen dabei als Puffer, indem im Rahmen der Direktgutschrift jeweils nur ein Beteiligungssatz deklariert wird, der die RfB nie ganz ausschöpft (vgl. Frage 5).

> Hinweis
> Im VVG sind die Grundsätze der Überschussverteilung in § 153 geregelt. Danach besteht auch ein Anspruch auf Beteiligung an den stillen Reserven. Aufgrund des Lebensversicherungsreformgesetztes vom 01. August 2014 wurde allerdings die Pflicht zur Beteiligung der VN an den Bewertungsreserven gelockert. Während ein ausscheidender VN an den Bewertungsreserven von Aktien und Immobilien nach wie vor zur Hälfte beteiligt werden muss, gilt für die Bewertungsreserven auf festverzinsliche Wertpapiere (= mehr als 85 % aller Kapitalanlagen der VR) folgende Regelung: Gerät der VR in finanzielle Schwierigkeiten, so dass er bei Ausschüttung der Bewertungsreserven seine Garantieleistung gegenüber anderen Kunden nicht erfüllen könnte, ist er von der Pflicht befreit, einen jetzt ausscheidenden VN an den Bewertungsreserven für festverzinsliche Wertpapiere zu beteiligen. Durch diese Vorschrift soll zur finanziellen Stabilisierung der VR beigetragen werden, um die zugesagten Garantieleistungen für die Bestandskunden trotz der Niedrigzinsphase zu sichern.

**5** Entstehung: Die nach Zuteilung der Direktgutschrift verbleibenden Überschüsse werden den RfB zugeführt und den VN mit einer zeitlichen Verzögerung von 1–2 Jahren entsprechend der gewählten Überschussverwendung sowie im Rahmen der vorgeschriebenen Beteiligung an den stillen Reserven gutgeschrieben.

Zusammensetzung und Verwendung:

1. gebundene RfB (= Verbindlichkeiten gegenüber Versichertengemeinschaft) in Form von
   1.1 deklarierten Überschussanteilen, die während der nächsten beiden Jahre gutgeschrieben werden,
   1.2 angesammelten Schlussüberschussanteilen,
   1.3 Beteiligung an stillen Reserven.
2. freie RfB, über deren Auszahlungszeitpunkt 1.3 Beteiligung an stillen Reserven noch nicht entschieden ist; keine Verbindlichkeiten gegenüber der Versichertengemeinschaft, sondern Eigenmittel des VR, die mit Genehmigung des BaFin zum Ausgleich drohender Verluste herangezogen werden können.

Aufgaben: zeitlicher Puffer zwischen Überschussentstehung und Zuweisung; Überschussreserve zum Ausgleich von Schwankungen des Bruttoüberschusses; Reservierung der für den Schlussüberschussanteil und der Beteiligung an den stillen Reserven benötigten Mittel.

**6** Hinweis, dass nur ein Teil des Beitrags (Sparanteil) zur Bildung des Deckungskapitals verzinslich angelegt wird. Je nach Alter des VN muss ein unterschiedlich hoher Teil des Beitrags (= Risikoanteil) für die Abdeckung des Todesfallrisikos verwendet werden. Außerdem werden Teile des Beitrags zur Deckung der Abschlusskosten und der laufenden Kosten benötigt. Im Laufe der Zeit (u. a. in Abhängigkeit von Eintrittsalter, Laufzeit, Überschussverwendungsart) wird aber durch den Zins- und Zinseszinseffekt das Guthaben des VN die Summe der eingezahlten Beiträge übersteigen.

**7** a) 80 Mio. € von 1,75 Mrd. € = 4,57 % (Zinsgewinn: 4,57 % – 0,9 % = 3,67 %)
4,57 % ≙ 80 Mio. €
3,67 % ≙ <u>64,245 Mio. €</u>

b) 1 % = 17,5 Mio. €
64,245 Mio. € – 17,5 Mio. € <u>46,745 Mio. €</u>

**8** a) 277,02 Mio. € von 4 860 Mio. € = 5,70 %
5,70 % – 0,9 % = <u>4,8 % Zinsgewinn</u>

b) 5,70 % ≙ 277,02 Mio. € Zinsertrag
4,8 % Zinsgewinn ≙ 233,28 Mio. €
1,00 % von 4 860 Mio. € DK ≙ 48,60 Mio. € Direktgutschrift
Rest: 184,68 Mio. €, davon 97 % <u>179,1396 Mio. € RfB</u>

**Lernkontrollen zu C 5.4** **Seiten 335–336**

**Überschussverwendung**

**1** Erhöhung der VS (Bonussystem): Die jährlich zugeteilten Überschüsse werden als Einmalbeitrag für eine zusätzliche VS entsprechend dem zugrundeliegenden Tarif verwendet.

Verzinsliche Ansammlung: Die jährlich zugeteilten Überschüsse werden wie auf einem Sparkonto angesammelt und bei Fälligkeit der VS zusätzlich ausgezahlt. In der Bilanz werden diese Beträge in der Passivposition »Verbindlichkeiten aus dem selbst abgeschlossenen Geschäft gegenüber VN« ausgewiesen.

Dauerverkürzung: VS wird fällig, wenn das um die Überschussanteile vermehrte Deckungskapital die VS erreicht hat;

Abbruchklausel: verbindliche Vereinbarung, dass der Vertrag zu diesem Zeitpunkt endet;

Abrufklausel: unverbindliches Angebot an alle VN, den Vertrag zu diesem Zeitpunkt ohne Kürzung der Schlussüberschussanteile zu beenden.

Verrechnung mit Folgebeiträgen: Verringerung des Beitragsaufwandes bei gleich bleibender VS.

Barauszahlung (Bardividende).

2 Gegenüber der verzinslichen Ansammlung bewirkt das Bonussystem (Summenzuwachs) eine Erhöhung der Todesfallleistung. Die Erlebensfallleistung ist dagegen geringer als bei der verzinslichen Ansammlung, da die Risikoanteile aus den Einmalbeiträgen verbraucht sind. Bei vorzeitigem Tod ist somit das Bonussystem, bei Erreichen des vereinbarten Endalters hingegen die verzinsliche Ansammlung günstiger.

3 Zu den unterschiedlichen Verwendungsmöglichkeiten der Überschüsse vgl. Lösung zur Frage 1.
Da Herr Schöller ledig ist und der Sparcharakter der LV mit dem Ziel der eigenen Altersversorgung im Vordergrund steht, sollte er die verzinsliche Ansammlung wählen, da in diesem Fall die Erlebensfallleistung am höchsten ist.

4 Beim Bonussystem werden die Überschüsse wie Einmalbeiträge zur Erhöhung der VS verwendet. Die in den Einmalbeiträgen enthaltenen Sparanteile erhöhen das Deckungskapital des VN. Da Deckungskapital und VS Bemessungsgrundlage für die Überschussverteilung sind (natürliches Verteilungsverfahren), steigen auch die auf den VN entfallenden Überschussanteile laufend an.

5 Frau Frings bezieht sich auf das am 01.08.2014 in Kraft getretene Lebensversicherungsreformgesetz (LVRG).

**Erhöhung der Mindestbeteiligung an den Risikoüberschüssen:**
Risikoüberschüsse entstehen, wenn die tatsächlichen Schadenaufwendungen geringer ausfallen als die kalkulierten.
Durch das LVRG wurde die Mindestbeteiligung der VN an den Risikoüberschüssen von 75 % auf 90 % erhöht. Das gilt für alle ab 2015 fälligen Verträge. Diese Maßnahme wirkt sich positiv auf den Vertrag von Frau Frings aus.

**Senkung der Beteiligung an den Bewertungsreserven:**
Bewertungsreserven entstehen, wenn die aktuellen Kursverluste von Anleihen höher sind als die Kaufkurse der Papiere. Hierbei handelt es sich jedoch um fiktive Buchgewinne, die die Lebensversicherer bislang zum Teil (bis zu 50 %) an ausscheidende Kunden auszahlen mussten. Auch künftig werden Versicherungskunden an den Bewertungsreserven beteiligt. Allerdings muss eine Ausschüttung nur noch in Höhe des den Sicherungsbedarf übersteigenden Teils vorgenommen werden. Der Sicherungsbedarf ergibt sich aus den Garantieverpflichtungen des Anbieters. Diese Verpflichtungen hängen wiederum von den vereinbarten Garantien ab, also z. B. davon, wie viele Verträge mit hohen Garantiezinsen im Bestand sind. Die Beschränkung bei den Bewertungsreserven gilt jedoch nur für Anleihen. An den Bewertungsreserven bei Immobilien und Aktien müssen die Versicherten weiterhin mit 50 % beteiligt werden.
Diese Maßnahme wirkt sich auf den Vertrag von Frau Frings bei Kündigung oder Ablauf negativ aus.

**Senkung des Höchstrechnungszinsfußes:**
Der Höchstrechnungszinsfuß (Garantiezins) wurde ab 2017 von zuvor 1,25 % auf nur noch 0,9 % gesenkt. Dadurch sinken u. a. die garantierten Versicherungsleistungen bei gemischten Lebensversicherungen und aufgeschobenen Rentenversicherungen. Von der Neuregelung sind jedoch nur Neuverträge betroffen, die ab 2017 abgeschlossen werden.
Auf den Vertrag von Frau Frings ergeben sich keine unmittelbaren Auswirkungen. Der ihrem Vertrag zugrundeliegende Höchstrechnungszinsfuß bleibt unverändert.

**Senkung des Höchstzillmersatzes:**
Zum 1. Januar 2015 wurde der sogenannte Höchstzillmersatz bei Lebensversicherung von 40 auf 25 Promille gesenkt. Das bedeutet, dass ein VR in den ersten fünf Jahren der Vertragslaufzeit die Abschlusskosten nur in Höhe von bis zu 25 ‰ der Beitragssumme eines Lebensversicherungsvertrages in der Bilanz mit dem Deckungskapital (= Sparguthaben des VN) verrechnen kann. Der Gesetzgeber verspricht sich von dieser Senkung eine Verringerung der Abschlusskosten und höhere Rückkaufwerte bei vorzeitiger Beendigung des Vertrages.
Auf den Vertrag von Frau Frings ergeben sich dadurch keine Auswirkungen, da die Regelung erst ab 2015 gilt.

**Ausschüttungssperre**
Um sicherzustellen, dass die Lebensversicherer ihre Garantieverpflichtungen auch bei dauerhaft niedrigen Zinsen erfüllen können, sieht das Lebensversicherungsreformgesetz (01.08.2014) für bestimmte Fälle eine Ausschüttungssperre für Dividenden vor. Damit soll verhindert werden, dass Dividenden an die Aktionäre ausgeschüttet werden können, obwohl diese Mittel zur Sicherung der Garantien benötigt werden. Es handelt sich also nicht um eine Ausschüttungssperre für Überschüsse aus den Versicherungsverträgen, sondern um eine Ausschüttungssperre für Dividenden. Das hat indirekt positive Auswirkungen auf den Vertrag von Frau Frings, weil die zugesagte Garantierente dadurch sicherer wird.

## Lernkontrollen zu C 6 Seiten 343 – 346

**Überbrückung von Zahlungsschwierigkeiten**

1
- Verlängerung der Zahlungsfrist: Beitragsstundung i. d. R. bis zu 6 Monaten; Versicherungsschutz bleibt erhalten; nach Ablauf der Stundung Nachzahlung der ausstehenden Beiträge in einer Summe.
- Risikozwischenbeitrag (Teilstundung): Es wird bis zu 12 Monaten nur der um die Sparanteile gekürzte Beitrag gezahlt; Todesfallschutz bleibt erhalten.
- Verrechnung mit Überschussguthaben: Der Beitragsrückstand wird zulasten eines bestehenden Überschussguthabens ausgeglichen.
- Änderung der Zahlungsweise: Umstellung auf Monatsbeiträge gegen Ratenaufschlag.
- Verzinsliche Vorauszahlung (»Policendarlehen«); vgl. Aufgabe 6.

2
- Laufzeitverlängerung: VS bleibt gleich; geringere, aber länger zu zahlende Beiträge; Höchstendalter beachten.
- Herabsetzung der VS: Laufzeit bleibt gleich; geringere Beiträge, da geringere VS (= Teilkündigung).
- Ausschluss von Zusatzversicherungen: Beitragsminderung durch Aufhebung des Versicherungsschutzes bei BUZ und UZV.
- Beitragsfreistellung (beitragsfreie Versicherung mit herabgesetzter VS); vgl. Frage 8.

**3** Vertragssituation:
- Die Mahnfrist ist abgelaufen und die verbundene Kündigung wirksam geworden.
- Es ist ein Deckungskapital vorhanden, aus dem der Beitragsrückstand verrechnet und eine beitragsfreie VS gebildet werden kann.
- Die Kündigung hat deshalb zur Umwandlung des Vertrages in eine beitragsfreie Versicherung geführt und es besteht nur noch Versicherungsschutz in Höhe der beitragsfreien VS.

Angebot an die Kundin:
- Unterbrechung des Vertrages ab 01. Febr. d. J. bis zum Jahresende.
- Zahlung eines Risikozwischenbeitrages, um den Versicherungsschutz wieder aufleben zu lassen. (Anmerkung: Wenn der VN nach den AVB durch Zahlung des Rückstandes innerhalb von 6 Monaten ab dem erstmals unbezahlten Beitrag den Vertrag wieder in der ursprünglichen Form herstellen kann, so lässt sich auch analog eine Risikozwischenversicherung gegen Zahlung des Risikobeitrages ab dem 01. Febr. d. J. vereinbaren. Eine Stundung scheidet aus, da die Versicherung sich in eine beitragsfreie umgewandelt hat, also kein Beitrag mehr gestundet werden kann.)
- Nach Ablauf der Unterbrechungsdauer werden die nicht entrichteten Sparbeiträge auf die restliche Vertragsdauer umgelegt.
- Die Vereinbarung der angebotenen Vertragsänderung bedarf nicht der Zustimmung der Bank, die ein unwiderrufliches Bezugsrecht hat, da sie in ihren Rechten nicht eingeschränkt wird.
- Nach dem Grundsatz von Treu und Glauben sollte man die Bank aber in Kenntnis setzen.

**Anmerkung:** Ein Verrechnungsdarlehen scheidet aus, da die Ansprüche der Bank beeinträchtigt würden.

**4** Vertragssituation:
- Seit der Fälligkeit 01. Juni wird Versicherungsschutz ohne Beitragszahlung gewährt.
- Die Mahnfrist ist noch nicht abgelaufen, sodass auch gegenwärtig noch Versicherungsschutz besteht.
- Nach Ablauf der Mahnfrist wird sich der Versicherungsschutz auf die Höhe der beitragsfreien VS ermäßigen, da ein Deckungskapital vorhanden ist.
- Wegen des gewährten und noch bestehenden Versicherungsschutzes müssen die ausstehenden Beiträge nachgezahlt werden.
- Die Stundung scheidet aus, da sie vor dem erstmals unbezahlten Beitrag hätte beantragt werden müssen. Die Kundin ist nach eigenem Bekunden auch nicht in der Lage, den Rückstand später nachzuzahlen.

Es existiert bereits ein beachtliches Deckungskapital, aus dem der Rückstand gezahlt werden kann.

Angebot an die Kundin:
- Verrechnungsdarlehen in Höhe des Beitragsrückstandes zuzüglich Zinsen und Kosten.
- Für das Verrechnungsdarlehen sind neben dem laufenden Beitrag Zinsen zu zahlen.
- Die Wirkungen des Mahnschreibens würden nicht eintreten, da der Beitrag dann als bezahlt gilt.
- Der Vertrag bleibt voll gewinnberechtigt.
- Das Verrechnungsdarlehen könnte zurückgezahlt werden, wenn die Kundin wieder zahlungsfähiger werden sollte, oder es wird bei Fälligkeit der Versicherungsleistung einbehalten.

**Vorauszahlung auf die Versicherungssumme**

**5** Hinweis, dass
- nur ein Teil der Beiträge (Sparanteil) Zins bringend angesammelt wird und zusammen mit den Überschüssen das Guthaben des VN bildet,
- eine Vorauszahlung nur maximal in Höhe des Beleihungswertes möglich ist,
- für die Vorauszahlung neben dem laufenden Beitrag Zinsen zu entrichten sind,
- die Vorauszahlung jederzeit zurückgezahlt werden kann,
- bei Fälligkeit der Versicherungsleistung die noch nicht zurückgezahlte Vorauszahlung von der Versicherungsleistung abgezogen wird,
- das Policendarlehen maximal in Höhe des Deckungskapitals von 12 000,00 € gewährt werden kann.

**6**

| | | |
|---|---|---|
| Deckungskapital | | 18 592,00 € |
| – Abgeltungssteuer<br>25 % von 1 600,00 € = | 400,00 € | |
| – Solidaritätszuschlag<br>5,5 % von 400,00 € = | 22,00 € | 422,00 € |
| Policendarlehen | | 18 170,00 € |
| – 2 % Zinsen halbjährlich = | | 363,40 € |
| Auszahlungsbetrag | | 17 806,60 € |

**7**
- Beim Verrechnungsdarlehen handelt es sich um ein Policendarlehen, mit dem unbezahlte Beiträge beglichen werden.
- Das Policendarlehen ist eine Vorauszahlung auf die zukünftig fällige Versicherungsleistung, für die Zinsen entrichtet werden müssen.
- Die Zinsen werden also nicht, wie die Kundin annimmt, wegen des verrechneten Beitragsrückstandes erhoben.
- Für den VR stellt das Policendarlehen eine Form der Kapitalanlage dar, denn er muss den garantierten Rechnungszins und Überschüsse erwirtschaften.
- Der Rechnungszins ist dem VN garantiert und an den Überschüssen ist er beteiligt.
- Durch die Zinsen für das Policendarlehen kann der VR den Rechnungszins weiter gewähren und der Vertrag bleibt voll überschussberechtigt, während dies bei einer Auszahlung nach Teilkündigung des Vertrages nicht mehr der Fall wäre.

**Beitragsfreistellung, Kündigung**

**8** a) Voraussetzungen:
1. Rückkaufswert muss vorhanden sein,
2. Mindest-VS von 500,00 € darf nicht unterschritten werden.

b) Der Rückkaufswert wird als Deckungskapital angesetzt und auf dieser Basis die entsprechende VS errechnet.

c) Kündigung durch VR nach Zahlungsverzug.

**9** a)

| | |
|---|---|
| Rückkaufswert | 58 388,00 € |
| – ausstehende Raten 2 · 300,00 € | 600,00 € |
| Auszahlungsbetrag | 57 788,00 € |

b)
- Verlust des Versicherungsschutzes
- Verlust der Gewinnbeteiligung, die erst jetzt so richtig einsetzt wegen des schon beachtlichen Deckungskapitals
- Neuversicherung nur noch zu einem höheren Eintrittsalter und entsprechend höheren Beitrag
- Bei Neuversicherung erneute Zahlung der Abschlusskosten
- Evtl. wegen des Gesundheitszustandes bei neuer Antragstellung nur noch gegen Zuschlag oder nicht mehr versicherbar

**10** a) Kündigung jederzeit zum Schluss der Versicherungsperiode möglich (§ 12 ALB). Die Versicherungsperiode richtet sich nach der Zahlungsweise (§ 10 (2) S. 3 ALB).

b) Rückkaufswert: Betrag, der bei Kündigung des Vertrages an VN ausgezahlt wird. Nach § 169 VVG ist das Deckungskapital als Rückkaufswert anzusetzen. Ein evtl. Stornoabzug muss vereinbart und exakt beziffert sein.

c) Der Rückkaufswert ist aufgrund der Abschlusskostenverteilung auf 5 Jahre und des Stornoabzugs zunächst kleiner als die verzinslich angesammelten Sparbeiträge des VN; Versicherungsschutz geht in vollem Umfang verloren. Spätere Neuversicherung nur zu höherem Eintrittsalter und dadurch höherem Risikobeitrag möglich. Evtl. Risikozuschlag oder Nichtversicherbarkeit wegen schlechtem Gesundheitszustand.

d) Auch bei einer Risiko-LV ergibt sich bei mehrjähriger Vertragsdauer aus den zu hohen anfänglichen Risikobeiträgen ein (geringfügiges) Deckungskapital. Das Deckungskapital wird gegen Ende der Vertragsdauer immer geringer, da es dann zur Aufstockung der zu niedrigen Risikobeiträge dient. Bei Laufzeitende ist das Deckungskapital aufgebraucht. Bei Laufzeiten unter 10 Jahren ist i. d. R. kein rückkaufsfähiges Deckungskapital vorhanden.

**11**

| | |
|---|---|
| Rückkaufswert | 29 610,00 € |
| – ausstehende Beiträge (4 · 216,40 €) | 865,60 € |
| – Zinsen/Mahngebühr (12,50 € + 7,50 €) | 20,00 € |
| = | 28 724,40 € |

28 724,40 · 1 000 : 578,20 = 49 679,00 €

| | |
|---|---|
| Beitragsfreie VS: | 49 679,00 € |

**Lernkontrollen zu C 7** **Seiten 350 – 353**

### Anzeige des Versicherungsfalles und Prüfung der Leistungspflicht

**1** Unverzügliche Anzeige (§ 7 Abs. 2 ALB); bei Unfalltod möglichst innerhalb von 48 Stunden (§ 5 Abs. 1 BB-UZV); Unterlagen: Sterbeurkunde, separates ärztliches Zeugnis über Todesursache und Beginn/Verlauf der Krankheit, die zum Tod geführt hat; bei UZV: Nachweise zum Unfallhergang und zu Unfallfolgen.

**2** Für eine Leistung aus dem Versicherungsvertrag ist grundsätzlich der Versicherungsschein vorzulegen. Der Inhaber kann vom VR als berechtigter Leistungsempfänger angesehen werden. Allerdings kann der VR einen Nachweis der Berechtigung verlangen. Auch darf er nicht wider besseres Wissen und unter Verstoß gegen Treu und Glauben an den Inhaber des Versicherungsscheins leisten.

**3** Der VN hat aufgrund der unrichtigen Altersangabe zu niedrige Beiträge gezahlt. Die Rechtsfolge besteht in einer versicherungstechnischen Leistungskorrektur, indem die Versicherungsleistung im Verhältnis des richtigen zum tatsächlichen Beitrag gekürzt wird.

**4** a) Prüfung der Leistungspflicht:
- Tod der versicherten Person im 3. Monat nach Versicherungsbeginn.
- Die Todesursache liegt in einer Krankheit, die bereits vor Antragstellung bestand.
- Die Krankheit war der VN nach Auskunft des behandelnden Arztes bekannt und sie war sich auch der Schwere der Krankheit bewusst.
- Es liegt eine vorvertragliche Anzeigepflichtverletzung vor und der VR kann vom Vertrag zurücktreten.

Da die verschwiegene Krankheit ursächlich für den Tod ist, besteht keine Leistungspflicht, sofern ein Rückkaufswert vorhanden ist, muss er diesen an den VN zahlen (§169 (1) VVG).
- Dem VR gebührt der Beitrag bis zum Wirksamwerden seiner Rücktrittserklärung (§ 39 (1) S. 2 VVG).

b) Bei Tod durch Verkehrsunfall besteht kein ursächlicher Zusammenhang und der VR wäre zur Leistung verpflichtet.
- Aufgrund der äußeren Umstände ist eine arglistige Täuschung bei Antragstellung jedoch unschwer nachzuweisen.
- Der VR könnte deshalb den Vertrag anfechten und wäre dann leistungsfrei, sofern ein Rückkaufswert vorhanden ist, muss er diesen an den VN zahlen (§169 (1) VVG).
- Auch für diesen Fall gebührt ihm der Beitrag bis zum Wirksamwerden seiner Anfechtungserklärung (§ 39 (1) S. 2 VVG).

**5** a) Leistungsfreiheit des VR innerhalb von 3 Jahren, wenn nicht nachgewiesen wird, dass die Selbsttötung in einem die freie Willensbestimmung ausschließenden Zustand krankhafter Störung der Geistestätigkeit begangen worden ist (§ 161 VVG). Gem. § 5 ALB wird Selbstmord nach Ablauf einer Ausschlussfrist von 3 Jahren vom VR wie ein normaler Todesfall behandelt.
Bei Selbstmord vor Ablauf der Dreijahresfrist wird, wenn nicht die genannte krankhafte Störung vorliegt, nur der Rückkaufswert ausgezahlt.

b)
- Tötung der versicherten Person durch den VN: Der VR ist leistungsfrei (§ 162 (1) VVG). Es erfolgt keine Rückzahlung des Deckungskapitals.
- Tötung der versicherten Person durch den Bezugsberechtigten: Das Bezugsrecht gilt als nicht erteilt (§ 162 (2) VVG). Entsprechend wird verfahren, wenn die versicherte Person vom Zessionar, Pfandgläubiger oder Pfändungsgläubiger getötet wird.

**Leistungsberechnungen**

**6** a)

| | |
|---|---|
| VS | 50 000,00 € |
| + Guthaben | 19 041,00 € |
| + Schlussüberschussanteil | 2 543,00 € |
| = | 71 584,00 € |
| – Vorauszahlung | 5 000,00 € |
| – Beitrag vom 1. Jan. | 1 402,50 € |
| – Zinsen (7 % von 5 000,00 € für 6 Monate) | 175,00 € |
| – Gebühren | 50,00 € |
| Auszahlungsbetrag | 64 956,50 € |

b) 64 956,50 · 0,980 = 63 657,37 €

**7** Abrechnung:

| | |
|---|---|
| Versicherungssumme | 60 000,00 € |
| – Vorauszahlung | 5 000,00 € |
| + Rückzinsen (6 % von 5 000,00 € für 36 Tage) | 30,00 € |
| + Rückbeitrag | 100,00 € |
| Auszahlungsbetrag | 55 130,00 € |

Da die Prüfung der Leistungspflicht abgeschlossen ist, ist die Leistung sofort fällig.

**8** a) 75 000,00 € b) 100 000,00 €

**Fälligkeit und Verjährung**

**9** – Fälligkeit (§ 14 VVG): nach Feststellung des Versicherungsfalles und Ermittlung des Umfangs der Leistungspflicht; auf Antrag Abschlagszahlung, wenn der Versicherungsfall 1 Monat nach Anzeige noch nicht abgewickelt ist.
– Verjährung der Ansprüche aus LV-Verträgen: 3 Jahre ab Ende des Jahres, in dem die Leistung fällig wird. Es gilt die 3-jährige Verjährungsfrist nach BGB.

**10** a) – Der Versicherungsvertrag läuft seit dem 1. November 1989 beitragsfrei mit einer beitragsfreien VS von 5 500,00 €,
– Der Versicherungsfall ist mit dem Tod des Onkels vor 17 Jahren eingetreten und zu diesem Zeitpunkt war die Leistung fällig.
– Durch das Bezugsrecht hat die jetzt verstorbene Frau Anna Schmitz einen Rechtsanspruch auf die Leistung erworben.
– Dieser Rechtsanspruch ist mit dem Tod von Frau Schmitz auf deren testamentarische oder gesetzliche Erben übergegangen.
– Die Ansprüche aus Lebensversicherungen sind verjährt.
– Die Erben können wegen der eingetretenen Verjährung den Anspruch deshalb nicht mehr gerichtlich geltend machen.

b) – Die Verjährung schließt nicht aus, dass der Lebensversicherer den Anspruch auch noch nach Ablauf der Verjährungsfrist erfüllt. Dies ist gängige Praxis der Lebensversicherer.
– Der VR kann jedoch nur an die Erben und nicht allein an Frau Elke Schmitz leisten.
– Frau Elke Schmitz hält zwar den Versicherungsschein in Händen und der VR könnte sie deshalb nach der Inhaberklausel als berechtigt ansehen, die Leistung zu empfangen. Da der VR aber durch den Inhalt des Schreibens von Frau Elke Schmitz über das Vorhandensein weiterer Erben Kenntnis hat, wird er nach dem Grundsatz von Treu und Glauben nicht mehr mit befreiender Wirkung an Frau Elke Schmitz allein zahlen können.
– Der Einfachheit halber sollte der VR die Leistung an das Nachlassgericht überweisen, an welches sich dann die Erben mit ihren Ansprüchen wenden können.

**11** Ist die versicherte Person zu mindestens 50 % berufsunfähig, entsteht der Anspruch auf die volle Versicherungsleistung, nämlich:
– Befreiung von der Beitragszahlungspflicht zur Hauptversicherung und zu den Zusatzversicherungen.
– Jährliche Rente in Höhe von 24 % der VS = 43 200,00 €.
Der Anspruch entsteht mit Ablauf des Monats, in dem die Berufsunfähigkeit eingetreten ist.

Benötigte Unterlagen:
– Der Anspruch auf BU-Leistung ist in Textform unter Einreichung des Versicherungsscheins mitzuteilen.
– Darstellung über die Ursache für den Eintritt der BU.
– Ausführliche Berichte der behandelnden Ärzte.
– Unterlagen über den Beruf des Versicherten, dessen Stellung und Tätigkeit im Zeitpunkt des Eintritts der BU.

Der VR prüft nach Eingang der Unterlagen, ob eine leistungspflichtige BU vorliegt. Bis zum Eingang dieser Entscheidung sind die Beiträge weiter zu zahlen, werden aber ggf. erstattet.

## Lernkontrollen zu C 8 — Seiten 363 – 366

**Bezugsrecht**

**1** Bei einem Bezugsrecht für den Todesfall erhält der Begünstigte die Versicherungsleistung direkt vom VR. Da die Versicherungsleistung nicht in die Erbmasse eingeht,
- erhält der Begünstigte zusätzlich zur Versicherungsleistung seinen vollen Erbanteil,
- kann der Begünstigte die Erbschaft ausschlagen, ohne die Versicherungsleistung zu verlieren,
- können die im Testament übergangenen gesetzlichen Erben des VN keinen Pflichtteilsanspruch gegenüber dem Begünstigten erheben,
- können die Gläubiger des verstorbenen VN nicht auf die Versicherungsleistung zugreifen.

**2** Erklärung in Textform des Verfügungsberechtigten gegenüber dem VR.

**3** Vgl. Gegenüberstellung in Abschnitt C 8.1.2 des Lehrbuchs.

**4** An den ursprünglich Begünstigten; eine Änderung der Bezugsberechtigung, die nur im Testament erfolgt und dem VR nicht bekannt ist, bewirkt keinen Widerruf des Bezugsrechts.

**5** a) Beim widerruflichen Bezugsrecht fällt die Bezugsberechtigungsbestimmung an den VN zurück, wenn der Bezugsberechtigte vor Fälligkeit stirbt, da er bis zu diesem Zeitpunkt keinen Rechtsanspruch, sondern nur eine wesenlose Anwartschaft hat.
Beim unwiderruflichen Bezugsrecht hat der Bezugsberechtigte bereits vor Fälligkeit einen Rechtsanspruch, der auch vererbt werden kann.

b) Wird die beabsichtigte Formulierung realisiert, ist die Ehefrau des VN zum Zeitpunkt der Abgabe der Willenserklärung als bezugsberechtigt anzusehen und nicht die Ehefrau des VN zum Zeitpunkt des Versicherungsfalles. Der VN sollte formulieren: »Bezugsberechtigt für den Fall meines vorzeitigen Todes ist die Ehefrau aus der zum Zeitpunkt meines Todes gültigen Ehe.«

c) Nach einem BGH-Urteil bewirkt eine testamentarische Verfügung keinen Widerruf des Bezugsrechts, wenn sie dem VR nicht bekannt ist. Der VR wartet keine Testamentseröffnung ab, sondern zahlt an den Bezugsberechtigten.

d) Die Bezugsberechtigungsbestimmung gilt nach § 162 (2) VVG als nicht erfolgt, sodass der Begünstigte keinen Rechtsanspruch erwirbt. Die Versicherungsleistung fällt vielmehr in den Nachlass des Getöteten und wird an die Erben ausgezahlt (sofern VN = VP, ansonsten erhält der VN die Leistung).

**6** Eine unwiderrufliche Bezugsberechtigungsbestimmung kann nur noch mit Zustimmung des unwiderruflich Begünstigen widerrufen werden. Der unwiderruflich Begünstigte erwirbt einen sofortigen Rechtsanspruch auf jede fällige Leistung, also auch auf den Rückkaufswert, wenn der VN kündigt.
Herrn Erckens ist zu empfehlen, das Bezugsrecht zugunsten seiner Partnerin in jedem Falle nur widerruflich zu gestalten, da er sonst zwar nicht die Gestaltungsrechte an dem Vertrag, wohl aber jeden Geldanspruch verliert. Er ist darauf hinzuweisen, dass sein Vertrag schon bald fällig wird, also schon weitestgehend bezahlt ist, und somit einen hohen Rückkaufswert hat, den er verlieren kann.

**Verpfändung und Abtretung**

**7** a) Zur Kreditsicherung;

b) Darlehensgewährung des VR: Wenn der VR selbst Darlehensgeber des VN ist und das Darlehen durch die Versicherungsansprüche des VN (u. U. zusätzlich zu einer Hypothek bzw. Grundschuld) gesichert werden soll. Eine Abtretung (vgl. Frage 9) ist in diesem Fall nicht möglich, da der VR sonst gleichzeitig Gläubiger (Abtretungsgläubiger) und Schuldner (Drittschuldner) hinsichtlich der Versicherungsleistung würde.

c) Dingliche Einigung und Anzeige beim Drittschuldner (VR).

**8** a) VR muss 20 000,00 € gem. § 1281 BGB an beide gemeinschaftlich leisten (z. B. Gemeinschaftskonto mit gemeinsamer Verfügungsberechtigung), da der Pfandgläubiger die Auszahlung erst bei Pfandreife verlangen kann. Die restliche Versicherungsleistung erhält der VN bzw. der Bezugsberechtigte uneingeschränkt.

b) Pfandgläubiger kann die Umwandlung in eine (Teil-)Abtretung des Rückkaufswertes in Höhe von 20 000,00 € verlangen (§ 1282 Abs. 1, S. 3 BGB). Damit erhält der Pfandgläubiger eine Gläubigerstellung wie bei der Zession.

c) VR muss die Versicherungsleistung in Höhe der verpfändeten Forderung (20 000,00 €) an den Pfandgläubiger erbringen.

**9** a) Rechte und Ansprüche aus dem Versicherungsvertrag können an einen Dritten durch Vertrag abgetreten werden. Die Pflichten (Beitragszahlung, Erfüllung von Obliegenheiten) verbleiben beim VN.

b) Anzeige in Textform an VR (= offene Zession); stille Zession ist wegen Anzeigepflicht nicht möglich (§ 9 (4) ALB); bei unwiderruflichem Bezugsrecht muss außerdem die Zustimmung des Bezugsberechtigten vorliegen.

c) Da bei der Abtretung der Zessionar eine Gläubigerstellung gegenüber dem Drittschuldner erhält, würde der VR in diesem Fall zugleich Gläubiger (Abtretungsgläubiger) und Schuldner (Drittschuldner) im Hinblick auf die Versicherungsleistung. Eine trotzdem vorgenommene Sicherungsabtretung wird von der Rechtsprechung in eine Verpfändung umgedeutet.

d) Die Abtretung erfolgt in diesem Fall nicht zwecks Erfüllung der Verbindlichkeit, sondern nur zu deren Sicherung. Die abgetretenen Rechte dürfen vom Zessionar nicht willkürlich ausgeübt werden (treuhänderische Gläubigerstellung). Andernfalls kann der VN vom Zessionar Schadenersatz verlangen.

e) Ausübung aller Gestaltungsrechte (sofern aus der Abtretungserklärung keine andere Vereinbarung hervorgeht), insbesondere Kündigung des Vertrages und Auszahlung des Rückkaufswertes.

**10** Vgl. Übersicht in Abschnitt C 8.2.3 des Lehrbuches.

**11** Herr Otto Sänger ist nicht VN, sondern nur widerruflich Begünstigter. Er hat noch keinerlei Rechtsansprüche vor Fälligkeit der Versicherung und kann daher auch keine Abtretung erklären.
Herr Erwin Sänger als Bruder und VN könnte, um die gewünschte Kreditsicherheit zu verschaffen, die Versicherung an die Bank abtreten (abstraktes Rechtsgeschäft) oder dem Bruder Otto ein unwiderrufliches Bezugsrecht einräumen, sodass dieser einen Rechtsanspruch erwirbt, den er abtreten kann.

**12** a) Rechtslage:
- Die Verpfändung zur Sicherung der Forderung bezieht sich nur auf den noch nicht getilgten Darlehensteil (hier: 35 000,00 €), sodass die darüber hinausgehende Versicherungsleistung an die Berechtigten ausgezahlt werden kann.
- Die bezugsberechtigte Ehefrau ist zusammen mit der versicherten Person verstorben.
- Wenn geklärt werden kann, dass die Bezugsberechtigte erst nach der versicherten Person verstorben ist, der amtlich festgestellte Zeitpunkt des Todes also später als der der versicherten Person liegt, hat sie den Rechtsanspruch auf die Leistung erworben, welche dann zu ihrem Nachlass zählt.
- Ist die bezugsberechtigte Person vor der versicherten Person verstorben, fällt das Bezugsrecht an den VN zurück.
- Im Beispielsfall sind die Eheleute gemeinsam abgestürzt. Der amtlich festgestellte Zeitpunkt des Todes wird also identisch sein. Damit ist das Bezugsrecht nicht wirksam geworden und die Versicherungsleistung zählt zum Nachlass des VN.
- Die beiden Kinder können zu gleichen Anteilen mit der Leistung rechnen, sofern der Erbschein sie als einzige Erben ausweist.
- Die Abwicklung des Versicherungsfalles nach der Inhaberklausel scheidet aus, da die beiden Halbgeschwister den Versicherungsschein nicht vorlegen können.

Benötigte Unterlagen:
- Versicherungsschein (der vermutlich infolge der Verpfändung bei der Bank liegt),
- amtliche Sterbeurkunde mit Geburtsdatum,
- amtliches Zeugnis über die Todesursache,
- Erbschein,
- Kontoauszug der Darlehensbank über die noch nicht getilgte Darlehensschuld, da der VR die Verpfändung beachten muss.

b) Versicherungsleistung

| | |
|---|---|
| Versicherungssumme | 90 000,00 € |
| + Leistung aus der UZV | 90 000,00 € |
| + Gewinnguthaben | 20 700,00 € |
| Versicherungsleistung | 200 700,00 € |
| – Verpfändungsbeitrag (Restkredit) | 35 000,00 € |
| Auszahlungsbetrag | 165 700,00 € |

Die Beiträge sind bis zum Ende des Beitragszahlungsabschnitts bezahlt, so dass nichts einzubehalten ist.
Aufgrund der akzessorischen Wirkung einer Verpfändung wird das Pfandrecht nur bis zur Höhe der Restschuld bei der Bank berücksichtigt.

**Pfändung, Insolvenz**

**13** a) Ein widerrufliches Bezugsrecht muss vom Pfändungsgläubiger vor Eintritt des Versicherungsfalls ausdrücklich widerrufen werden, bzw. das Bezugsrecht muss ausdrücklich von der Pfändung erfasst werden. Bei einem unwiderruflichen Bezugsrecht ist die Pfändung fruchtlos.

b) Der Bezugsberechtigte bzw. der Ehepartner und die Kinder des VN haben das Recht, mit Zustimmung des VN zur Abwehr der Pfändung in den Versicherungsvertrag einzutreten, wenn sie die Forderung des Pfandgläubigers bis zur Höhe des Rückkaufswertes befriedigen. Eintrittsfrist: 1 Monat ab Kenntnisnahme des Eintrittsberechtigten.

**14** Der VN verliert mit Insolvenzeröffnung sämtliche Verfügungsrechte am Vertrag. Sie gehen an den Insolvenzverwalter über. Ein unwiderrufliches Bezugsrecht kann aber vom Insolvenzverwalter nicht geändert werden. Der Wert des Vertrages geht in die Insolvenzmasse ein. Der Insolvenzverwalter kann den Vertrag fortführen oder auflösen (= Regelfall). Bei Auflösung besteht ein Eintrittsrecht für den (widerruflich) Bezugsberechtigten bzw. die Familienangehörigen des VN gem. § 170 VVG (vgl. Frage 13 b).

## Lernkontrollen zu C 9 — Seiten 374–376

### Lebensversicherung und Einkommensteuer

**1**

| Sonderausgabenabzug von LV-Beiträgen | |
|---|---|
| **Altverträge (vor 2005)** | **Neuverträge (nach 2005)** |
| Beiträge zu Kapital- und Rentenversicherungen, die bis 2004 unter bestimmten Voraussetzungen als Vorsorgeaufwendungen gem. § 10 EStG geltend gemacht werden konnten, stellen künftig bis zu einer Höhe von 88 % des Beitrags sonstige Vorsorgeaufwendungen (nicht Altersvorsorgeaufwendungen) gem. § 10 EStG dar. Zusammen mit anderen sonstigen Vorsorgeaufwendungen (z. B. Beiträge zu Kranken-, Pflege-, Unfall- und Haftpflichtversicherungen) können die Beiträge bei Selbstständigen bis zu einem Höchstbetrag von 2 800,00 € jährlich geltend gemacht werden. Bei Steuerpflichtigen, die Beiträge vom Arbeitgeber zu ihrer Krankenversicherung erhalten oder ohne eigene Aufwendungen Anspruch auf Erstattung von Krankheitskosten haben, beläuft sich der Höchstbetrag auf 1 900,00 €. | Kapitalversicherungen: Abzug als Sonderausgaben entfällt.<br><br>Rentenversicherungen: Sofern die Bedingungen der sog. »Rürup-Rente« erfüllt sind, gelten die Beiträge als Altersvorsorgeaufwendungen, die als Sonderausgaben steuermindernd abzugsfähig sind. Der abzugfähige Höchstbetrag für Beiträge zur gesetzlichen Rentenversicherung (einschließlich Arbeitgeberbeitrag) und anderen vergleichbaren Vorsorgemaßnahmen (z. B. »Rürup-Renten«) betrug im Jahr 2019 21 389 € (88 % von 24 305 €). Er erhöht sich bis zum Jahr 2025 jährlich um 2 % vom Höchstbeitrag zur knappschaftlichen Rentenversicherung und beträgt dann 100 % vom Höchstbeitrag zur knappschaftlichen Rentenversicherung. Beiträge zu einer »klassischen Rentenversicherung« und zu fondsgebundenen Lebensversicherungen stellen keine Sonderausgaben dar. |

2

| Besteuerung der Versicherungsleistung bei Kapitalversicherungen | |
|---|---|
| **Altverträge (vor 2005)** | **Neuverträge (ab 1. Jan. 2005)** |
| Leistungen aus Kapitalversicherungen, die auch vorher steuerfrei waren (Bedingungen: Mindestlaufzeit 12 Jahre, mind. 5 Jahre laufende Beitragszahlung, Todesfallsumme mindestens 60 % der gesamten Beitragssumme) bleiben in vollem Umfang steuerfrei. | Kapitalversicherungen mit Mindestlaufzeit von 12 Jahren und Auszahlung nach Vollendung des 60. LJ (bei Vertragsabschluss ab 2012: 62. LJ): Unterschiedsbetrag zwischen Versicherungsleistung und Beitragssumme (= Ertrag) wird zur Hälfte im Rahmen der Einkommensteuer besteuert (§ 20 Abs. 1 Nr. 6 EStG), sofern der Sparerfreibetrag überschritten wird. |
| | Alle anderen Kapitalversicherungen: Der Ertrag wird mit 25 % Abgeltungsteuer zzgl. SolZ und evtl. Kirchensteuer voll besteuert, sofern der Sparerfreibetrag überschritten wird. |

3

| Besteuerung der Versicherungsleistung bei privaten Rentenversicherungen | | |
|---|---|---|
| **Altverträge (vor 2005) (»klassische Rentenversicherung«)** | **Neuverträge (ab 1. Jan. 2005)** | |
| | **»Basisrente«** | **andere Renten** |
| Besteuerung des Ertragsanteils: Renten sind nur teilweise steuerpflichtig. Der steuerpflichtige Ertragsanteil hängt vom Alter bei Rentenbeginn ab.<br>Kapitalleistungen (bei Mindestlaufzeit von 12 Jahren und mind. 5 Jahre laufender Beitragszahlung): in vollem Umfang steuerfrei (wie bei Leistungen aus Kapitalversicherungen, s. o.). | Übergang zur nachgelagerten Besteuerung: Die im Jahr 2019 gezahlten Renten unterliegen bis zum Ende der Rentenzahlung zu 78 % der Besteuerung. Der Besteuerungsanteil steigt für jeden neu hinzugekommenen Rentnerjahrgang schrittweise bis auf 100 % im Jahr 2040. | Besteuerung des Ertragsanteils: Renten sind nur teilweise steuerpflichtig. Der steuerpflichtige Ertragsanteil hängt vom Alter bei Rentenbeginn ab. |

**4** a) Für die bereits bestehende Kapitallebensversicherung ergibt sich lediglich die Änderung, dass die Beiträge nur noch bis zu einer Höhe von 88 % als Sonderausgaben abgezogen werden können und der Höchstbetrag für solche abzugsfähigen Sonderausgaben bei Herrn Müller in seiner Eigenschaft als Selbstständiger 2 800,00 € pro Jahr beträgt. Für die Steuerfreiheit der Versicherungsleistung ergibt sich keine Änderung.

b) Bei der steuerlichen Begünstigung von Neuverträgen muss zwischen der Besteuerung der Beiträge und der Besteuerung der Leistungen unterschieden werden.

| | Steuerliche Begünstigung der Beiträge | | Steuerliche Begünstigung der Leistung |
|---|---|---|---|
| **Kapital-lebensver-sicherung** | keine | | Besteuerung der Hälfte des Ertrages, wenn Mindestlaufzeit von 12 Jahren und Auszahlung nach dem 60. LJ (bei Vertragsabschluss ab 2012: 62. LJ) erfüllt sind (§ 20 Abs. 1 Nr. 6 EStG). |
| **Rentenver-sicherung** | **»Basisrente«** | Beiträge gelten als Altersvorsorgeaufwendungen (Sonderausgaben). Der abzugsfähige Höchstbetrag steigt von 12 000,00 € im Jahr 2005 kontinuierlich bis zum Jahr 2025*. | Übergang zur nachgelagerten Besteuerung: Wenn Herr Müller ab dem 65. LJ (= 2 030) Rente beziehen möchte, werden 90 % der Rentenleistung für die gesamte Rentenbezugsdauer der Einkommensteuer unterworfen. |
| | **klassische Rente** | keine | Nur Besteuerung des Ertragsanteils. Wenn Herr Müller ab dem 65. LJ Rente beziehen möchte, beträgt der Ertragsanteil der Rente 18 %. |

Wenn Herr Müller steuerliche Vorteile im Zusammenhang mit dem Abschluss eines neuen LV-Vertrags nutzen möchte, kommt vorrangig eine private Rentenversicherung infrage. Bei einer Kapitallebensversicherung besteht der einzige Steuervorteil darin, dass unter bestimmten Bedingungen der Unterschiedsbetrag zwischen der Versicherungsleistung und Beitragssumme (= Ertrag) nicht in vollem Umfang, sondern nur zur Hälfte der Einkommensteuer unterworfen wird (Halbeinkünfteverfahren). Sind die Bendingungen nicht erfüllt, unterliegt der volle Ertrag der Abgeltungssteuer.

Bei einer Rentenversicherung bestehen folgende Alternativen:

1. steuerlicher Begünstigung der Beiträge bei gleichzeitig hoher Besteuerung der Rentenleistung (= nachgelagerte Besteuerung im Rahmen der »Rürup-Rente«).
2. keine steuerliche Begünstigung der Beiträge und Besteuerung der Rente mit ihrem niedrigen Ertragsanteil.

Die Alternative 2 wäre dann sinnvoll, wenn absehbar ist, dass der Grenzsteuersatz im Rahmen der Einkommensteuer bei Herrn Müller auch im Rentenbezugsalter sehr hoch (möglicherweise sogar höher als zur Zeit der Beitragszahlung) und die Rentenbezugsdauer (= Lebenserwartung) sehr lang sein wird. Im Normalfall dürfte die Alternative 1 steuerlich günstiger sein. (Für eine genaue Berechnung müssten die bei Alternative 1 ersparten Steuern mit einem Kalkulationszinsfuß aufgezinst und der bei Alternative1 eintretenden steuerlichen Mehrbelastung der Rentenleistung gegenübergestellt werden.)

* Die Anpassung orientiert sich seit 2015 am jeweiligen Höchstbeitrag zur Knappschaftlichen Rentenversicherung.

5 a) Beiträge

| | **Fall 1: Herr Schubert** | | **Fall 2: Dr. Graff** | |
|---|---|---|---|---|
| **Jahresbeitrag übrige Versicherungen (sonstige Vorsorgeaufwendungen) gem. § 10 (1) Nr. 3 a EStG** | | 3 000,00 € | | 6 400,00 € |
| **Jahresbeitrag zur Lebensversicherung** | gem. § 10 (1) Nr. 3 b EStG sind nach der am 31.12.04 gültigen Fassung des EStG 88 % ansetzbar 12 · 400,00 € · 0,88 | = 4 224,00 € | da es sich wegen des Kapitalwahlrechts nicht um eine RV gem. § 10 (1) Nr. 2 b EStG handelt, kein Sonderausgabenabzug möglich | 0,00 € |
| **Summe Vorsorgeaufwendungen** | | 7 224,00 € | | 6 400,00 € |
| **abziehbarer Höchstbetrag** | | **2 800,00 €** | 2 · 2 800 € | **5 600,00 €** |

Ergebnis: In keinem der beiden Fälle wirken sich die Lebensversicherungsbeiträge steuermindernd aus. Bei Abschluss einer Rentenversicherung »Basisrente« (§§ 10 (1) Nr. 2 b, (3) EStG könnten für das Jahr 2015 allerdings Vorsorgeaufwendungen bis zu 88 % des Höchstbeitrags der Knappschaftlichen Rentenversicherung (2019: 24 305,00 €) berücksichtigt werden.

b) Ablaufleistung

Fall 1: Herr Schubert
Kapitallebensversicherung mit Abschluss vor dem 01.01.2005
Steuerfreiheit der Erträge

Fall 2: Dr. Graff
(1) Ausübung des Kapitalwahlrechts

| | |
|---|---|
| Ablaufleistung | 130 000,00 € |
| Beitragszahlung 31 · 12 · 200 | 74 400,00 € |
| voller Ertrag | 55 600,00 € |
| halber Ertrag | 27 800,00 € |

Wenn die Bedingungen eingehalten werden (Mindestlaufzeit 12 Jahre und Auszahlung nach Vollendung des 60. bzw. ab 2012 des 62. Lebensjahres) werden gem. § 20 Abs. 1 Nr. 6 EStG 27 800,00 € Ertrag mit dem individuellen Einkommensteuersatz von Herrn Schubert versteuert. Sofern der Sparer-Pauschbetrag in Höhe von 1 602,00 € noch nicht anderweitig ausgeschöpft ist, verringern sich die zu versteuernden Kapitalerträge entsprechend.
Der VR führt vom Ertrag 25 % Abgeltungsteuer (= 13 900,00 €) zzgl. SolZ und evtl. Kirchensteuer an das Finanzamt ab. Die zu viel abgeführte Abgeltungsteuer wird Herrn Schubert im Rahmen seiner Einkommensteuerveranlagung erstattet.

| Lernsituationen: | Vorsorgemaßnahmen und Lebensversicherung |
|---|---|

| Lernsituation 1 | Seiten 377 – 379 |
|---|---|

**»Gut versorgt jetzt und im Alter«**

**Methodisch-didaktische Hinweise**

Die Lernsituation sollte dann eingesetzt werden, wenn die Auszubildenden mit den Finanzierungsproblemen der gesetzlichen Rentenversicherung grundsätzlich vertraut sind. Das fördert die Einsicht, sich mit der Lernsituation intensiv auseinandersetzen zu müssen.

Es empfiehlt sich die Gruppenarbeit, wobei jede Gruppe ein Gruppenmitglied bestimmt, die das Arbeitsergebnis präsentiert.

Da die Thematik recht anspruchsvoll ist, sollte die Lehrkraft ggf. zusammen mit den Auszubildenden das Thema zunächst strukturieren.

**Lösungshinweise:**

**a)**
- Änderungen bei den persönlichen Verhältnissen (z. B. steigendes oder sinkendes Einkommen) beeinflussen die zukünftige Rentenhöhe.
- Liegt der Verdienst später über der gültigen Beitragsbemessungsgrenze, bleiben die oberhalb dieser Grenze liegenden Einkommen für die zukünftige Rente unberücksichtigt.
- Kaufkraftverluste durch Preisanstiege bis zum Rentenalter entwerten die erworbenen Rentenansprüche teilweise.
- Gesetzliche Änderungen (z. B. mögliche weitere Absenkung des Rentenniveaus) vergrößern die Versorgungslücke
- Herr Osner hat noch keinen Anspruch auf eine Erwerbsminderungsrente erworben.

**b)** Rentenberechnung (Herr Osner ist derzeit 30 Jahre, Altersruhestand 67 Jahre)

| | |
|---|---|
| Summe der Entgeltfaktoren von 2009 bis 2018: | 6,6825 |
| Angenommene Entgeltfaktoren für 37 Jahre (37 · 1,1530) | 42,6610 |
| Summe der Entgeltfaktoren im Alter 67 | 49,3435 |
| Altersrente = 49,3435 · 32,03 (Rentenwert West für 2018) = | 1 580,47 € |

**c) Berechnung der Versorgungslücke**

Vorbetrachtung: Analyse der Versorgungslage

Berufsunfähigkeit:
Das Risiko der Berufsunfähigkeit wird durch die gesetzliche Rentenversicherung nicht abgesichert. Es ist nur das Risiko der Erwerbsunfähigkeit abgedeckt. Dafür ist Voraussetzung, dass der Versicherte in den letzten 5 Jahren vor Eintritt der Erwerbsunfähigkeit mindestens 3 Jahre Pflichtbeiträge für eine versicherte Beschäftigung geleistet worden sind.
Diese Voraussetzung ist erst ab 2021 erfüllt, wenn für die Jahre 2019 und 2020 die Pflichtbeiträge gezahlt wurden.
Allerdings fällt die Erwerbsminderungsrente angesichts der nur kurzen Versicherungszeit in der gesetzlichen Rentenversicherung nicht hoch aus. Ihre Höhe hängt auch davon ab, ob teilweise oder vollständige Erwerbsminderung vorliegt.
Solange noch irgendeine Tätigkeit ausgeübt werden kann, wird Herr Osner auf eine solche Tätigkeit verwiesen, auch wenn sie mit Einkommenseinbußen verbunden ist.

Vorzeitiger Tod von Herrn Osner:
Für den Fall des vorzeitigen Todes von Herrn Osner hat die Ehefrau zunächst Anspruch auf die »Große Witwenrente«, solange sie das minderjährige Kind erzieht. Angesichts der kurzen Versicherungszeit in der gesetzlichen Renteversicherung fällt diese Rente auch nicht hoch aus. Das gilt auch für die Halbwaisenrente, auf die das Kind Anspruch hat.

Altersversorgung von Herrn Osner:
Die Renteninformation der Deutschen Rentenversicherung Bund prognostiziert aufgrund des bisherigen Versicherungsverlaufs eine Altersrente von 1 411,72 €. Die Analyse des bisherigen Versicherungsverlaufs zeigt jedoch, dass Herr Osner seit dem Jahr 2014 mit seinem Einkommen über dem durchschnittlichen Jahresarbeitsentgelt aller Versicherten lag, unterbrochen durch die Weltreise von 2015 bis 2017, und auch seit 2018 wieder liegt; d. h. zukünftig ist zu erwarten, dass seine jährlichen Entgeltpunkte größer 1 sein werden. Danach dürfte die Rente etwas höher ausfallen, wenn das Einkommensniveau gehalten werden kann.
Bedenkt man aber, dass das Rentenniveau abgesenkt wird und durch den Nachhaltigkeitsfaktor, der sich auf den Aktuellen Rentenwert auswirkt, Korrekturen »nach unten« zu erwarten sind, kann die prognostizierte Rente als Basis für die Versorgungsplanung zu Grunde gelegt werden.

**Versorgungslücke:**

| | |
|---|---|
| Versorgungsziel: 90 % von 2 415,00 € | 2 173,50 € |
| voraussichtliche gesetzliche Altersrente | 1 411,72 € |
| Versorgungslücke | 761,78 € (ger. 770,00 €) |

Es existieren keine anderweitigen Versorgungsansprüche (z. B. betriebliche Altersversorgung).

**d) Schließung der Versorgungslücke für das Alter:**

Besonders vorteilhaft sind für Herr Osner die kapitalgedeckte Zusatzvorsorge nach Schicht 2, nämlich die Rentenversicherung nach dem Gesetz über die Zertifizierung von Altersvorsorgeverträgen (kurz: Riester-Rentenversicherung) und die Direktversicherung durch Entgeltumwandlung

(1) Riester-Rentenversicherung (Berechnungen für das Jahr 2019)
Jährliches Bruttoeinkommen (= beitragspflichtige Einnahmen): 13 · 3 359,00 € = 43 667,00 €
Mindesteigenbeitrag einschließlich aller Zulagen für die volle staatliche Förderung: 4 % von 43 667,00 € = 1 746,68 €
1 746,68 € – 175,00 € Grundzulage – 300,00 € Kinderzulage (das Kind ist nach dem 1. Jan. 2008 geboren) = 1 271,68 € Eigenbeitrag für eine Riester-Rentenversicherung

Bei einem Beitrag von 1 200,00 € jährlich kann nach Tarif S 20 für einen 30-jährigen zum Alter 67 eine Rente von 193,33 € garantiert werden. Unter Einbezug der Überschussbeteiligung ergibt sich eine voraussichtliche Rente von 374,60 €.
Bei dem genannten Beitrag von 1 271,68 € wird die garantierte Rente ca. 205,11 € und die voraussichtliche Rente ca. 397,43 € betragen.
Die exakte Berechnung ist kaum möglich, denn man muss bedenken, dass die Zulagen nach Überweisung durch das Finanzamt als flexible Beitragszahlungen angesehen werden, die die genannten Rentenbeträge noch erhöhen.
Etwas mehr als die Hälfte der Versorgungslücke kann durch die Riester-Rentenversicherung geschlossen werden.

(2) Direktversicherung durch Entgeltumwandlung
Herr Osner hat einen Anspruch darauf, dass im Jahr 2019 max. 8 % der Beitragsbemessungsgrenze (2019 : 80 400 €), also bis 6 432,00 €, für eine betriebliche Altersversorgung verwendet werden.

Den Betrag wird Herr Osner wohl nicht ausschöpfen müssen, um die nach Abschluss eines Riester-Vertrages noch vorhandene Versorgungslücke zu schließen.
Als Anlageform kann eine aufgeschobene Rentenversicherung infrage kommen. Nach Tarif S 30 werden für 1 200,00 € an Altersrente 179,83 € garantiert und 345,00 € prognostiziert.
Für Herrn Osner besteht der Vorteil einer Entgeltumwandlung darin, das der umgewandelte Betrag nicht lohnsteuerpflichtig und auch nicht sozialabgabenpflichtig (nur oberhalb von 4 % der Beitragsbemessungsgrenze für die gesetzliche Rentenversicherung würde Sozialabgabenpflicht bestehen) ist, so dass die Nettobelastung geringer ausfällt.

**Schließung der Lücke in der Hinterbliebenenversorgung:**

Als preisgünstigste Variante bietet sich die Risiko-Lebensversicherung an. Sie kann bis auf das Endalter 60 abgeschlossen werden.

**Schließung der Lücke für den Fall der Berufsunfähigkeit:**

Herr Osner sollte eine Selbstständige Berufsunfähigkeitsversicherung abschließen, die für den Fall der Berufsunfähigkeit neben der Beitragsbefreiung für den Vertrag die Zahlung einer BU-Rente vorsieht.

e) **Berechnung des Betrages der zur Besteuerung herangezogen wird:**

| | | |
|---|---|---|
| gesetzliche Rente | 1 450,00 € (100 %) = | 1 450,00 € |
| Riester-Rente | 350,00 € (100 %) = | 350,00 € |
| bAV-Rente | 350,00 € (100 %) = | 350,00 € |
| aufgeschobene Rente (3. Schicht) | 200,00 € (17 %) = | 34,00 € |
| = | | 2 184,00 € |

Die Summe der Bruttorenten beträgt 2350,00 € monatlich. Zur Besteuerung dieser Renten werden 2184,00 € herangezogen. Derzeit würden bei einer Einzelveranlagung 284,00 € Steuern und 15,62 € Solidaritätszuschlag zu zahlen sein. Darüber hinaus muss von der gesetzlichen Rente der halbe Beitragssatz zur Kranken- und Pflegeversicherung (KV: 14,6 % + 0,9 % = 15,5 % / 2 = 7,75% von 1450,00 € = 112,38 €, PV: 3,05 % / 2 = 1,575 % von 1450,00 € = 22,84 €) und von der baV-Rente müsste der volle Beitragssatz (KV: 15,5 % von 350,00 € = 54,25 €, PV: 3,05 % von 350,00 € = 10,68 €) abgeführt werden. Damit würde sich eine Nettorente von 1850,23 € (2350,00 € – 284,00 € – 15,62 € – 112,38 € – 22,84 € – 54,25 € – 10,68 € = 1850,23 €) ergeben. Er hätte sein Versorgungsziel (90 % vom derzeitigen Netto) um 322,77 € (2173,00 € – 1850,23 €) verfehlt.

## Lernsituation 2 — Seiten 380–381

**»Arbeitslos – wie soll ich da noch meine Versicherungen bezahlen?«**

**Methodisch-didaktische Hinweise**

Die Lernsituation hat das in Lernfeld 7 aufgeführte Ziel »Sie beraten den Kunden in der Unfall- und Lebensversicherung bei Veränderung der Lebenssituation mit dem Ziel einer dauerhaften Kundenbindung« zum Gegenstand.

Aufgrund der handlungsorientierten Lernmethode »Postkorb« in dieser Lernsituation sollte die Einzelarbeit gewählt werden. Dies lässt erwarten, dass mehrere Lösungsansätze vorgestellt werden, die anschließend gemeinsam diskutiert und beurteilt werden können.

**Lösungshinweise:**
Analyse des Lebensversicherungsvertrages:
Kapital-Lebensversicherung aus dem Jahr 2004, die auf das Endalter 67 abgeschlossen wurde um als Ergänzung der Altersvorsorge zu dienen.
Einschluss einer BUZ, damit das Risiko einer vorzeitigen Berufsunfähigkeit gedeckt ist.
Die Überschüsse werden verzinslich angesammelt.
Es besteht eine Sicherungsabtretung von 20 000,00 € an die Duisburger Stadtbank.

**Lösungsvorschläge:**
Vorbemerkung: Da eine Sicherungsabtretung besteht, muss für jeden der nachstehend beschriebenen Lösungsvorschläge das Einverständnis der Bank eingeholt werden.

(1) Lösungsvorschlag unter der Annahme, dass die Zahlungsprobleme innerhalb eines Jahres beseitigt sind (vorübergehende Arbeitslosigkeit):

- Risikozwischenbeitrag
  Der VN zahlt für die Dauer eines Jahres nur den Risikobeitrag zur Kapital-Lebensversicherung und den Beitrag zur BUZ.
  Nach Ablauf eines Jahres gibt es dann 2 Möglichkeiten, wie der Vertrag versicherungstechnisch behandelt wird:
  1. Möglichkeit: Beginn- und Ablaufdatum des Vertrages werden um den Zeitraum des Risikozwischenbeitrags verschoben. Der VN muss durch das so entstehende höhere Eintrittsalter einen etwas höheren Beitrag zukünftig zahlen. Aufgrund der Verschiebung läuft der Vertrag 1 Jahr länger. In der Regel ist deshalb noch eine kurze Gesundheitsüberprüfung üblich.
  2. Möglichkeit: Beginndatum und Ablaufdatum des Vertrages bleiben unverändert. Nach Ende des Zeitraums, für den ein Risikozwischenbeitrag gezahlt wurde, muss der VN einen höheren Beitrag zum Ausgleich der fehlenden Sparbeitragszahlung während der Risikozwischenversicherung zahlen.
- Vorauszahlung auf die Versicherungssumme (hier: Verrechnungsdarlehen)

Da schon ein beachtliches Deckungskapital besteht, bietet sich auch an, dass die rückständigen Beiträge (oder Teile davon) durch eine Vorauszahlung auf die Versicherungssumme, hier in Form eines Verrechnungsdarlehens, gezahlt werden. Insgesamt wären 2 100,00 € erforderlich, um den Beitrag für ein Versicherungsjahr zu decken.

Beginn und Ablauf des Vertrages blieben unverändert. Der VN muss allerdings die Zinsen für das Verrechnungsdarlehen begleichen. Später könnte er dann das Verrechnungsdarlehen durch Sonderzahlungen wieder tilgen.

Da das Deckungskapital und das Überschussguthaben bereits größer sind als die Höhe der Sicherungsabtretung, darf unterstellt werden, dass die Gläubigerbank zustimmt.

(2) Lösungsmöglichkeit unter der Annahme, dass die Zahlungsschwierigkeit länger bestehen sollte (längere Arbeitslosigkeit):

Wegen des schon beachtlichen Deckungskapitals bietet sich die Umwandlung in eine beitragsfreie Versicherung an. Auf diese Art und Weise bliebe ein Mindestversicherungsschutz in Höhe der beitragsfreien VS erhalten. Auch aus steuerlichen Gründen ist diese Lösung zu empfehlen, da es sich um einen Vertrag handelt, der vor dem 1.1.2005 geschlossen wurde, der aber noch keine 12 Jahre besteht (Nachversteuerung der Erträge).
Üblicherweise wird die BUZ für eine beitragsfreie Versicherung nicht gewährt. Ggf. wäre eine Selbstständige Berufsunfähigkeitsversicherung abzuschließen, wenn Herr Ophoven wieder eine Arbeitsstelle findet.

# D Unfallversicherung

| **Lernkontrollen zu D 2.1 bis D 2.3** | **Seite 390** |
|---|---|

Seite 390

**Unfallbegriff, Ausschlüsse**

**1** Plötzlichkeit: Das objektive Unfallgeschehen muss sich innerhalb eines kurzen Zeitraumes verwirklicht haben. Tritt die schädigende Wirkung des Ereignisses erst später ein, bejaht die Rechtsprechung das Merkmal der Plötzlichkeit dennoch, wenn die Situation unerwartet und nicht voraussehbar eingetreten ist und man ihr auch nicht mehr entrinnen kann (Beispiel: Eine ältere Person rutscht in der Badewanne aus und kann sich nicht allein befreien).
Einwirkung von außen: Es muss eine »Berührung« mit der Außenwelt stattgefunden haben (mechanischer, chemischer, thermischer oder sonstiger Natur; Zusammenstöße durch Eigenbewegungen, Einatmen giftiger Gase, Eindringen von Wasser in die Atemwege). Innere organische Vorgänge, die zu einem Unfall führen, fallen danach nicht unter den Versicherungsschutz.
Gesundheitsschädigung: Der Unfall muss eine unfreiwillige Gesundheitsschädigung bewirken. Vorsatz ist also ausgeschlossen.

**2** a) Alle Merkmale des Unfallbegriffs sind erfüllt.

b) Das Ereignis ist für den Betroffenen unerwartet und nicht vorhersehbar gewesen. Da er der Situation auch nicht entrinnen kann, gilt das Ereignis als plötzlich im Sinne der AUB 2017. Die Gesundheitsschädigung aufgrund des Ereignisses stellt sich demzufolge als Unfall dar.

c) Die Bewusstseinsstörung ist durch ein Unfallereignis verursacht worden, sodass Versicherungsschutz besteht (Ziff. 5.1.1 AUB 2017).

d) Die Ohnmacht ist nach überwiegender Meinung eine Bewusstseinsstörung, die unter die Risikoausschlussklausel fällt.

e) Der zur Infektion führende Rost ist durch eine Unfallverletzung in den Körper gelangt, sodass ein ersatzpflichtiger Unfall vorliegt (Ziff. 5.2.4 AUB 2017).

f) Die Gesundheitsschädigung der Mutter ist kein Unfallereignis, da bei ihr keine Einwirkung von außen auf den Körper stattgefunden hat.

g) Durch die Eigenbewegung wird ein Zusammenstoß mit der Außenwelt, hier mit der Säge, bewirkt. Es liegt also eine Einwirkung von außen auf den Körper und damit ein Unfall vor.

h) Der Unfall beruht zwar auf einer erhöhten Kraftanstrengung. Versicherungsschutz besteht jedoch nur, wenn dadurch an Gliedmaßen oder Wirbelsäule eine Schädigung entsteht. Bauch- und Unterleibsbrüche sind nur versichert, wenn sie durch eine gewaltsam von außen kommende Einwirkung entstanden sind. Das ist hier nicht der Fall.

i) Das Ereignis ist nicht versichert. Es liegt eine alkoholbedingte Bewusstseinsstörung nach Ziff. 5.1.1 AUB 2017 vor. Nach einem BGH-Urteil aus dem Jahr 1990 ist eine alkoholbedingte Bewusstseinsstörung bei einem Blutalkoholgehalt von 1,1 Promille oder mehr anzunehmen. Maßgebend ist der Blutalkoholgehalt im Unfallzeitpunkt.

j) Unfälle bei einer vorsätzlich ausgeführten Straftat sind nicht versichert (Ziff. 5.1.2 AUB 2017).

k) Versicherter Unfall, da die versicherte Person auf der Auslandsreise vom Bürgerkrieg überrascht wird (Ziff. 5.1.3 AUB 2017)

**3** Der Anspruchsteller hat nachzuweisen, dass die Merkmale eines Unfallereignisses (Plötzlichkeit, Einwirkung von außen auf den Körper) erfüllt sind. Die Unfreiwilligkeit der Gesundheitsschädigung wird bis zum Beweis des Gegenteils vermutet. Der VR muss ggf. beweisen, dass die Gesundheitsschädigung nicht unfreiwillig war (§ 178 (2) S. 2 VVG). Will er sich auf einen Risikoausschluss berufen (z. B. Bewusstseinsstörung als Ursache für den Unfall), trifft ihn ebenfalls die Beweislast. Dies gilt auch für den Fall, dass er eine vorhandene Krankheit oder ein Gebrechen für die Gesundheitsschädigung mitverantwortlich machen will.

**4** Der Fluggast hat Versicherungsschutz bei allen Arten von Flügen. Versicherungsschutz besteht z. B. für den Fahrgast in einem Luftsportgerät (z. B. Heißluftballon). Nicht versichert sind Luftfahrzeugführer (auch Luftsportgeräteführer), soweit nach deutschem Recht hierfür eine Erlaubnis erforderlich ist, ferner sonstige Besatzungsmitglieder eines Luftfahrzeuges und berufliche Tätigkeiten mithilfe eines Luftfahrzeuges (vgl. Ziff. 5.1.4 AUB 2017).

**5** Ausgeschlossen sind Vergiftungen infolge Einnahme fester oder flüssiger Stoffe durch den Schlund (beispielsweise die Einnahme von Rattengift oder einem Spritzmittel gegen Insekten). Gas- oder Rauchvergiftungen beruhen hingegen nicht auf festen oder flüssigen Stoffen und sind demzufolge versichert.

## Lernkontrollen zu D 2.4 Seiten 400–401

**Leistungsarten**

**1** Es kommt für die Beurteilung einer Invalidität nach AUB 2017 nicht auf die Arbeitsfähigkeit, sondern ausschließlich auf die Einschränkung der körperlichen oder geistigen Leistungsfähigkeit an. Danach liegt eine Invalidität vor, deren Ausmaß ärztlicherseits bestimmt werden muss (Ziff. 2.1.2.2.2 AUB 2017).

**2** Tritt der Tod unfallbedingt innerhalb eines Jahres nach dem Unfall ein, so besteht kein Anspruch auf Invaliditätsleistung, sondern nur auf die Todesfallleistung (Ziff. 2.6.1 und Ziff. 2.1.1.4 AUB 2017).

**3** a) Da der Tod unfallfremd eintritt und der Invaliditätsgrad noch nicht festgestellt ist, erfolgt die Leistung nach dem Invaliditätsgrad, mit dem aufgrund der ärztlichen Befunde zu rechnen gewesen wäre (Ziff. 2.1.2.3 AUB 2017).

b) wie a)
Nach Ziff. 2.1.1.4 AUB 2017 besteht nur im ersten Jahr bei Unfalltod kein Anspruch auf Invaliditätsleistung.

**4** a) 55 %
b) 70 % (bei Verlust im Schultergelenk)

| | |
|---|---|
| c) Bein über Mitte Oberschenkel | 70 % |
| Auge | 50 % |
| maximal | 100 % |

**5**

| | |
|---|---|
| Invaliditätsgrad bis 25 % einfach | 25 % |
| Differenz zwischen 25 und 50 % fünffach | 125 % |
| Differenz zwischen 50 und 100 % siebenfach | 350 % |
| Summe | 500 % |
| Invaliditätsleistung: | **1 Mio. €** |

**6** a) Deckung von Einkommensverlusten durch den Unfall bei Selbstständigen; ggf. Deckung eines Verdienstausfalles bei Unselbstständigen nach Fortfall der Gehaltszahlung;

b) Deckung von Kosten, die durch die Abwesenheit entstehen (z. B. Kinderbetreuung); Finanzierung von Wahlleistungen im Krankenhaus;

**7** Leistungen: Kosten für Arzthonorare und sonstige Operationskosten, Unterbringung und Verpflegung in einem Krankenhaus, bestimmte Zahnbehandlungs-/ Zahnersatzkosten bis zur Höhe der VS.

**8** Gemäß Ziff. 2.5.2 AUB 2017 wird Krankenhaustagegeld wegen medizinisch notwendiger vollstationärer Heilbehandlung infolge des Unfalls für längstens 2 Jahre gezahlt. Die jetzige Behandlung (auch wenn sie durch einen ärztlichen Kunstfehler notwendig wird) steht im Zusammenhang mit dem Unfall. Da noch keine 2 Jahre seit dem Unfallzeitpunkt verstrichen sind, besteht der Anspruch auf Zahlung des Krankenhaustagegeldes für 14 Tage.

**9** a) Monatliche Unfallrente von 300,00 € (keine Verdoppelung gem. Ziff. 2.2.1 AUB 2017, da Invaliditätsgrad unter 90 % liegt) rückwirkend ab dem Beginn des Monats, in dem sich der Unfall ereignet hat (Ziff. 2.2.3.1 AUB 2017) und bis zum Ende des Monats, in dem die versicherte Person stirbt (Ziff. 2.2.3.2 AUB 2017). Gesamtleistung: 15. 3. d. J. – 14. 5. d. n. J. = 15 · 300 = 4 500,00 €

b) monatliche Unfallrente 600,00 €; Gesamtleistung 15 · 600 = 9 000,00 €

## Lernkontrollen zu D 3.1 und 3.2 — Seiten 407–408

### Versicherungsformen

**1** Herr Dr. Deußen ist nicht gesetzlich unfallversichert, ggf. aber aus einer freiwilligen Versicherung in der Berufsgenossenschaft. Als Arzt ist er der Infektionsgefahr durch Patienten in besonderem Maße ausgesetzt.

Seine nicht berufstätige Ehefrau ist insbesondere den Haushaltsgefahren ausgesetzt und hat auch keinen Versicherungsschutz aus der gesetzlichen Unfallversicherung.

Der 17-jährige Sohn Sven hat nur während der Schulzeit und auf dem Weg von und zur Schule Versicherungsschutz aus der gesetzlichen Unfallversicherung. Die meisten Unfälle passieren jedoch in der Freizeit, wo auch er ohne Versicherungsschutz dasteht.

Die dreijährige Tochter Ilona hat mit dem Kindergartenbesuch den gleichen gesetzlichen Versicherungsschutz wie ihr Bruder Sven. Sie ist als noch uneinsichtiges Kind der Gefahr ausgesetzt, schädliche Stoffe zu schlucken.

Versicherungsschutzangebot:
Einzel-Unfallversicherungen für die Eheleute Deußen und den Sohn Sven, da er für die Unfallversicherung nach dem Kindertarif bereits zu alt ist. Auf diese Weise kann ein individueller Versicherungsschutz für die genannten Personen zusammengestellt werden. Gleichzeitig könnten sie jeweils den Personennachlass ab 3 Personen von 15 % erhalten. Für Herrn Dr. Deußen sollten zusätzlich die verbesserte Gliedertaxe für Heilberufe (im **Proximus 4 Bedingungswerk** nicht abgedruckt) und die Infektionsklausel angeboten werden.

Für die Tochter Ilona sollte die Unfallversicherung nach dem Kindertarif angeboten werden, wobei die versehentliche Einnahme von schädlichen Stoffen bis zum 10. Lebensjahr mitversichert ist.

**2** Ziel der Aufgabe:
Es soll die Bedarfssituation erkannt und dargestellt werden. Die Bedarfsanalyse sollte ihren Ausgang vom Auskunftsbegehren des Anrufers nehmen.

Bedarf für den Sohn:

1. Hinweis geben, dass ggf. eine Gruppen-Unfallversicherung besteht, die der Verein für seine Mitglieder abgeschlossen hat. Sie deckt nur die aus der Vereinszugehörigkeit erwachsenen Unfallgefahren und wird vermutlich nur eine Grunddeckung bieten.
2. Hinweis geben, dass die gesetzliche Unfallversicherung nicht leistet und die meisten Unfälle in der Freizeit (also ohne Unfall-Versicherungsschutz) passieren.
3. Empfehlung, eine Unfallversicherung nach dem Kindertarif abzuschließen, die die Unfallgefahren »rund um die Uhr« deckt.

Besonderheiten und Vorzüge der Unfallversicherung nach dem Kindertarif erläutern: Ein Elternteil ist VN, Kinderbeitrag gilt bis zum Ende des Versicherungsjahres, in dem das Kind das 18. Lebensjahr vollendet. Danach Umstellung auf den Erwachsenentarif oder Herabsetzung der VS. Bei Tod des VN prämienfreie Vertragsfortführung bis zum Ende des Versicherungsjahres, in dem das Kind das 18. Lebensjahr vollendet (Voraussetzungen gem. Ziffer 11.5 AUB 2017 beachten!)
Aufgrund des derzeitigen Alters des Sohnes ist die Versicherung zum Kinder-Tarif noch möglich.
Bedarf für die Tochter:
Hinweis geben, dass der 6-jährigen Tochter noch bestimmte Einsichten fehlen und sie als Naschkatze durch die versehentliche Einnahme schädlicher Stoffe gefährdet ist und eine Vergiftung erleiden kann, die bis zum 10. Lebensjahr versichert ist. Ausgeschlossen sind Vergiftungen durch Nahrungsmittel.
Bedarf für die Eltern:
Hinweis geben, dass der Vater nur im Berufsleben über die gesetzliche Unfallversicherung eine Grundversorgung bei Unfall erwarten darf, die für die Bedürfnisse seiner Familie kaum ausreicht.
Hinweis geben, dass die Mutter bei der Hausarbeit besonderen Unfallgefahren ausgesetzt ist und sie keinen gesetzlichen Unfallversicherungsschutz hat.
Schlussfolgerung: Beratungstermin vereinbaren, um den Familienmitgliedern einen bedarfsgerechten Versicherungsschutz anzubieten.

**3** Die Prämie beträgt ein Vielfaches der Normalprämie für eine Einzel-Unfallversicherung. Der vielfache Teil wird während der Vertragsdauer Ertrag bringend angelegt und erwirtschaftet so die verbrauchte Normalprämie und einen Gewinn.

**4** Gruppen-Unfallversicherung mit oder ohne Namensangabe, da der versicherte Personenkreis (Reisende) eindeutig klassifiziert werden kann. Da bei Reisenden nicht immer abgegrenzt werden kann, inwieweit der Reisende beruflich oder privat unterwegs ist, sollte die Versicherung Unfälle innerhalb und außerhalb des Berufes umfassen.

**5** »Sehr geehrte Damen und Herren,

Ihre Anfrage beantworten wir gerne wie folgt: Für Ihr Vorstandsmitglied, Herrn Dr. Peter Mersmann, besteht uneingeschränkter Unfallversicherungsschutz nach den AUB 2017, wenn er als Fluggast ein Linienflugzeug benutzt. Ferner besteht für diesen Fall auch Unfallversicherungsschutz aus der obligatorischen Passagier-Unfallversicherung des Luftfahrtunternehmens. Soweit Herr Dr. Mersmann ein

Flugzeug selber führt, besteht Unfallversicherungsschutz nur, soweit eine namentliche Luftfahrt-Unfallversicherung abgeschlossen wurde. Wir sind gerne bereit, Ihnen ein entsprechendes Versicherungsschutzangebot zu unterbreiten. Unser Außendienstmitarbeiter, Herr Krause, wird sich dieserhalb mit Ihnen in Verbindung setzen.«

**6** Es handelt sich um eine Unfallversicherung zum Kinder-Tarif. Nach Ziff. 6.1.1 AUB 2017 kann die Unfallversicherung zum Kinder-Tarif nur bis zum Ende der Versicherungsperiode, in der das Kind das 18. Lebensjahr vollendet, zur bisherigen Prämie fortgeführt werden. Danach wird die Versicherung auf den Erwachsenentarif mit entsprechend höherer Prämie umgestellt. Alternativ kann auch die bisherige Prämie beibehalten werden. Es werden dann die versicherten Leistungen im Verhältnis der Erwachsenenprämie zur Kinderprämie gekürzt.

Eine Fortführung des Vertrages zum Kinder-Tarif während der Dauer der Ausbildung ist in den AUB 2017 nicht vorgesehen.
Stirbt der VN während der Dauer der Unfallversicherung zum Kinder-Tarif, wird diese bis zum Ende des Versicherungsjahres prämienfrei weitergeführt, in der das Kind das 18. Lebensjahr vollendet (Ziff. 11.5 AUB 2017; Voraussetzungen gem. Ziff. 11.5 AUB 2017 beachten!)
Die Unfallversicherung zum Kinder-Tarif, wie auch die Versicherung nach dem Erwachsenentarif, leistet für alle Unfälle »rund um die Uhr«. Schulunfälle werden daher auch vom Versicherungsschutz erfasst und es werden die vertraglichen Leistungen neben den Leistungen aus der gesetzlichen Unfallversicherung bei Schulunfällen erbracht.

## Lernkontrollen zu D 3.3 bis D 3.6 — Seiten 414–415

### Versicherungsvertrag und Prämienberechnung

**1** Zur Berechnung der nachstehenden Versicherungssummen vgl. Abschnitt D 3.3 im Lehrbuch.

| | |
|---|---|
| Invaliditätskapital | |
| 4 200,00 € · 100 : 2 | 210 000,00 € |
| Soforthilfe | |
| 2 % des Invaliditätskapitals | 4 200,00 € |

Tagegeld
Tagegeld kann Arbeitnehmern erst ab dem 43. Tag angeboten werden, da dann der Anspruch auf Lohn-/Gehaltsfortzahlung wegfällt. An die Stelle tritt das Krankengeld. Die Differenz zwischen Krankengeld und Nettogehalt kann für die Absicherung durch ein Tagegeld im Rahmen der Unfallversicherung in Frage kommen. Da die Krankenversicherung aber erst später Gegenstand des Unterrichts ist, wird auf den Einbezug hier noch verzichtet.

| | |
|---|---|
| Krankenhaus-Tagegeld | |
| 0,5 ‰ von 210 000,00 € = 105,00 €, aber: max. lt. Tarif | 100,00 € |
| Todesfallkapital | |
| 210 000,00 € dividiert durch 3 | 70 000,00 € |
| Bergungskosten prämienfrei bis: | 25 000,00 € |

**Berechnung der jährlichen Prämie nach Tarif 30**

| | |
|---|---|
| Gefahrengruppe A | |
| Invalidität mit Mehrleistung ab 70 % | |
| 210 000,00 € zu 1,82 ‰ | 382,20 € |
| Soforthilfe 4 200,00 € zu 24,00 € je 1 000,00 € VS | 100,80 € |
| Krankenhaustagegeld 100,00 € zu 0,82 € je 1,00 € | 82,00 € |
| Todesfallleistung 70 000,00 € zu 1,66 %o | 116,20 € |
| Bergungskosten 25 000,00 € prämienfrei | 0,00 € |
| | 681,20 € |
| – Dauernachlass 10 % | 68,12 € |
| | 613,08 € |
| – Zahlungsweise-Nachlass: 5 % bei jährl. Zahlung | 30,65 € |
| | 582,43 € |
| + 19 % VersSt | 110,66 € |
| Jährliche Prämie | **693,09 €** |

**2** Prämienberechnung für den Ehemann (Gefahrengruppe A) nach Tarif 30

| | |
|---|---|
| Invaliditätssumme (Modell 225) 75 000,00 € zu 2,16 ‰ | 162,00 € |
| Todesfallsumme 25 000,00 zu 1,66 ‰ | 41,50 € |
| Prämienberechnung für die Ehefrau nach Tarif 30 | |
| Invaliditätssumme (Modell 225) 75 000,00 € zu 2,16 ‰ | 162,00 € |
| Todesfallsumme 25 000,00 zu 1,66 ‰ | 41,50 € |
| Krankenhaustagegeld 30,00 € zu 0,82 € je 1,00 € | 24,60 € |
| Prämienberechnung für die Tochter (Tarif 10) | |
| Invaliditätssumme (Modell 225) 75 000,00 € zu 1,29 ‰ | 96,75 € |
| Todesfallsumme 5 000,00 € zu 0,99 ‰ | 4,95 € |
| | 533,30 € |
| – 15 % Personennachlass | 80,00 € |
| | 453,30 € |
| – Zahlungsweise-Nachlass: 5 % bei jährl. Zahlung | 22,67 € |
| | 430,63 € |
| + 19 % VersSt | 81,82 € |
| Jährliche Prämie | **512,45 €** |

**3** Prämienberechnung für den Ehemann nach Tarif 30

| | |
|---|---|
| Gefahrengruppe B | |
| Invaliditätssumme mit 350 % Progression | |
| 120 000,00 € zu 4,05 ‰ | 486,00 € |
| Todesfallsumme 40 000,00 zu 2,49 ‰ | 99,60 € |
| Tagegeld ab dem 15. Tag | |
| 30,00 € zu 12,60 € je 1,00 € | 378,00 € |
| Kosmetische Operationen 10 000,00 € | |
| zu 1,29 € je 1 000,00 € | 12,90 € |
| Prämienberechnung für die Ehefrau nach Tarif 30 | |
| Gefahrengruppe A | |
| Invaliditätssumme mit 350 % Progression | |
| 120 000,00 € zu 2,70 ‰ | 324,00 € |
| Todesfallsumme 40 000,00 zu 1,66 ‰ | 66,40 € |
| Krankenhaustagegeld 60,00 € zu 0,82 € je 1,00 € | 49,20 € |
| Kosmetische Operationen 10 000,00 € zu 0,86 € je 1 000,00 € | 8,60 € |
| | 1 424,70 € |

| | |
|---|---:|
| – 10 % Dauernachlass | 142,47 € |
| | 1 282,23 € |
| – Zahlungsweise-Nachlass: 3 % bei halbjährl. Zahlung | 38,47 € |
| | 1 243,76 € |
| : 2 (halbjährliche Zahlungsweise) | 621,88 € |
| + 19 % VersSt | 118,16 € |
| Halbjährliche Prämie | **740,04 €** |

**4** Zur Berechnung der Versicherungssummen, die neben der vereinbarten VS für den Invaliditätsfall und die Unfallrente angeboten werden sollten, vgl. Abschnitt D 3.2 im Lehrbuch.

| | |
|---|---:|
| Invaliditätssumme mit 225 % Progression | 120 000,00 € |
| Todesfallsumme (1/3 der Invaliditätssumme) | 40 000,00 € |
| Tagegeld (bei Nichtselbstständigen nicht anbieten) | |
| Krankenhaustagegeld 0,5 ‰ von 120 000,00 € | 60,00 € |
| Unfallrente 1 000,00 € (Herr Bernhardt); 800,00 € (zukünftige Ehefrau) | |
| Bergungskosten prämienfrei bis | 50 000,00 € |

**Prämienberechnung**

| | |
|---|---:|
| Berechnung der Prämie für den Dachdecker nach Tarif 30 | |
| Gefahrengruppe B | |
| Invalidität mit 225 % Progression | |
| 120 000,00 € zu 3,24 ‰ | 388,80 € |
| Tod 40 000,00 € zu 2,49 ‰ | 99,60 € |
| Soforthilfe 1 000,00 € | 36,00 € |
| Krankenhaustagegeld 60,00 € zu 1,23 € je 1,00 € | 73,80 € |
| Unfallrente 50/90 1 000,00 € zu 3,00 € je 10,00 € | 300,00 € |
| Bergungskosten 25 000,00 € prämienfrei | 0,00 € |
| Berechnung der Prämie für die Pflegerin nach Tarif 30 | |
| Gefahrengruppe A | |
| Invalidität mit 225 % Progression | |
| 120 000,00 € zu 2,16 ‰ | 259,20 € |
| Tod 40 000,00 € zu 1,66 ‰ | 66,40 € |
| Soforthilfe 1 000,00 € | 24,00 € |
| Krankenhaustagegeld 60,00 € zu 0,82 € je 1,00 € | 49,20 € |
| Unfallrente 50/90 800,00 € zu 2,00 € je 10,00 € | 160,00 € |
| Bergungskosten 25 000,00 € prämienfrei | 0,00 € |
| | 1 457,00 € |
| – Junge-Leute-Nachlass 20 % | 291,40 € |
| | 1 165,60 € |
| – Dauernachlass 10 % | 116,56 € |
| | 1 049,04 € |
| – Zahlungsweise-Nachlass: 2 % bei vierteljährl. Zahlung | 20,98 € |
| | 1028,06 € |
| : 2 (halbjährliche Zahlungsweise) | 257,02 € |
| + 19 % VersSt | 48,83 € |
| Vierteljährliche Prämie | **305,85 €** |

Ggf. sollte noch die Mitversicherung von kosmetischen Operationen in Erwägung gezogen werden.

## Lernkontrollen zu D 4 und D 5 — Seiten 426–430

**Vertragsänderung und Leistungsfall**

**1** a) Gefahrengruppe A, da für die Festsetzung nicht der erlernte Beruf, sondern die berufliche Tätigkeit maßgebend ist.

b) Krankenhaustagegeld, Soforthilfe wegen Schlüsselbeinbruch

c) Es besteht Versicherungsschutz ab dem beantragten (technischen) Beginn, da die Einlösungsprämie durch SEPA-Lastschrift eingezogen werden konnte (Ziff. 11.3 AUB 2017).

d) Die ausgefüllte Unfallanzeige war unverzüglich zurück zu senden. Da die Obliegenheitsverletzung weder Einfluss auf die Feststellung des Unfalls noch auf die Bemessung der Leistung hat, ist der Versicherer leistungspflichtig (Ziff. 8 AUB 2017).

**2** a) Der Maurermeister ist verpflichtet, die Änderung der Berufstätigkeit unverzüglich anzuzeigen, da für ihn jetzt die Gefahrengruppe B gilt. Voraussetzung: Es ist vereinbart, dass die Änderung der Berufstätigkeit eine Gefahrerhöhung darstellt, die anzeigepflichtig ist (§ 181 VVG). Davon kann aufgrund des Inhalts der AUB 2017 (Ziff. 6.2) ausgegangen werden.

b) Für einen Monat nach Änderung der Berufstätigkeit besteht noch Versicherungsschutz nach den bisherigen Versicherungssummen, sodass 15 000,00 € als Entschädigung geleistet würden (Ziff. 6.2.2 AUB 2017).

c) Die Versicherungssummen vermindern sich nach Ablauf eines Monats (Ziff. 6.2.2 Satz 1 AUB 2017) seit der Änderung im Verhältnis der erforderlichen Prämie (2,73‰ für Inv. mit 70 % ML) zur bisherigen Prämie (1,82 ‰ für Inv. mit 70 % ML, ), so dass die Inv.-Leistung nur 10 000,00 € betragen würde.

**3** a) Herr Glasser ist wegen Berufswechsels in die Gefahrengruppe B einzustufen. Die Anzeige des Berufswechsels ist nicht erfolgt und es ist bereits mehr als 1 Monat seit dem Berufswechsel verflossen.
Nach Ziff. 6.2.2 AUB 2017 vermindern sich dann die Versicherungssummen im Verhältnis der erforderlichen Prämie zur bisherigen Prämie.

| | |
|---|---|
| Alte Prämie (Gefahrengruppe A) ohne VersSt | |
| Invaliditätsumme 100 000,00 € zu 2,16 ‰ | 216,00 € |
| Todesfallsumme 40 000,00 € zu 1,66 ‰ | 66,40 € |
| Neue Prämie (Gefahrengruppe B) | |
| Invaliditätsumme (225) 100 000,00 € zu 3,24 ‰ | 324,00 € |
| Todesfallsumme 40 000,00 € zu 2,49 ‰ | 99,60 € |
| Berechnung der neuen Versicherungssummen | |
| Invaliditätsumme 100 000,00 € · 216,00 : 324,00 | 66 667,00 € |
| Todesfallsumme 40 000,00 € · 66,40 : 99,60 | 26 667,00 € |
| Berechnung des Invaliditätsgrades und der Invaliditätsleistung | |
| 60 % von 55 % (Hand) | 33 % |
| Progression 225: 25 % + ( 2 · 8 %) | 41 % |
| 41 % von 66 667,00 € | **27 333,47 €** |

b) Herr Glasser muss erkennen, dass seine neue Berufstätigkeit ein höheres Unfallrisiko darstellt und eine dementsprechend höhere Prämie zu zahlen ist. Wird diese Prämie nicht gezahlt, kann auch nicht die bisher versicherte Leistung beansprucht werden. Die Änderung der Berufstätigkeit stellt eine Gefahrerhöhung dar, die nach Ablauf eines Monats zur Vertragsänderung führt (§ 181 (2) VVG). Die AUB 2017 (Ziff. 6.2.2) sehen die Herabsetzung der Versicherungssummen für diesen Fall vor.

**4** Im Rahmen der formellen Deckungsprüfung wird untersucht, ob ein Unfallversicherungsvertrag besteht und ob die Rechtspflichten und Obliegenheiten erfüllt worden sind. Im Rahmen der materiellen Deckungsprüfung wird untersucht, ob und inwieweit der angezeigte Versicherungsfall ersatzpflichtig ist.

**5** Wird eine Obliegenheit in der Unfallversicherung vorsätzlich verletzt, kann sich der VR auf Leistungsfreiheit berufen, wenn die Obliegenheitsverletzung für den Eintritt des Versicherungsfalles oder den Umfang der Leistungspflicht ursächlich war (Ziff. 8 AUB 2017).

| | | |
|---|---|---|
| **6** a) | 55 % | **55 %** |
| b) | 50 % von 70 % | **35 %** |
| c) | Arm 70 % + Auge 50 %; max. | **100 %** |
| d) | Arm (70 % – 55 %) + Auge 50 % | **65 %** |
| e) | Auge 50 % – (60 % v. 50 %) + Arm 70 % | **90 %** |

| | | |
|---|---|---|
| **7** a) | Auge 60 % von 50 % = | 30% |
| | Daumen | 20% |
| | Zeigefinger | 10% |
| | Invaliditätsgrad | 60 % |

b) 25 % einfach
\+ 75 % (Differenz zwischen 25 % und 50 % dreifach)
\+ 50 % (Differenz zwischen 50 % und 60 % fünffach)
150 % von 50 000,00 € **75 000,00 €**

**8** a) 30 % v. 70 % = 21 % von 75 000,00 **15 750,00 €**

b) Krankenhaustagegeld (KHT)
23. April – 15. Mai = 23 Tage · 30,00 € **690,00 €**

**9** a) Innerhalb eines Monats in Textform bezüglich des Krankenhautagegeldes, innerhalb von drei Monaten bezüglich der Invaliditätsleistung, wenn das Heilverfahren abgeschlossen ist (Ziff. 9.1 AUB 2017).

b) Bei Invalidität werden bis 100,00 € an Kosten erstattet (Ziff. 9.1 AUB 2017). Bezüglich des Nachweises für den Krankenhaustagegeldanspruch werden die Kosten bis 100,00 € erstattet (hier also volle Erstattung der 15,00 €).

c) VN und VR sind berechtigt, den Invaliditätsgrad bis zu drei Jahren nach Eintritt des Unfalles jährlich erneut ärztlich bemessen zu lassen (Ziff. 9.4 AUB 2017). Der VR muss sein Recht ggf. mit der Erklärung über die Leistungspflicht geltend machen und den VN über sein Recht gleichzeitig belehren.

d) Das Heilverfahren ist noch nicht abgechlossen und eine Todesfallsumme wurde nicht versichert (Ziff. 9.3 AUB 2017).

**10** a) Invaliditätsgrad

| | | | |
|---|---|---|---|
| | Hand | 55 % | |
| | Fuß (40 % v. 40 %) | 16 % | |
| | | 71 % | |
| | 71 % von 80 000,00 € = | | **56 800,00 €** |

| | | | |
|---|---|---|---|
| b) | ab 13. Febr. (43. Tag) – 19. März | 35 Tage · 80,00 € | 2 800,00 € |
| | 20. März – 04. April | 16 Tage · 40,00 € | 640,00 € |
| | 05. April – 19. April | 15 Tage · 24,00 € | 360,00 € |
| | | | **3 800,00 €** |

c) 11 Tage im Januar
28 Tage im Februar
5 Tage im März
44 Tage

Krankenhaustagegeld 44 Tage · 25,00 € **1 100,00 €**

**11** a) Berechnung des Invaliditätsgrades

| | | | |
|---|---|---|---|
| Fuß: 70 % v. 40 % = | 28 % | | |
| 50 % Mitw.-Ant. | 14 % | = 14 % | |
| Zeigefinger: | | + 10 % | **24 %** |

b) Leistungen:

Invaliditätsleistung
24 % von 150 000,00 € **36 000,00 €**

Tagegeld

| | | | |
|---|---|---|---|
| 05. Jan. – 29. Febr. | = 56 Tage – 42 Tage | = 14 Tage · 40,00 | 560,00 € |
| 01. März – 06. März | | = 6 Tage · 20,00 | 120,00 € |
| 07. März – 22. März | | = 16 Tage · 12,00 | 192,00 € |
| | | | **872,00 €** |

Krankenhaustagegeld
37 Tage · 20,00 € **740,00 €**

| **Lernsituationen:** | **Versicherungsschutz, Vertragsgestaltung und Leistungsfall in der Unfallversicherung** |
|---|---|

| **Lernsituation 1** | **Seiten 435–436** |
|---|---|

**»Ein Unfall kommt plötzlich – sichern Sie vor«**

**Methodisch-didaktische Hinweise**

In den Zielen des Rahmenlehrplans ist u. a. vorgesehen, dass die Schülerinnen und Schüler sowohl bedarfsgerechte Angebote unterbreiten, als auch die zur Risikobeurteilung erforderlichen Daten erfassen und Prämien berechnen. Die Lernsituation ist auf diese Ziele ausgerichtet.

Als handlungsorientierte Lernmethode wurde hier die »Methode Fallstudie« gewählt.

Sie ist für die Einzelarbeit aber auch für Partnerarbeit geeignet.

Die Lernsituation bietet aber auch die Möglichkeit des Rollenspiels, bei der die Lehrkraft oder eine Schüler/eine Schülerin die Rolle des Kunden einnimmt und ein weiterer Schüler/eine weitere Schülerin (evtl. auch zwei) als Berater auftritt.

**1. Analyse der Risikosituation**

**Günther Hilscher:** Als selbstständiger Glasermeister hat er keinen Versicherungsschutz aus der gesetzlichen Unfallversicherung, sofern er nicht freiwillig versichert ist. Ein Versicherungsschutz für die Unfallgefahren des Privatbereichs existiert auch nicht.

**Eva Hilscher:** Als Hausfrau hat sie ebenfalls keinen Versicherungsschutz aus der gesetzlichen Unfallversicherung. Ein Versicherungsschutz für die Unfallgefahren des Privatbereichs existiert auch nicht.
Als Motorradfahrerin ist sie einem besonderen Unfallrisiko ausgesetzt.

**Jan Hilscher:** Auf dem Weg von und zur Schule sowie während der Schulzeit besteht Versicherungsschutz aus der gesetzlichen Unfallversicherung. Die Unfallgefahren in der Freizeit sind ebenfalls nicht abgedeckt.
Evtl. hat der Verein eine Gruppen-Unfallversicherung für die Bogenschützen abgeschlossen.

**Daniela Hilscher:** Als Arbeitnehmerin hat sie den Unfallversicherungsschutz aus der gesetzlichen Unfallversicherung während ihrer Arbeitszeit.
Fluggesellschaften sind verpflichtet, die Passagiere zu versichern (obligatorische Passagierunfallversicherung). Soweit sie außerhalb der Dienstzeit fliegt, was bei Flugbegleitern häufiger vorkommt, hat sie hierüber Versicherungsschutz.
Ansonsten ist das Unfallrisiko auch nicht abgedeckt.

**Maike Hilscher:** Sie hat keinen Unfall-Versicherungsschutz.

**2. Versicherungsschutzangebote:**

(Da Lernsituationen den Lösungsweg für die Aufgaben nicht vorgeben dürfen, werden die Auszubildenden verschiedene Angebote mit Prämienberechnungen präsentieren. Auf eine Prämienberechnung wurde deshalb hier verzichtet.)

**Bedarfsermittlung für Günther Hilscher:**
(Es wird die in Abschnitt D 3.3 dargestellte Empfehlung eines Versicherers zugrunde gelegt.)

| | |
|---|---|
| Invaliditätskapital: 60 000 € Jahresverdienst → 5 000 € Monatsverdienst | |
| ½ Monatsverdienst · 100 = | 250 000,00 € |
| Vorschlag: Mehrleistungen ab 70 % anbieten, da sein Mitwirken ab diesem Invaliditätsgrad (z. B. auch im Büro) schon unwahrscheinlicher wird. | |
| Todesfallkapital: 1/3 der Invaliditätsleistung (gerundet) | 84 000,00 € |
| Soforthilfe 2 % der Invaliditätssumme | 5 000,00 € |
| Tagegeld 0,25 ‰ des Invaliditätskapitals = 62,50 € | ger. 63,00 € |
| Krankenhaus-Tagegeld 0,5 ‰ des Inv. Kapitals. max. | 100,00 € |
| kosmetische Operationen | 10 000,00 € |

Tarif 30 anbieten
Günther Hilscher gehört zur Gefahrengruppe B

**Eva Hilscher:**

Eva Hilscher hat als Hausfrau kein eigenes Einkommen, welches man als Grundlage für die VS-Berechnung zugrunde legen könnte. Die meisten Unfälle passieren im Haushalt. Das Freizeithobby von Frau Hilscher (Motorradfahren) ist ebenfalls sehr unfallträchtig. Es empfiehlt sich daher, die für den Ehemann ermittelten Versicherungssummen auch bei Eva Hilscher anzuwenden.

Auch ist zu bedenken, dass der Personennachlass von 15 % entfällt, wenn die Familienversicherung nur für Günther Hilscher und Sohn Jan Hilscher abgeschlossen wird. Dieser Hinweis ist zu geben und zu dokumentieren.

**Jan Hilscher:**
Da Jan noch kein eigenes Einkommen hat, sollen die Auszubildenden ermitteln (ggf. im Internet), welche Versicherungssummen üblicherweise für Schüler angeboten werden und einen Vorschlag machen, sowie die Prämie nach Tarif 10 berechnen.

Beispiel:

| | |
|---|---|
| Invalidität mit progressiver Invaliditätsstaffel U 500 | 50 000,00 € |
| Todesfallkapital | 5 000,00 € |
| Krankenhaustagegeld | 20,00 € |

> Günther und Jan Hilscher sind in einem Vertrag zu versichern, soweit nicht auch für Eva Hilscher eine Versicherung nach Tarif 30 im Rahmen der Familienunfallversicherung gewünscht wird.
> Für diesen Fall: Personennachlass 15 %
> 3-jährige Dauer anbieten, um Dauernachlass (10 %) zu erhalten und jährliche Zahlungsweise (Zahlungsweise-Nachlass)

Die Tochter **Daniela Hilscher** und **ihr Kind** können in der Familienunfallversicherung mitversichert werden. Der Vorteil wäre, dass die Prämien für Daniela Hilscher und ihrem einjährigen Sohn auch vom Personennachlass von 15 % profitieren. Andererseits wäre der Vater von Daniela Hilscher der VN des Vertrages und würde die Leistungen erhalten, da eine Fremdversicherung nach Ziffer 12.1 AUB 2017 vorläge. Aus diesem Grunde empfiehlt sich für Frau Daniela Hilscher und ihren Sohn eine eigene Unfallversicherung.

**Bedarfsermittlung für Daniela Hilscher:**
Sie hat eigenes Einkommen, sodass das Berechnungsschema aus Abschnitt D 3.3 zugrunde gelegt werden kann.

| | |
|---|---|
| Invaliditätskapital: 18 000 € Jahresverdienst → 1 500 € Monatsverdienst | |
| $\frac{1}{2}$ Monatsverdienst ·100 = | 75 000,00 € |
| Vorschlag: mindestens progressive Invaliditätsstaffel U 225 anbieten, damit ein ausreichendes Kapital bei Vollinvalidität zur Verfügung steht | |
| Todesfallkapital: $\frac{1}{3}$ der Invaliditätsleistung | 25 000,00 € |
| Soforthilfe 2 % der Invaliditätssumme | 1 500,00 € |
| Tagegeld 0,25 ‰ des Invaliditätskapitals = 18,75 € | ger. 20,00 € |
| Krankenhaustagegeld 0,5 ‰ des Inv. Kapitals = 37,50 € | ger. 38,00 € |
| kosmetische Operationen | 10 000,00 € |

Tarif 30 anbieten

**Maike Hilscher:**
Summenermittlung wie bei Jan Hilscher
Tarif 10 anbieten

> Daniela und Maike Hilscher sind in einem Vertrag zu versichern. Ein Personennachlass kann nicht gewährt werden. Wohl aber ein Junge-Leute-Nachlass für Daniela Hilscher und ein Dauernachlass, wenn eine 3-jährige Vertragsdauer angeboten wird. Bei jährlicher Zahlung gibt es auch noch 5 % Zahlungsweise-Nachlass.

**Hinweise, die auch zu dokumentieren sind:**

**Zu Günther Hilscher:** Die privaten Fahrtveranstaltungen auf dem Nürburgring fallen unter den Versicherungsschutz nach AUB 2017, soweit es dabei nicht auf die Erzielung von Höchstgeschwindigkeiten ankommt.
Bei den feucht-fröhlichen Veranstaltungen besteht unter Umständen kein Versicherungsschutz mehr, da dies zu Bewusstseinsstörungen durch Trunkenheit führen kann, die nach den AUB 2017 ausgeschlossen sind.
Herr Hilscher hat durch den Verlust des rechten Zeigefingers im Jahr 2010 bereits eine Vorinvalidität. Diese Vorinvalidität wird bei Feststellung des Invaliditätsgrades infolge erneuten Unfalls abgezogen (Ziff. 2.1.2.2.3 AUB 2017).

**Zu Eva Hilscher:** Die meisten Unfälle ereignen sich im Haushalt, sodass eine private Unfallversicherung angebracht ist.
Sofern sie an Motorradrennen, bei denen es offensichtlich auf die Erzielung einer Höchstgeschwindigkeit ankommt, teilnimmt, besteht kein Versicherungsschutz (Ziff. 5.1.5 AUB 2017).

**Zu Jan Hilscher:** Unfälle beim Bogenschützensport fallen unter den Versicherungsschutz nach AUB 2017. Auf die Besonderheiten der Kinder-Unfallversicherung (Dauer usw.) ist hinzuweisen und dies ist zu dokumentieren.

**Zu Daniela Hilscher:** Unfälle im Zusammenhang mit der Tätigkeit als Flugbegleiterin sind vom Versicherungsschutz ausgeschlossen (Ziff. 5.1.4 AUB 2017).

**Zu Maike Hilscher:** Kleinkinder erleiden häufig Unfälle durch Vergiftungen, da sie feste oder flüssige Stoffe eingenommen haben. Dieses Risiko ist bis zum 10. Lebensjahr versichert (Ziff. 5.2.5 AUB 2017).

## Lernsituation 2 — Seiten 437–438

**»Bei allem Unglück: Glücklicherweise wurde vorgesorgt.«**

**Methodisch-didaktische Hinweise**

Die Lernsituation hat das Lernziel »Sie bearbeiten Versicherungsfälle und prüfen die Leistungspflicht« zum Gegenstand.

Als handlungsorientierte Lernmethode wurde die »Methode Postkorb« gewählt, die normalerweise für Einzelarbeit spricht. Da aber mehrere Versicherungen angesprochen sind, ist auch Gruppenarbeit möglich.

Die Präsentation kann in Form eines Rollenspiels (Beratungsgespräch) durchgeführt werden.

**Lösungshinweise:**

Leistungen aus der Unfallversicherung:
Voraussichtliche Leistungen anhand der beschriebenen Unfallverletzungen:

**Jan Helpenstein**
- Kosmetische Operation wegen der Schnittverletzungen im Gesicht
- Krankenhaustagegeld von 20,00 € täglich für die Dauer des Krankenhausaufenthaltes

Wird die kosmetische Operation später vollstationär durchgeführt, besteht ebenfalls Anspruch auf Krankenhaustagegeld bei ambulanter Operation, allerdings max. nur für 7 Tage.

**Manfred Helpenstein**
- Todesfallleistung in Höhe von 20 000,00 €

**Nadine Helpenstein**
- Invaliditätsleistung nach dem Modell 225, sofern die Invalidität aufgrund der erlittenen Quetschungen innerhalb von 15 Monaten nach dem Unfall ärztlich festgestellt und geltend gemacht ist.
- Krankenhaustagegeld, längstens für 2 Jahre
- evtl. kosmetische Operation

# E Krankenversicherung

**Lernkontrollen zu E 2** **Seiten 453 – 455**

**Rechtsgrundlagen der PKV**

1 Gesetzliche Grundlagen: BGB, SGB, VAG, VVG, VVG-InfoV

Vertragliche Grundlagen: Allgemeine Versicherungsbedingungen (z. B.: Bedingungsteil MB/KK 2009 für die Krankheitskostenversicherung und die Krankenhaustagegeldversicherung)

Tarifbedingungen (z. B. für die Krankheitskostenversicherung und die Krankenhaustagegeldversicherung)

Tarife (z. B.:Tarife der Krankheitskostenvollversicherung)

Eine ausführliche Übersicht findet sich in Proximus 4, Seite 199

2 Die AVB bestehen in der Regel aus folgenden drei Teilen:
- Musterbedingungen des PKV-Verbandes (brancheneinheitlich)
- Tarifbedingungen (unternehmensspezifisch)
- Tarife (unternehmensspezifisch)

**Zielgruppen der PKV**

3 Für den Abschluss einer Krankheitskosten-Vollversicherung kommen nur Personen infrage, die nicht der Versicherungspflicht unterliegen. Hierzu zählen Selbstständige, Beamte, freie Berufe, Arbeiter und Angestellte mit einem Einkommen über der Jahresarbeitsentgeltgrenze.

4 Die Jahresarbeitsentgeltgrenze (JAEG) gibt an, welche Arbeitnehmer aufgrund ihres Jahreseinkommens (Jahresarbeitsentgelt) versicherungspflichtig in der gesetzlichen Krankenversicherung sind. Es gibt zwei verschiedene Jahresarbeitsentgeltgrenzen:

- Die **allgemeine JAEG** beträgt im gesamten Bundesgebiet für das Jahr **2019** 6750,00 €.
- Die **besondere JAEG** beträgt im Jahr 2019 54 450,00 €. Sie gilt für alle Arbeitnehmer, die am 31. Dezember 2002 wegen Überschreitens der an diesem Tag geltenden JAEG versicherungsfrei und bei einem privaten Krankenversicherungsunternehmen in einer substitutiven Krankenversicherung versichert waren (so genannter Altbestand). (SGB V § 6 Abs. 7)

Sowohl die allgemeine als auch die besondere JAEG werden jährlich angepasst. Die Bundesregierung setzt die JAEG-Grenzen jährlich in einer Rechtsverordnung fest.

Von der Jahresarbeitsentgeltgrenze ist die Beitragsbemessungsgrenze (BBmG) zu unterscheiden. Die Beitragsbemessungsgrenze ist die Obergrenze, bis zu der die Einnahmen der Versicherten (z. B. das Arbeitsentgelt bei Arbeitnehmern) für die Beitragsberechnung herangezogen werden. Die Beitragsbemessungsgrenze entspricht der besonderen JAEG und beträgt seit dem 1. Januar 2019 monatlich 4 537,50 € (54 450,00 € jährlich).

5 Herr Winter ist Berufseinsteiger. Sein Gehalt liegt mit Aufnahme der Beschäftigung über der Versicherungspflichtgrenze (JAEG). Er kann sich somit zum 1. Juli 2019 privat krankenversichern. Evtl. sind Kündigungsfristen in der GKV (z. B. bei freiwilliger Mitgliedschaft) zu berücksichtigen.

6 Eine Versicherungsfreiheit nach § 6 Abs. 4 SGB V kommt für Frau Meister frühestens zum 1. Januar 2020 in Betracht. Arbeitnehmer werden mit Ablauf jenes Kalenderjahres versicherungsfrei, in welchem ihr neues Arbeitsentgelt, hochgerechnet für die nächsten 12 Monate, die JAEG übersteigt (Gehälter von Sept. d. J. – Aug. n. J. ergeben 12 · 7 200,00 € = 72 000,00 €) und voraussichtlich auch im neuen Kalenderjahr (Folgejahr) oberhalb der Grenze liegen wird (Gehälter von Jan. n. J. – Dez. n. J. ergeben 12 · 7 200,00 € = 72 000,00 €). Beide Werte liegen über der JAEG für 2019.

7 Nach § 8 Abs. 1 Nr. 5 SGB V kann Arne Helbig einen Antrag auf Befreiung von der Versicherungspflicht stellen und die allgemeine Versicherungspflicht in der PKV erfüllen, wenn er sich als Student an einer Hochschule einschreibt.

8 Berechnung des Jahresarbeitsentgelts von Herrn Hollerbach:

| | | |
|---|---|---|
| Monatsbezüge 3 800,00 € · 12 | = | 45 600,00 € |
| Weihnachtsgratifikation | = | 3 800,00 € |
| Urlaubsgeld | = | 1 900,00 € |
| Vermögenswirksame Leistungen: 40,00 € · 12 | = | 480,00 € |
| Gesamteinnahmen | = | 51 780,00 € |

Das Jahresarbeitsentgelt beträgt 51 780,00 €. Die monatlichen Familienzuschläge und die einmalige jährliche Gewinnbeteiligung finden keine Berücksichtigung.

9 Durch die Erhöhung der Jahresarbeitsentgeltgrenze zu Beginn des neuen Jahres wird Herr Bohrmann wieder versicherungspflichtig. Herr Bohrmann kann sich jedoch von der Versicherungspflicht befreien lassen, wenn seine private Krankenversicherung als subst-itutive Krankenversicherung dienen kann. Das ist im vorliegenden Fall aufgrund der versicherten Leistungen gegeben. Der Antrag auf Befreiung ist innerhalb von drei Monaten nach Beginn der Versicherungspflicht bei der Krankenkasse zu stellen. Die Befreiung wirkt vom Beginn der Versicherungspflicht an, wenn seit diesem Zeitpunkt noch keine Leistungen in Anspruch genommen wurden, sonst vom Beginn des Kalendermonats an, der auf die Antragstellung folgt. Die Befreiung kann **nicht** widerrufen werden (§ 8 Abs. 2 SGB V).

Herr Bohrmann kann also seinen privaten Krankenversicherungsschutz weiter aufrechterhalten.

10 Herr Roth muss seinen privaten Krankenversicherungsschutz nicht aufgeben. Privat Krankenversicherte, die arbeitslos werden und Leistungen durch die Bundesagentur für Arbeit beziehen, können sich von der Krankenversicherungspflicht befreien lassen. Die Befreiung setzt voraus, dass Herr Roth in den letzten fünf Jahren vor dem Leistungsbezug nicht gesetzlich versichert war. Der Antrag auf Befreiung von der Krankenversicherungspflicht ist innerhalb von drei Monaten nach Beginn der Versicherungspflicht zu stellen. Die Befreiung kann **nicht** widerrufen werden.

Bei einer Befreiung von der Versicherungspflicht übernimmt dann die Bundesagentur für Arbeit die Beiträge zur PKV. Höchstens erstattet werden jedoch nur Beiträge bis zur Höhe, in der sie ohne Befreiung von der Versicherungspflicht in der GKV oder in der sozialen Pflegeversicherung angefallen wären.

## Lernkontrollen zu E 3 Seiten 497–501

### Versicherungsarten und Tarifformen

1 Schadenversicherung = konkrete Bedarfsdeckung

Die tatsächlich entstandenen Krankheitskosten werden gedeckt. Hierfür bieten sich die verschiedenen Krankheitskostentarife an (z. B. Krankheitskosten-Vollversicherung, ambulante Zusatzversicherungen usw.)

Summenversicherung = abstrakte Bedarfsdeckung
Ein geschätzter Bedarf, z. B. Verdienstausfall, Zusatzausgaben, Serviceleistungen u. a., wird abgedeckt. Hierfür bieten sich die verschiedenen Tagegeldversicherungen an (z. B. Krankenhaus-Tagegeldversicherung).

2 a) Wechselt Herr Wohlfahrt von der GKV zur PKV, endet auch die Familienversicherung für seine Ehefrau und seinen Sohn in der gesetzlichen Krankenversicherung. Herr Wohlfahrt benötigt daher für sich, seine Ehefrau und seinen Sohn jeweils Versicherungsschutz, der die finanziellen Folgen von Krankheiten, stationären Krankenhausaufenthalten, Leistungen für zahnärztliche Behandlung, Hilfsmittel, Heilmittel usw. deckt. Für Herrn Wohlfahrt selbst besteht ferner Versicherungsbedarf für die Deckung des Verdienstausfalls bei Arbeitsunfähigkeit infolge von Krankheit.
Für die gesamte Familie ist der Versicherungsbedarf für das Pflegefallrisiko zu decken (vgl. Aufgabe 19).

b) Herr Wohlfahrt:
Krankheitskosten-Vollversicherung (ambulante und stationäre Heilbehandlung, zahnärztliche Behandlung)
Krankentagegeldversicherung (mit einer Karenzzeit von 42 Tagen)
Krankenhaus-Tagegeldversicherung

Frau Wohlfahrt und Sohn Holger:
Krankheitskosten-Vollversicherung (ambulante und stationäre Heilbehandlung, zahnärztliche Behandlung)
Krankenhaus-Tagegeldversicherung

3 Frau Schmitz hat gemäß § 4 (4) MB/KK 2009 grundsätzlich die freie Wahl unter den öffentlichen und privaten Krankenhäusern.
Voraussetzung ist, dass die Krankenhäuser unter ständiger ärztlicher Aufsicht stehen, über ausreichende diagnostische und therapeutische Möglichkeiten verfügen und Krankengeschichten führen.

4 Unter Managed Care wird häufig eine Vielzahl unterschiedlicher Arten von Maßnahmen zur Kostensteuerung subsumiert. Beispiele: Disease Management (Behandlung schwerer chronischer Erkrankungen anhand von evidenzbasierten medizinischen Leitlinien), Case Management (umfassende Betreuung und Therapie schwerer Einzelfallerkrankungen), Klinikbetten in Trägerschaft von Versicherungsunternehmen.

5 Bei der orthopädischen Fachklinik handelt es sich um eine gemischte Anstalt, da neben der medizinisch notwendigen Heilbehandlung auch eine Kur- und Sanatoriumsbehandlung durchgeführt wird. Herr Müller muss vor Behandlungsbeginn die schriftliche Kostenzusage des Versicherers einholen. Liegt diese vorherige Kostenzusage nicht vor, dann erstatten die VR meistens nur ein Tagegeld (sofern dies tariflich vereinbart wurde) für den Kur- und Sanatoriumsaufenthalt.

**6** Als Heilmittel gelten die physikalisch-medizinischen Leistungen, z. B. medizinische Bäder. Hilfsmittel sind vor allem technische Mittel, die körperliche Behinderungen unmittelbar mildern oder ausgleichen sollen, z. B. Hörgeräte.

**7** a) Herr Maier ist ein potenzieller Kunde für die private Krankenversicherung, da er als Beamter keiner Versicherungspflicht in der gesetzlichen Krankenversicherung unterliegt.

b) Herr Maier benötigt einen Versicherungsschutz, der die finanziellen Folgen von Krankheiten, aber auch Leistungen für zahnärztliche Behandlung, Heilmittel u. dgl. deckt. Beamte sind beihilfeberechtigte Personen. Als ledigem Beamten steht Herrn Maier eine Beihilfe in Höhe von 50 % zu. Deshalb ist hier der Abschluss eines Quotentarifs (Prozenttarif) in Höhe von 50 % zu empfehlen (beihilfekonformer Tarif).

**8** Beitragsentlastungstarife sind Krankheitskostentarife mit einer modifizierten Beitragszahlung. Der VN zahlt während der gesamten Vertragsdauer einen vom Eintrittsalter und Geschlecht abhängigen zusätzlichen Mehrbeitrag. Dieser Mehrbeitrag bringt ihm ab dem 65. Lebensjahr eine Beitragssenkung.

**9** Beim Standardtarif ist der zugangsberechtigte Personenkreis auf bestimmte Altersgruppen beschränkt (z. B. Personen ab Vollendung des 65. Lebensjahres bzw. ab Vollendung des 55. Lebensjahres, wenn das jährliche Gesamteinkommen die JAEG nicht überschreitet).

Beim Beitrag gibt es beim Standardtarif eine Ehegattenbegrenzung. Für Neukunden mit Vertragsabschluss ab 1. Jan. 2009 bleibt der Standardtarif geschlossen.

Ein Wechsel in den Basistarif ist bei Versicherungsverträgen, die seit dem 01. Jan. 2009 abgeschlossen worden sind, jederzeit möglich.

Der Abschluss von Zusatzversicherungen ist im Basistarif im Gegensatz zum Standardtarif zulässig.

**10** In den Basistarif müssen aufgenommen werden:

- Alle freiwillig in der GKV versicherten Personen innerhalb von sechs Monaten nach Beginn der im SGB V vorgesehenen Wechselmöglichkeit als freiwilliges Mitglied.
- Alle Personen mit Wohnsitz in Deutschland, die weder in der GKV versicherungspflichtig sind, noch Anspruch auf Leistungen nach § 2 des Asylbewerberleistungsgesetzes haben, noch Empfänger von Sozialleistungen sind, noch eine Krankheitskostenvollversicherung bei einem in Deutschland zum Geschäftsbetrieb zugelassenen Krankenversicherungsunternehmen haben.
- Alle Personen mit Beihilfeanspruch, wenn sie einen die Beihilfe ergänzenden Versicherungsschutz benötigen, der die Pflicht zur Versicherung erfüllt.
- Alle Personen mit Wohnsitz in Deutschland, die nach dem 31. Dezember 2008 eine private Krankheitskostenvollversicherung abgeschlossen haben.

**11** Die Proximus Krankenversicherung AG muss Herrn Kleinert in den Basistarif aufnehmen. Herr Kleinert kehrt aus dem Ausland nach Deutschland zurück, war vor seinem Auslandsaufenthalt in Deutschland gar nicht krankenversichert und hat im Ausland eine freiberufliche Tätigkeit ausgeübt. Damit ist Herr Kleinert der PKV zuzuordnen.

**12** Für die Aufnahme in den Basistarif besteht Kontrahierungszwang. Eine Aufnahmepflicht besteht nur dann nicht, wenn der Antragsteller schon einmal bei dem Versicherungsunternehmen versichert war und das Unternehmen den Vertrag wegen

Drohung oder arglistiger Täuschung angefochten hat oder der Versicherer wegen vorsätzlicher Verletzung der vorvertraglichen Anzeigepflicht vom Versicherungsvertrag zurückgetreten ist (§ 152 (2) VAG, § 193 (5) Nr. 2 VVG).

- Im Basistarif werden keine Risikozuschläge oder Leistungsausschlüsse vereinbart.
- Wartezeiten dürfen nicht vereinbart werden.
- Eine Risikoprüfung ist zur Durchführung des Risikoausgleichs und für den Fall eines Wechsels vom Basistarif in Normaltarife zulässig.
- Der Abschluss von Zusatzversicherungen neben dem Basistarif ist im Gegensatz zum herkömmlichen Standardtarif zulässig.
- Im Basistarif wird für jede Person ein eigener Beitrag erhoben.

**13** Der Notlagentarif ist ein Tarif für vorübergehende Notlagen. Versicherte, welche aufgrund einer akuten Notlage (z.B. finanzielle Engpässe) ihren Beitrag zur PKV nicht entrichten können, soll mit dem NLT die Möglichkeit geboten werden, die Beitragslast für einen begrenzten Zeitraum spürbar zu reduzieren.

**14**
- Die Leistungen im NLT sind auf die Akutversorgung begrenzt.
- Alterungsrückstellungen werden im NLT nicht gebildet.
- Ein Wechsel in den NLT ist nicht möglich, es erfolgt eine automatische Umstellung.
- Der Basistarif sieht Leistungen vor, die in Art, Umfang und Höhe dem Leistungsumfang der GKV vergleichbar sind.
- Im Basistarif werden Alterungsrückstellungen gebildet.
- Im Basistarif besteht Kontrahierungszwang.
- Der BT kommt insbesondere für Nichtversicherte und Hilfebedürftige in Betacht.

**15** Ein Wechsel in den NLT ist nicht möglich. Nach einem gesetzlich geregelten Mahnverfahren erfolgt vielmehr automatisch die Umstellung in den NLT.

**16** Briefinhalte:
- Kündigung der gesetzlichen Krankenversicherung;
- als beihilfeberechtigte Beamtin erhält Frau Müller 50 % Beihilfe von ihrem Dienstherrn (evtl. 70 % Beihilfe bei zwei und mehr beihilfeberechtigten Kindern);
- das Tarifangebot für die Referendarin Erika Müller umfasst einen beihilfekonformen Quotentarif (Prozenttarif);
- die Versicherer halten für Beamtenanwärter spezielle Tarife bereit;
- der Prozenttarif sollte in diesem Fall 50 % betragen.

**17** a) Frau Möller kann zur Absicherung des Verdienstausfalls nur den Tarif KT 43 (Arbeitnehmer) wählen. Der Anspruch auf Krankentagegeld beginnt ab dem 43. Tag.

b) Das Krankentagegeld darf zusammen mit sonstigen Krankentage- und Krankengeldern das auf den Kalendertag umgerechnete, aus der beruflichen Tätigkeit herrührende Nettoeinkommen nicht übersteigen. Die Höhe des Monatsnettoeinkommens ergibt sich aus dem Durchschnittswert der letzten 12 Monate vor der Antragstellung.

**18** Berechnung des Krankentagegeldbedarfs für Herrn Klingler (ledig)

| Berechnungsgrundlagen (2019) | Beträge |
|---|---|
| Beitragsbemessungsgrenze (BBmG) 2019 | 4 537,50 € |
| Monatlicher Bruttoverdienst | 5 400,00 € |
| Monatlicher Nettoverdienst | 3 550,00 € |
| – 70 % vom mtl. Bruttogehalt | 3 780,00 € |
| – 70 % von der BBmG (4 537,50 €) | 3 175,90 € |
| – 90 % vom mtl. Nettogehalt | 3 195,00 € |
| Der niedrigste der **drei** genannten Beträge gilt als Berechnungsgrundlage. | 3 175,90 € |
| ./. 12,325 % Sozialversicherungsbeiträge (2019) (RV 9,3 %, AloV 1,25 %, PPV 1,525 % + 0,25 %) | 391,43 € |
| = ausgezahltes Krankengeld | 2 784,47 € |
| Krankengeldlücke: | |
| Monatlicher Nettoverdienst | 3 550,00 € |
| ./. ausgezahltes Krankengeld | 2 784,47 € |
| = monatliche Verdienstlücke | 765,53 € |
| 1/30 davon = tägliche Lücke | 25,52 € |
| Krankengeldbedarf, täglich (gerundet) | 26,00 € |

Der Krankentagegeldbedarf von Herrn Klingler beträgt 26,00 € täglich.

**Private Pflegepflichtversicherung**

**19** *Zu Aufgabe 2:*
Herr Wohlfahrt muss bei einem Wechsel von der GKV zur PKV für sich, seine Ehefrau und seinen Sohn Holger eine private Pflegepflichtversicherung nach dem Grundsatz »Pflegeversicherung folgt Krankenversicherung« abschließen. Außerdem ist der Abschluss einer Pflegezusatzversicherung empfehlenswert.

*Zu Aufgabe 7:*
Herr Maier muss als Beamter eine private Pflegepflichtversicherung abschließen. Für ihn ist der beihilfekonforme Tarif PVB maßgebend. Auch der Abschluss einer Ergänzungsversicherung nach MB/EPV 2017 ist für Herrn Maier zu empfehlen.

*Zu Aufgabe 16:*
Frau Müller ist als Referendarin eine Beamtin auf Widerruf. Sie ist verpflichtet, eine private Pflegepflichtversicherung nach Tarif PVB abzuschließen. Eine Ergänzungsversicherung nach MB/EPV 2017 sollte zusätzlich angeboten werden.

**20** Beim Wechsel von der GKV zur PKV muss Herr Völker auch seine Pflegepflichtversicherung bei einem privaten Versicherungsunternehmen abschließen. Das SGB XI § 23 bestimmt, dass Personen, die gegen das Krankheitsrisiko bei einem privaten KV-Unternehmen mit Anspruch auf allgemeine Krankenhausleistungen versichert sind, verpflichtet sind, bei diesem Unternehmen zur Absicherung des Risikos der Pflegebedürftigkeit einen Versicherungsvertrag abzuschließen und aufrechtzuerhalten. Für den privaten Versicherungsvertrag gelten folgende Bedingungen:

- Kontrahierungszwang,
- kein Ausschluss von Vorerkrankungen der Versicherten,
- keine Staffelung der Beiträge nach Geschlecht,
- keine längeren Wartezeiten als in der sozialen Pflegepflichtversicherung,

- für VN, die über eine Vorversicherungszeit von mindestens fünf Jahren in der privaten Pflegeversicherung oder privaten Krankenversicherung verfügen, keine Beitragshöhe, die den Höchstsatz in der sozialen Pflegeversicherung übersteigt,
- beitragsfreie Mitversicherung der Kinder des VN.

**21** VU, die die Pflegepflichtversicherung anbieten, unterliegen einem Kontrahierungszwang. Dies bedeutet, sie müssen mit allen Personen, die in der privaten Pflegepflichtversicherung versicherungspflichtig sind, einen Versicherungsvertrag abschließen. Dies hat bei der Einführung der Pflegepflichtversicherung dazu geführt, dass kranke und bereits pflegebedürftige Menschen mit einer bestehenden privaten Krankenversicherung in der privaten Pflegeversicherung aufgenommen wurden. Auch im Neugeschäft ist der Kontrahierungszwang notwendig, da es sich bei der Pflegeversicherung um eine Pflichtversicherung handelt und der Versicherte demgemäß auch eine Versicherung finden muss, die ihn aufnimmt.

**22** a) Die Feststellung der Pflegebedürftigkeit wird durch den ärztlichen Dienst der privaten Pflegepflichtversicherung, die MEDICPROOF GmbH, vorgenommen. Sie übernimmt die Begutachtung der privat versicherten Antragsteller.

b) Herr Fuchs ist in Pflegegrad 2 einzugruppieren (§ 1 (6) MB/PPV 2017).

c) Herr Fuchs kann im Rahmen der häuslichen Pflege, die durch seine Tochter erfolgt, ein Pflegegeld von monatlich 316,00 € beanspruchen. Voraussetzung ist, dass die Pflege durch die Tochter in geeigneter Weise erfolgt. Für die Pflegeperson (Tochter) zahlt der VR unter bestimmten Voraussetzungen Beiträge zur gesetzlichen Rentenversicherung.

**23** Die Beiträge in der privaten Pflegepflichtversicherung richten sich nicht nach dem Einkommen, sondern werden risikogerecht kalkuliert und sind nach dem Alter gestaffelt. Es gibt grundsätzlich zwei Tarifstufen (PVN und PVB). Für die private Pflegepflichtversicherung gelten Höchstbeiträge. Diese werden von der jeweiligen JAEG in der GKV abgeleitet. In der Tarifstufe PVB ist der Höchstbeitrag auf 40 % des Höchstbeitrages der sozialen Pflegeversicherung begrenzt. Dieser beträgt im Jahr 2019: 55,36 €. Für Ehegatten ist der Höchstbetrag auf 150 % begrenzt. Er beträgt somit im Jahr 2019: 83,04 €. Für die Ehepartner Sauer sind somit im Jahr 2019 jeweils 41,52 € Beitrag zur privaten Pflegepflichtversicherung zu entrichten.

**24** Für Ehepaare gibt es in der privaten Pflegepflichtversicherung einen Ehegattenhöchstbeitrag. Dieser ist auf 150 % des Gesamtbeitrages für beide Ehegatten begrenzt, wenn folgende Voraussetzungen erfüllt sind: Wurde die private Pflegepflichtversicherung erst nach dem 1. Jan. 1995 abgeschlossen, gilt die Begrenzung auf den Höchstbeitrag erst, wenn der VN eine Vorversicherungszeit von mindestens fünf Jahren in der privaten Pflege- oder Krankenversicherung nachweisen kann.

Anspruch auf den Ehegattenhöchstbeitrag haben Ehepaare, die **beide** privat pflegepflichtversichert sind, bei denen einer der Ehepartner/Lebenspartner ununterbrochen privat pflegepflichtversichert ist und der andere Ehepartner/Lebenspartner kein Einkommen bezieht, das die Geringfügigkeitsgrenze von 445,00 € (2019) übersteigt.

Hinweis: Für Beamte im Tarif PVB ist der Höchstbeitrag auf 40 % des Höchstbeitrages in der sozialen Pflegeversicherung begrenzt, da die private Pflegepflichtversicherung im Versicherungsfall nur die versicherte Quote leisten muss.

**25** Kinder sind bis zum 18. Lebensjahr beitragsfrei in der privaten Pflegepflichtversicherung mitversichert, wenn mindestens ein Elternteil privat pflegepflichtversichert ist und das Kind keine eigenen Einkünfte bezieht, welche die Geringfügigkeitsgrenze übersteigen. Die Beitragsbefreiung gilt bis zum 25. Lebensjahr, sofern das Kind noch in der Schul- oder Berufsausbildung steht.

**26** Für das Jahr 2019: Aufwendungen für die häusliche Pflege werden bei Pflegegrad 3 bis zu 1 298,00 € monatlich ersetzt.
1298,00 € ≙ 100 %
908,60 € ≙ 70 %
Der Pflegebedürftige hat 70 % des monatlichen Aufwendungsersatzes ausgeschöpft. Vom Pflegegeld in Höhe von 545,00 € stehen ihm somit noch 163,50 € (= 30 %) zu.

### Sonstige Versicherungsarten

**27** a) **Ehemann:**
Krankheitskosten-Vollversicherung, da nicht versicherungspflichtig
Krankentagegeldversicherung für Arbeitnehmer
Pflegepflichtversicherung
Pflegezusatzversicherung

**Ehefrau:**
Krankheitskosten-Zusatzversicherung, da versicherungspflichtig
Krankenhaus-Zusatzversicherung

**Kind:**
Krankheitskosten-Vollversicherung, da beitragsfreie Versicherung bei der Ehefrau nicht möglich
Pflegepflichtversicherung

b) Krankheitskosten-Vollversicherung und Pflegepflichtversicherung für alle Personen; für den Ehemann außerdem Krankentagegeldversicherung für Selbstständige.

**28** Mit dem Beginn einer Ausbildung zum Bankkaufmann wird der Sohn von Herrn Wohlfahrt Pflichtmitglied in der GKV. Die Ehefrau unterliegt durch die Aufnahme einer Tätigkeit als Einkäuferin gleichfalls der gesetzlichen Versicherungspflicht, falls ihr monatliches Bruttoentgelt die JAEG nicht übersteigt (bei einem höheren Bruttogehalt wäre eine Befreiung von der gesetzlichen Versicherungspflicht möglich).

Die Krankheitskosten-Vollversicherung und die private Pflegepflichtversicherung sind für beide Familienmitglieder zu kündigen. Die private Pflegepflichtversicherung wird in der sozialen Pflegeversicherung fortgesetzt (»Pflegeversicherung folgt Krankenversicherung«).

Zur Aufrechterhaltung eines adäquaten Versicherungsschutzes ist der Abschluss einer Krankenergänzungsversicherung jeweils für Ehefrau und Sohn zu empfehlen (Proximustarife AEV, SEV und ZEV).

Die Vorteile der privaten Krankenversicherung können für die Zukunft durch die Vereinbarung einer Anwartschaftsversicherung für beide Familienmitglieder gesichert werden. Dadurch entfällt z. B. bei einer späteren Rückkehr in die PKV die Gesundheitsprüfung (vgl. auch Aufgaben 31 und 34).

**29** Mit einer privaten Pflegeergänzungsversicherung hat der Versicherte die Möglichkeit, die Leistungsansprüche über die Grundversorgung hinaus zu erweitern. Häufig reichen die Leistungen der sozialen Pflegeversicherung und der privaten Pflegepflichtversicherung zur vollständigen Abdeckung des Pflegefallrisikos nicht aus.

**30** Nach § 1 (4) MB/KK 2009 besteht voller Versicherungsschutz in Europa. Im außereuropäischen Ausland hat der Versicherte bis zu zwei Monate vollen Versicherungsschutz. Die Tarifbedingungen vieler VR sehen jedoch bereits für einen vorübergehenden Auslandsaufenthalt die Weltgeltung vor.

Eine Auslandskrankenversicherung (AKV) ist für den Aufenthalt von Frau Ellermeier in den USA auf jeden Fall notwendig, wenn keine Weltgeltung besteht. Besteht Weltgeltung, dann ist der Abschluss einer Auslandskrankenversicherung auch sinnvoll, um

- im Ausland keinen Selbstbehalt zu haben,
- trotz einer Erkrankung im Ausland die Beitragsrückerstattung der Vollversicherung beanspruchen zu können,
- Ersatz für die Aufwendungen eines medizinisch notwendigen Rücktransports zu erhalten, der im versicherten Tarif evtl. nicht enthalten ist,
- Kosten zu decken, die evtl. durch die GOÄ oder GOZ in Deutschland nicht ersetzt werden.

**31** Herrn Kaufmann ist der Abschluss einer großen Anwartschaftsversicherung für die KK-Vollversicherung und die private Pflegepflichtversicherung vorzuschlagen. Während der Dauer der Anwartschaftsversicherung besteht kein Versicherungsschutz. Das Recht auf den Vertrag wird jedoch durch die Zahlung eines geringen Beitrags aufrechterhalten.

Weitere Vorteile:

- Erhaltung des günstigen Eintrittsalters.
- Bei Aktivierung keine neue Risikoprüfung.
- Krankheiten, die während der Anwartschaft auftreten, sind bei Aktivierung im Versicherungsschutz eingeschlossen.
- In der privaten Pflegepflichtversicherung bleibt die Begrenzung auf den Höchstbeitrag erhalten.

**32** Die GKV erbringt nur Leistungen, wenn das Aufenthaltsland der EU angehört oder ein Sozialversicherungsabkommen mit Deutschland abgeschlossen hat. In diesen Ländern wird dem Kassenpatient zwar eine Krankenversorgung nach deutschem Recht zugesichert, viele Ärzte liquidieren jedoch nach den Grundsätzen der Privatpraxis, d. h. zu deutlich höheren Sätzen.

**33** Teilweise oder vollständige Kostendeckung für

- zusätzlichen Bedarf (Telefon im Krankenhaus usw.),
- Haushaltshilfe während einer stationären Behandlung.

**34**

| Große Anwartschaftsversicherung | Kleine Anwartschaftsversicherung |
|---|---|
| – Bei Umwandlung in den gewünschten Tarif wird das ursprüngliche Eintrittsalter (= Eintrittsalter, das zu Beginn der Anwartschaftszeit gültig war) der Beitragsberechnung zugrunde gelegt. | – Bei Umwandlung in den gewünschten Tarif wird das Eintrittsalter zum Zeitpunkt der Umwandlung zugrunde gelegt. |
| – Der Anwartschaftsbetrag enthält einen Sparbeitrag zum Aufbau einer Alterungsrückstellung. | – Es wird keine Alterungsrückstellung gebildet. |
| – Höhere Anwartschaftsbeiträge. | – Geringere Anwartschaftsbeiträge. |

**35**
- Als Berufssoldat hat Herr Wolf Anspruch auf freie Heilfürsorge.
- Herr Wolf muss allerdings die private Pflegepflichtversicherung abschließen.
- Für seine Frau Isolde und für sein Kind hat Herr Wolf Anspruch auf Beihilfe im Umfang von 70 % (Ehefrau) und 80 % (Kind).
- Beihilfetarife für seine Frau und das Kind anbieten.
- Für die Zeit nach Beendigung seines Dienstes bei der Bundeswehr und den Eintritt in den Ruhestand ist der Abschluss einer Anwartschaftsversicherung empfehlenswert. Damit kann auch für eventuelle gesundheitliche Probleme im Alter (Gesundheitsprüfung) Vorsorge getroffen werden.

**36** Versicherungspflicht besteht für alle Studenten, die an staatlich anerkannten Hochschulen eingeschrieben sind. Die Versicherungspflicht erstreckt sich bis zum Abschluss des 14. Fachsemesters, längstens bis zur Vollendung des 30. Lebensjahres (vgl. §§ 5, 8 SGB V).

## Lernkontrollen zu E 4 — Seiten 513–515

**Risiko**

**1** a) Das objektive Risiko stützt sich insbesondere auf Alter, Geschlecht und Gesundheitszustand. Das subjektive Risiko liegt insbesondere in den Lebensgewohnheiten (z. B. starker Raucher) und Charaktereigenschaften (z. B. arztfeindliche Einstellung) des Versicherten.

b) Die Erfassung des objektiven Risikos erfolgt in erster Linie durch Antragsfragen. Zusätzlich können ärztliche Zeugnisse und weitere Hilfsmittel (z. B. Kölner Systematik, Expertensysteme) herangezogen werden. Das objektive Risiko kann durch Risikozuschläge bzw. Risikoausschlüsse begrenzt werden.

c) Die PKV versucht, durch Wartezeiten, Selbstbehaltstarife und Beitragsrückgewähr das subjektive Risiko einzuschränken.

d) Natürliche subjektive Risiken: Unerfahrenheit in Heilmethoden, Übervorsichtigkeit, Überempfindlichkeit, leichte Beeinflussbarkeit usw. Unnatürliche subjektive Risiken: gefälschte Belege, »Medikamentitis«, Vortäuschung von Krankheiten usw.

**2** a) Bekannte Vorerkrankungen oder Verletzungen machen eine ärztliche Behandlung wahrscheinlicher, als es in der so genannten »Kopfschadentafel« angezeigt ist.

b) Wartezeiten, Selbstbeteiligung, Ausschlüsse, Beitragsrückerstattung.

**3** Kosten für Entziehungsmaßnahmen, die aufgrund von Drogenabhängigkeit erforderlich werden, sind von der Leistungspflicht des VR nach § 5 (1) MB/KK 2009 ausgeschlossen (siehe aber TB zu MB/KK § 5 Nr. 1 ba).

**4** Für die stationäre Behandlung aufgrund der Alkoholvergiftung besteht Leistungspflicht nach MB/KK 2009 und nach MB/KT 2009 (wegen KT 43 ggf. ab dem 43. Tag).

Ferner besteht ein Anspruch auf das versicherte Krankenhaustagegeld wegen der stationären Behandlung.

Nach § 5 (1) b MB/KK 2009 besteht keine Leistungspflicht für Entziehungsmaßnahmen einschließlich Entziehungskuren.

§ 5 der Proximus-Tarifbedingungen (TB zu MB/KK) und § 5 der Proximus-Tarifbedingungen (TB zu MB/KT) gewähren jedoch Leistungen unter den nachstehend genannten Voraussetzungen.

Nach TB zu MB/KK:
- Leistungen für max. 3 ambulante oder stationäre Entziehungsmaßnahmen, wenn anderweitig kein Leistungsanspruch besteht
- schriftliche Zusage des VR vor Maßnahmebeginn erforderlich
- VR kann die Zusage von einer Begutachtung über die Erfolgsaussichten abhängig machen

Nach TB zu MB/KT:

- Leistungen für eine einmalige Entziehungsmaßnahme, wenn anderweitig kein Leistungsanspruch (z. B. Krankengeld) besteht
- schriftliche Zusage des VR vor Maßnahmebeginn erforderlich
- VR kann die Zusage von einer Begutachtung über die Erfolgsaussichten abhängig machen

**5** Der Antrag von Herrn Holzer kann zum jetzigen Zeitpunkt unter Beachtung folgender Annahmerichtlinien angenommen werden (siehe Proximus Annahmerichtlinien und Risikoliste, TA S. 273):

- akute Mandelentzündung: Diagnoseziffer 4302, Rezidivfrist 0 lt. Risikoliste, daher risikounerheblich
- Durchblutungsstörungen (coronare): Diagnoseziffer 3601, Rezidivfrist 2 lt. Risikoliste, 100 % RiZ

Der Risikozuschlag (RiZ) kann nach den Annahmerichtlinien erst nach wenigstens vier behandlungs- und beschwerdefreien Monaten vereinbart werden, ansonsten ist ein Leistungsausschluss (LA) erforderlich. Ein LA kann später nicht mehr in einen RiZ umgewandelt werden.

Die Annahme kann deshalb nur mit LA erfolgen.

**6** Risikobeurteilung:

Wirbelgleiten: Diagnoseziffer 8205, Rezidivfrist 5 Jahre, 110 % RiZ

Gicht: Diagnosziffer 2101, Rezidivfrist 5 Jahre, 100 % RiZ

Als anzusetzender Risikozuschlag für die Versicherung gilt lt. Annahmerichtlinien der höchste Risikozuschlag (hier 110 %).

Die Versicherung kann mit 110 % RiZ angenommen werden.

**7** Risikobeurteilung:

Hüftgelenkserkrankung: Diagnoseziffer 78015, Rezidivfrist (5) Jahre, 200 % RiZ

Der Antrag kann mit einer Erschwerung von 200 % RiZ angenommen werden. Die Rezidivfrist von 5 Jahren steht in der Risikoliste in Klammern. Das bedeutet lt. Annahmerichtlinien, dass eine Erschwerung ab Versicherungsbeginn notwendig ist und beschwerde-/behandlungsfreie Zeiten nicht angerechnet werden können.

**8** **Person 1**

| Diagnoseziffer | Rezidivfrist | Risikoeinschätzung |
|---|---|---|
| 6102 | (5)/5 | »Nierensteinerkrankungen und Folgen«; operiert<br>50 % RiZ für 5 Jahre; 7 Monate behandungs- und beschwerdefreie Zeit, aufgerundet: 1 Jahr, also 50 % RiZ für 4 Jahre. |
| 6301 | 2 | »Harnblasenentzündung«<br>50 % RiZ für zwei Jahre. Letzte Behandlung: Dezember 2016, somit sind mehr als zwei Jahre verstrichen, also keine Risikozuschlag. |
| 4401 | 0 | »Grippaler Infekt, keine Erschwernisse« |

**Person 2**

| Diagnoseziffer | Rezidivfrist | Risikoeinschätzung |
|---|---|---|
| 1701 | (5)/3 | Erkrankungen der Schilddrüse und Folgen: Leistungsausschluss (RiZ nicht möglich) |
| 3601 | 2 | Durchblutungsstörungen, coronare: 100 % Risikozuschlag für 2 Jahre. Eine Anrechnung der behandlungs- und beschwerdefreien Zeit seit 9/2018 ist noch nicht möglich, da nach den Annahmerichtlinien die anrechenbare Zeit auf volle Jahre auf- oder abgerundet wird, hier also auf 0 Jahre. |

## Lernkontrollen zu E 5.1 Seiten 536–541

**Beitragsberechnung**

**1** Beitragsberechnung für Ehepaar Halm:

| | Herr Halm (36 Jahre) | Frau Halm (33 Jahre) |
|---|---|---|
| ambulante Heilbehandlung, Tarif A 0 | 313,74 € | – |
| ambulante Heilbehandlung, Tarif A 2 | – | 198,45 € |
| stationäre Heilbehandlung, Tarif S 1 | 151,94 € | 130,68 € |
| zahnärztliche Behandlung, Tarif Z 2 | 68,63 € | 68,20 € |
| Krankenhaustagegeld, Tarif KHT*) | 15,12 € | 14,10 € |
| Krankentagegeld, Tarif KT (AN)**) | 33,80 € | – |
| private Pflegepflichtversicherung, Tarif PVN | 22,56 € | 20,50 € |
| Tarifbeitrag | 605,79 € | 431,93 € |
| + 10 % gesetzlicher Beitragszuschlag auf A0, A1, S1 und Z1***) | 53,43 € | 39,73 € |
| Beitrag: | 659,22 € | 471,66 € |

Gesamtbeitrag: **1 130,88 €**

*) Berechnung Krankenhaustagegeld (30,00 €) Herr Halm: 2,52 € pro 5,00 € · 6 = 15,12 €
Berechnung Krankenhaustagegeld (30,00 €) Frau Halm: 2,35 € pro 5,00 € · 6 = 14,10 €
**) Berechnung Krankentagegeld (50,00 €) Herr Halm: 3,38 € pro 5,00 € · 10 = 33,80 €
***) Berechnung Vorsorgezuschlag Herr Halm: 10 % von 534,31 € = 53,43 €
Berechnung Vorsorgezuschlag Frau Halm: 10 % von 397,33 € = 39,73 €

**2** a) Beitragsberechnung für Herrn Schulze (28 Jahre):

| | |
|---|---|
| ambulante und zahnärztliche Behandlung, 50BA/BZZ | 84,42 € |
| stationäre Behandlung, Tarif 50 BS | 61,48 € |
| Tarifbeitrag | 145,90 € |
| + 10 % gesetzlicher Beitragszuschlag auf 50 BA/BS + 50 BS | 14,59 € |
| Monatsbeitrag (ohne Pflegepflichtversicherung): | **160,49 €** |

b) Die Pflegepflichtversicherung für Herrn Schulze wird nach Tarifstufe PVB (Tarif für Personen mit Beihilfeanspruch) berechnet.

c) Der monatliche Beitrag für die Pflegepflichtversicherung beträgt 10,00 €.

**3** Beitragsberechnung für Frau Volk und Tochter Lena:

| | **Frau Volk (32 Jahre)** | **Tochter Lena (10 Jahre)** |
|---|---|---|
| ambulante Heilbehandlung, Tarif A 1 | 198,45 € | 45,90 € |
| + 30 % Risikozuschlag | – | 13,77 € |
| stationäre Heilbehandlung, Tarif S 3 | 88,38 € | 20,46 € |
| zahnärztliche Behandlung, Tarif Z 3 | 39,61 € | 17,12 € |
| Krankenhaustagegeld, (25,00 €), Tarif KHT (2,35 € pro 5,00 € · 5) | 11,75 € | – |
| Krankentagegeld, (60,00 €), Tarif KT/8 (17,23 € pro 5,00 € · 12) | 206,76 € | – |
| private Pflegepflichtversicherung, Tarif PVN*) | 19,87 € | – |
| Tarifbeitrag | 564,82 € | 97,25 € |
| + 10 % gesetzlicher Beitragszuschlag auf A1, S3 und Z3 (= 10 % von 326,44 € = 32,64 €) | 32,64 € | –)* |
| Summe: | 597,46 € | 97,25 € |
| Gesamtbeitrag: | | **694,71 €** |

*) Auf Kindertarife und auf Risikozuschläge wird kein Vorsorgezuschlag erhoben

**4** a) Angebot für Familie Korb:

| | **Ehemann (36 J.) Beihilfe 70 %** | **Ehefrau (31 J.) Beihilfe 70 %** | **Doris (10 J.) Beihilfe 80 %** | **Max (8 J.) Beihilfe 80 %** |
|---|---|---|---|---|
| amb.+ zahn., Tarif 30 BA/BZ | 68,63 € | 68,20 € | – | – |
| stationär, Tarif 30 BS | 41,37 € | 38,43 € | – | – |
| amb.+ zahn., Tarif 20 BA/BZ | – | – | 17,12 € | 17,12 € |
| stationär, Tarif 20 BS | – | – | 7,09 € | 7,09 € |
| Tarifbeitrag: | 110,00 € | 106,63 € | 24,21 € | 24,21 € |
| +10 % gesetzlicher Beitragszuschlag | 11,00 € | 10,66 € | –)* | –)* |
| Summen: | 121,00 € | 117,29 € | 24,21 € | 24,21 € |
| Gesamtbeitrag: | | | | **286,71 €** |

*) Auf Kindertarife wird kein Vorsorgezuschlag erhoben.

b) Pflegepflichtversicherung, Tarifstufe PVB

| | |
|---|---|
| Herr Korb, 36 Jahre | 11,69 € |
| Frau Korb, 31 Jahre | 10,56 € |
| Gesamtbeitrag Pflegeversicherung | **22,25 €** |

Die Kinder sind in der privaten Pflegepflichtversicherung beitragsfrei mitversichert, da mind. ein Elternteil privat pflegeversichert ist.

Den maximalen Beitrag, den die Eheleute Korb im Jahr 2019 zahlen müssten beträgt 83,04 €. Da der errechnete Beitrag von 22,25 € unter dem Ehegattenhöchstbeitrag liegt, ist dieser zu entrichten.

c)

| | Ehemann (36 J.) Beihilfe 70 % | Ehefrau (31 J.) Beihilfe 50 % | Doris (10 J.) Beihilfe 80 % | Max (8 J.) Beihilfe 80 % |
|---|---|---|---|---|
| amb.+ zahn., Tarif 30 BA/BZ | 68,63 € | – | – | – |
| amb.+ zahn., Tarif 50 BA/BZ | – | 86,60 € | – | – |
| stationär, Tarif 30 BS | 41,37 € | – | – | – |
| stationär, Tarif 50 BS | – | 65,51 € | – | – |
| amb.+ zahn., Tarif 20 BA/BZ | – | – | 17,12 € | 17,12 € |
| stationär, Tarif 20 BS | – | – | 7,09 € | 7,09 € |
| Tarifbeitrag: | 110,00 € | 152,11 € | 24,21 € | 24,21 € |
| +10 % gesetzlicher Beitragszuschlag | 11,00 € | 15,21 € | –)* | –)* |
| Summen: | 121,00 € | 167,32 € | | |
| Gesamtbeitrag: | | | | **336,74 €** |

Der neue Gesamtbeitrag für Familie Korb ist 50,03 € höher als der bisherige Beitrag.

**5** a) Monatlicher Gesamtbeitrag:

| | Herr Haas (30 Jahre) | Frau Haas (25 Jahre) |
|---|---|---|
| Krankheitskosten-Zusatzvers., Tarif SEV | 43,75 € | 40,82 € |
| Krankenhaustagegeld (40,00 €), Tarif KHT | 18,80 € *) | 14,08 € **) |
| Summe: | 62,55 € | 54,90 € |
| Gesamtbeitrag: | | **117,45 €** |

Beitrag Krankenhaustagegeld Herr Haas:
(Beitragssatz: siehe Krankheitskosten-Zusatzversicherung
2,35 € pro 5,00 € · 8 = 18,80 €

Beitrag Krankenhaustagegeld: Frau Haas:
(Beitragssatz: siehe Krankheitskosten-Zusatzversicherung
1,76 € pro 5,00 € · 8 = 14,08 €

Für Zusatz- und Ergänzungsversicherungen wird kein gesetzlicher Beitragszuschlag erhoben.

b)

| | |
|---|---|
| Beitrag 117,45 € · 12 = | 1 409,40 € |
| – 5 % Zahlungsweise-Nachlass | 70,47 € |
| zu zahlender Jahresbeitrag | **1 338,93 €** |

**6** a) Angebot für Herrn Hopf:

| | Herr Hopf (35 Jahre) |
|---|---|
| ambulante Heilbehandlung, Tarif A 0 | 313,74 € |
| stationäre Heilbehandlung, Tarif S 1 | 151,94 € |
| zahnärztliche Behandlung, Tarif Z 1 | 88,45 € |
| | 554,13 € |
| + 10 % gesetzlicher Beitragszuschlag | 55,41 € |
| | 609,54 € |
| Krankentagegeld 50,00 €, Tarif KT 43 (3,38 € pro 5,00 €) 10 · 3,38 € | 33,80 € |
| private Pflegepflichtversicherung, Tarif PVN | 21,84 € |
| Monatsbeitrag | **665,18 €** |

b) Beitrag zur gesetzlichen Krankenversicherung:

| | |
|---|---|
| Bruttogehalt: | 6 100,00 € |
| Beitragsberechnung (2019) maximal aus: | 4 537,50 € |
| 14,6 % + 0,9 % gesetzliche Krankenversicherung | 703,31 € |
| 3,05 % + 0,25 % gesetzliche Pflegeversicherung | 149,74 € |
| Gesamtbeitrag GKV + SPV | **853,05 €** |

Durch direkten Vergleich erkennt man, dass die PKV für Herrn Hopf günstiger ist. In der Praxis wird der Beitrag zur GKV und SPV in den Arbeitgeber- und Arbeitnehmeranteil aufgeteilt, wobei zu beachten ist:

Den Zuschlag von 0,25 % für Kinderlose trägt der Arbeitnehmer alleine. Die Beteiligung des Arbeitgebers (Arbeitgeberzuschuss genannt, siehe hierzu E 5.1.10) an einer PKV und PPV kann niemals höher sein als der AG-Anteil zur GKV und SPV.

**7** a) Tarife:

| | |
|---|---|
| ambulante Heilbehandlung: | Tarif A 2 |
| zahnärztliche Behandlung: | Tarif S 2 |
| stationäre Heilbehandlung: | Tarif Z 3 |
| Krankentagegeld: | Tarif KT/15 |

b) Beitragsberechung für Frau Hollerbach:

| | **Frau Hollerbach (40 Jahre)** |
|---|---|
| ambulante Heilbehandlung, Tarif A 2 | 177,93 € |
| stationäre Heilbehandlung, Tarif S 2 | 149,47 € |
| zahnärztliche Behandlung, Tarif Z 3 | 43,36 € |
| | 370,76 € |
| Krankentagegeld (65,00 ) Tarif KT/15 (14,13 € pro 5,00 € · 13) | 183,69 € |
| private Pflegepflichtversicherung, Tarif PVN | 25,84 € |
| Tarifbeitrag: | 580,29 € |
| + 10 % gesetzlicher Beitragszuschlag auf A2, S2 und Z3 (= 10 % von 370,76 € = 37,08 €) | 37,08 € |
| Gesamtbeitrag, monatlich: | **617,37 €** |

**8** Empfehlung folgender Tarife:

| | **Frau Schott (30 Jahre)** |
|---|---|
| Kompakttarif (KPT) | 175,70 € |
| Krankenhaustagegeld (30,00 €), Tarif KHT (2,35 € pro 5,00 € · 6) | 14,10 € |
| Krankentagegeld (40,00 €) Tarif KT/22 (7,55 € pro 5,00 € · 8) | 60,40 € |
| private Pflegepflichtversicherung, Tarif PVN | 18,70 € |
| Tarifbeitrag: | 268,90 € |
| + 10 % gesetzlicher Beitragszuschlag auf 175,70 € | 17,57 € |
| **Gesamtbeitrag:** | **286,47 €** |

Durch vierteljährliche, halbjährliche oder jährliche Zahlungsweise kann eine weitere Beitragsersparnis erzielt werden.

**9** Stationäre Zusatzversicherung

| | |
|---|---|
| Heinrich Weidenauer, 28 Jahre (Tarif SEV) | 40,82 € |
| Elfriede Weidenauer, 26 Jahre (Tarif SEV) | 40,82 € |
| Tochter Erika Weidenauer, 4 Jahre (Tarif SEV) | 4,82 € |
| KHT Tochter Erika (0,59 € pro 5,00 € · 11)*) | 6,49 € |
| Gesamtsumme | **92,95 €** |

*) Der Höchstbetrag für KHT beträgt 55,00 € nach Tarif KHT.

**Beitragskalkulation**

**10** Nach dem Äquivalenzprinzip muss in der PKV in Abhängigkeit vom versichertem Risiko ein Gleichgewicht zwischen Einnahmen und Ausgaben bestehen. Für die Beitragskalkulation bedeutet dies:
- Die Beitragshöhe hängt vom Umfang der versicherten Leistungen ab.
- Die Beiträge werden vom Lebensalter beeinflusst, da mit steigendem Lebensalter höhere Gesundheitsleistungen anfallen.
- Der Gesundheitszustand bei Versicherungsbeginn beeinflusst die Beitragshöhe.
- Die Tarife werden für Männer und Frauen jeweils unterschiedlich kalkuliert (gilt nur noch für Versicherte, deren Vertrag vor dem 21. Dezember 2012 geschlossen wurde).

**11** Rechnungszins, Ausscheideordnung, Kopfschäden, Sicherheitszuschlag, sonstige Zuschläge (z. B. Abschlusskosten, Regulierungskosten, Verwaltungskosten usw.), Übertrittswahrscheinlichkeiten

**12** Kopfschäden sind die von Alter und Geschlecht abhängenden durchschnittlichen Tarifleistungen pro Person und Jahr.

**13** Risikobeitrag, gesetzlicher Beitragszuschlag, Sparbeitrag, Kostenzuschläge, Sicherheitszuschläge, evtl. Risikozuschläge, Zuschlag für den Standardtarif, Zuschlag für den Basistarif, Portabilitätszuschlag

**14**
1. Um das Problem der Beitragssteigerungen im Alter in den Griff zu bekommen hat der Gesetzgeber diese Verpflichtung seit dem 1. Januar 2000 eingeführt. Der gesetzliche Vorsorgezuschlag soll dazu dienen, die Beiträge ab dem 65. Lebensjahr stabil zu halten. Er beträgt 10 % des Bruttobeitrages und wird für Neukunden seit 1. Januar 2000 erhoben.
2. Der Zuschlag ist für alle Krankheitskosten-Tarife in der substitutiven Krankenversicherung zu zahlen. Der Vorsorgezuschlag ist nicht für Risikozuschläge zu zahlen. Er fällt zwischen dem 22. und 60. Lebensjahr an.

**15** Bei der Alterungsrückstellung handelt es sich um eine verzinsliche Kapitalansammlung, die aus den im Krankenversicherungsbeitrag enthaltenen Sparanteilen resultiert. Sie wird gebildet, um das mit zunehmendem Alter wachsende Krankheits- und Krankentagegeldrisiko zu decken.

**16** Herrn Neumann steht kein Recht auf Auszahlung seiner angesammelten Alterungsrückstellung zu. Wohl ist eine Übertragung auf einen anderen Tarif des Versichers oder ein anderes VU möglich, da der Vertrag nicht vor dem 01. Januar 2009, sondern später geschlossen wurde. Übertragen wird die Alterungsrückstellung in der Höhe, wie sie bei einer Versicherung nach dem Basistarif angesammelt worden wäre.

**17** Der Aktuar hat in der PKV folgende Aufgaben: Statistische Ermittlung von Sterbewahrscheinlichkeiten, Kopfschadenreihen und Stornowahrscheinlichkeiten, Tarifierung und Prämienkalkulation aufgrund versicherungsmathematischer Methoden, versicherungstechnische Durchführung von Tarifänderungen, Ermittlung der versicherungstechnischen Rückstellungen.

**18** Die Beitragskalkulation in der privaten Pflegepflichtversicherung erfolgt nach dem Anwartschaftsdeckungsverfahren. Die Beiträge sind nach dem Alter der Versicherten bei Eintritt in die Versicherung gestaffelt. Sie enthalten einen Sparanteil für die Bildung der Alterungsrückstellung.

**19** Die Versicherer müssen bei der Berechnung der Beiträge und der Alterungsrückstellung einen Rechnungszins von maximal 3,5 % berücksichtigen. Werden mehr als 3,5 % erzielt, entstehen sogenannte Überzinsen (außerrechnungsmäßige Zinsen).

Aufgrund der aktuellen Niedrigzinsphase haben die privaten Krankenversicherer im Jahr 2017 erstmals den Rechnungszins unter die gesetzliche Obergrenze von 3,5 Prozent gesenkt.

Der Gesetzgeber hat festgelegt, dass 90 % der Überzinsen der Alterungsrückstellung direkt gutzuschreiben sind.

Die Überschussverwendung verfolgt folgende Ziele:
- Direktgutschrift zur Beitragsstabilisierung ab Alter 65
- Beitragssenkung ab Alter 80
- restlicher Betrag als erfolgsunabhängige Beitragsrückerstattung für ältere Versicherte

**20** a) Rechtsgrundlagen für Beitragsanpassungen in der PKV sind § 8 b MB/KK 2009, § 203 VVG und § 155 VAG. Die Beitragsanpassung ist notwendig, weil die Kosten im Gesundheitswesen (Medikamente, Personalkosten, Behandlungsmethoden usw.) gestiegen sind. Da die Kosten die Beitragseinnahmen übersteigen, muss eine Beitragserhöhung vorgenommen werden. Die Zusicherung eines gleich bleibenden Beitrags gilt lediglich für das reine Alterungsrisiko.

b) Nachteile:
- Bei einem Wechsel wird das neue Eintrittsalter für die Beitragsberechnung zugrunde gelegt.
- Es findet eine neue Risikoprüfung statt. Für etwaige Vorerkrankungen muss unter Umständen mit Erschwerungen (Risikozuschlag oder Ausschluss) gerechnet werden.
- Zur Portabilität der Alterungsrückstellung ab Januar 2009, siehe E 5.1.4 im Lehrbuch.

c) Herr Hirsch kann vom VR verlangen, dass dieser einen Antrag auf Wechsel in einen anderen Tarif mit gleichartigem Versicherungsschutz unter Anrechnung der aus seinem bisherigen Vertrag erworbenen Rechte und der Alterungsrückstellung annimmt.Wird in einen Tarif gewechselt, der höhere Leistungen als der bisherige Tarif vorsieht, kann der VR für die Mehrleistung einen Leistungsausschluss oder einen angemessenen Risikozuschlag und insoweit auch eine Wartezeit verlangen.

**21** Eine Beitragsanpassung ist nach § 203 VVG nur möglich, wenn
- der tatsächliche Schadenbedarf nicht nur vorübergehend höher ist als die technische Berechnungsgrundlage,
- das ordentliche Kündigungsrecht des VR gesetzlich oder vertraglich ausgeschlossen ist,

- ein unabhängiger Treuhänder die Berechnungsgrundlagen überprüft und der Beitragsanpassung zugestimmt hat,
- eine Beitragsanpassungsklausel Vertragsbestandteil ist.

**22** Maßnahmen zur Beitragsentlastung für ältere Versicherte:

- Anwartschaft auf Beitragsermäßigung im Alter
- fixe Kostenzuschläge
- Standardtarif/Basistarif
- Beitragsentlastungstarif
- Vorsorgezuschlag

**23** a) Mit der Erhöhung der Beitragsrückerstattung will der VR einen Anreiz für die Versicherten bieten, um die aktive Gesundheitsorientierung durch zunehmende Eigenverantwortung zu fördern und zu unterstützen. Die Versicherten sollen z. B. kleinere Rechnungen selbst begleichen. Dadurch können die Bearbeitungskosten gesenkt und Erstattungsleistungen eingespart werden. Die Folgen sind stabilere Beiträge. Diese kommen der Versichertengemeinschaft insgesamt zugute.

b) Grundlage für eine Erstattung ist der monatliche Beitrag zur Krankheitskostenversicherung nach Abzug des gesetzlichen Beitragszuschlages von 10 %. Beiträge zur privaten Pflegepflichtversicherung werden nicht erstattet. Für die Berechnung ist zu beachten, dass der gewählte Tarif A 1 eine Selbstbeteiligung von 500,00 € vorsieht.

Rechenweg:

110 % entspricht 492,01 € Beitrag, der monatlich gezahlt wird

100 % entspricht 447,28 € Beitrag, der angesetzt werden kann

| | |
|---|---|
| 4 Monatsbeiträge Erstattung (4 · 447,28 €) = | 1 789,12 € |
| + Selbstbehalt bei Tarif A 1 | 500,00 € |
| Summe | 2 289,12 € |

Rechnungen, deren Gesamtsumme diesen Betrag nicht erreichen, sollten auch nicht eingereicht werden, um die Beitragsrückerstattung zu bekommen.

Hinweis: Beiträge zur Krankenversicherung und Pflegeversicherung können bis zu einer bestimmten Höhe steuerlich als Vorsorgeaufwendungen nach § 10 (1) Nr. 3 EStG geltend gemacht werden. Eine Beitragsrückerstattung mindert den steuerlich ansetzbaren Betrag. Das müsste bei einem exakten Vorteilsvergleich auch berücksichtigt werden.

**24** Antwort an Herrn Metzger:

Voraussetzung für die Beitragsrückerstattung ist das Bestehen des Vertrages am 30. Juni des folgenden Jahres (hier: 30. Juni 2019). Der Vertrag wurde jedoch zum 31. Dezember 2018 gekündigt. Es ist keine Beitragsrückerstattung möglich, weil Herr Metzger den Versicherer gewechselt und deshalb gekündigt hat. Die ausstehenden Rechnungen kann Herr Metzger nachträglich zur Erstattung einreichen.

**Lernkontrollen zu E 5.2 bis E 5.4 Seiten 550–554**

**Versicherungsbeginn und Wartezeiten**

**1** Versicherungsbeginnarten:
- Formeller Beginn: Zeitpunkt, zu dem der Versicherungsvertrag abgeschlossen wird.
- Technischer Beginn: Zeitpunkt, der im Versicherungsschein als Versicherungsbeginn eingetragen ist.
- Materieller Beginn: Beginn des Versicherungsschutzes (für den materiellen Beginn kommt es in der PKV nicht darauf an, ob der Erstbeitrag entrichtet wurde).

**2** a) Wartezeiten sollen das subjektive Risiko (Problem der alten Leiden) einschränken und das objektive Risiko begrenzen. Inkubationszeiten von Krankheiten sollen abgewartet werden.
Durch die Wartezeiten wird eine gewisse Vorleistung des VR sichergestellt (teilweise Amortisation der Abschlusskosten).

b)

| | allgemeine Wartezeit | besondere Wartezeit |
|---|---|---|
| MB/KK 2009 | 3 Monate | 8 Monate |
| MB/KT 2009 | 3 Monate | 8 Monate |

**3** a)

| | |
|---|---|
| Technischer Beginn: | 1. März d. J. |
| Formeller Beginn: | 22. Febr. d. J. |
| Materieller Beginn für Unfälle und Verträge ohne Wartezeiten: | 1. März d. J. |
| Materieller Beginn bei allgemeiner Wartezeit: | 1. Juni d. J. |
| Materieller Beginn bei besonderer Wartezeit: | 1. Nov. d. J. |

b) (1) Am 27. Febr. d. J. besteht kein Versicherungsschutz, da der Vertrag materiell noch nicht begonnen hat. Dauert die Behandlung jedoch über den materiellen Beginn hinaus, besteht hierfür Versicherungsschutz (§ 2 (1) S. 3 MB/KK 2009).

(2) Der VR ist leistungspflichtig. Am 5. März d. J. besteht Versicherungsschutz, da die allgemeine Wartezeit nicht für Unfälle gilt. Materieller Beginn ist der 1. März d. J.

c) Es besteht Versicherungsschutz, da die allgemeine Wartezeit abgelaufen ist.

d) Es besteht kein Versicherungsschutz, da die besondere Wartezeit noch nicht abgelaufen ist.

**4** Voraussetzung für die Anrechnung der Vorversicherungszeiten in der GKV ist:
- Nachweis einer ununterbrochenen Vorversicherungszeit in der GKV,
- Versicherungsschutz in der PKV beginnt in unmittelbarem Anschluss an den Versicherungsschutz in der GKV,
- Antragstellung erfolgt innerhalb von zwei Monaten nach Ende der Vorversicherung.

**5** Da die künftige Ehefrau von Herrn Dr. Fuchs nach der Eheschließung keiner Erwerbstätigkeit nachgeht, kann für sie eine private Krankenversicherung abgeschlossen werden. Im Rahmen der Ehegattennachversicherung entfällt in der Krankheitskostenversicherung die allgemeine Wartezeit, wenn die Antragstellung zwei Monate nach der Eheschließung erfolgt, Herr Dr. Fuchs mindestens drei Monate bei der Proximus Versicherung versichert ist und eine gleichartige Versicherung beantragt wurde (§ 3 (2) MB/KK 2009). Aufgrund der Hautallergie wird der VR einen Risikozuschlag erheben. Für die Ehefrau kann keine Krankentagegeldversicherung beantragt werden, da sie nicht berufstätig ist. Die private Pflegepflichtversicherung muss für die Ehefrau abgeschlossen werden.

**6** Der Versicherungsschutz bei Neugeborenen beginnt ohne Wartezeiten unmittelbar nach der Geburt.

Voraussetzungen:

- Ein Elternteil ist mindestens drei Monate PKV-versichert.
- Die Anmeldung zur Versicherung ab Geburt erfolgt spätestens zwei Monate nach der Geburt.
- Der Versicherungsschutz darf nicht umfassender als der des versicherten Elternteils sein.

**7** Es liegt eine Kindernachversicherung vor. Herr Herz muss das Kind innerhalb von zwei Monaten ab dem Tag der Geburt rückwirkend zum Ersten des Geburtsmonats anmelden. Der Versicherungsschutz besteht dann unmittelbar ab dem Tag der Geburt, ohne Berücksichtigung von Wartezeiten. Allerdings darf der Versicherungsschutz für das Kind nicht höher oder umfassender sein als der eines Elternteils.

Weitere Voraussetzung ist, dass ein Elternteil mindestens seit drei Monaten versichert sein muss. Diese Voraussetzung ist hier erfüllt.

Es besteht Kontrahierungszwang, d. h. sollten Geburtsfehler auftreten, dann gibt es keine Risikoprüfung, sofern die obigen Voraussetzungen erfüllt sind.

Krankentagegeld ist für das Kind nicht versicherbar; Krankenhaustagegeld mit entsprechender Summenbegrenzung ist möglich.

**8** a) Der VR muss die Kosten für den stationären Aufenthalt von Frau König übernehmen. Die besondere Wartezeit ist am 1. Sept. d. J. abgelaufen.

b) Der VR muss den Antrag für die Tochter Sarah annehmen (Kontrahierungszwang), falls folgende Voraussetzungen erfüllt sind (§ 2 (2) MB/KK 2009):

- Anmeldung zur Versicherung spätestens zwei Monate nach dem Tag der Geburt und rückwirkend zum Ersten des Geburtsmonats.
- Der Versicherungsschutz darf nicht höher als der der Mutter sein.
- Die Mutter muss bisher mindestens drei Monate versichert gewesen sein, was hier der Fall ist.

### Geltungsbereich der Versicherung

**9** Krankheitskosten-Vollversicherung und Krankenhaus-Tagegeldversicherung (§ 1 (4) MB/KK 2009):

Der Versicherungsschutz erstreckt sich auf die Heilbehandlung in Europa. Er kann durch Vereinbarung auf außereuropäische Länder ausgedehnt werden. Während des ersten Monats eines vorübergehenden Aufenthalts im außereuropäischen Ausland besteht auch ohne besondere Vereinbarung Versicherungsschutz. Muss der Aufenthalt wegen notwendiger Heilbehandlung über einen Monat hinaus ausgedehnt werden, besteht Versicherungsschutz, solange die versicherte Person die Rückreise nicht ohne Gefährdung ihrer Gesundheit antreten kann, längstens aber für weitere zwei Monate.

Krankentagegeldversicherung (§ 1 (6–7) MB/KT 2009):

Der Versicherungsschutz erstreckt sich auf Deutschland. Bei vorübergehendem Aufenthalt im europäischen Ausland wird für im Ausland akut eingetretene Krankheiten und Unfälle das Krankentagegeld im vertraglichen Umfang für die Dauer einer medizinisch notwendigen stationären Heilbehandlung in einem öffentlichen Krankenhaus gezahlt; für einen vorübergehenden Aufenthalt im außereuropäischen Ausland können besondere Vereinbarungen getroffen werden.

**10** Der Versicherungsschutz in der privaten Pflegepflichtversicherung erstreckt sich grundsätzlich auf die Pflege in der Bundesrepublik Deutschland (§ 1 (15) MB/PPV 2017).

**11** Indien ist außereuropäisches Ausland. Nach § 1 (4) MB/KK 2009 besteht – auch ohne besondere Vereinbarung – Versicherungsschutz im außereuropäischen Ausland während des ersten Monats eines vorübergehenden Auslandsaufenthalts.

Durch die TB zu den MB/KK wird der Versicherungsschutz auf die ersten zwei Monate eines außereuropäischen Aufenthalts ausgedehnt. Könnte Herr Renner nach Ablauf der zwei Monate die Rückreise ohne Gefährdung seiner Gesundheit noch nicht antreten, verlängert sich der Versicherungsschutz längstens um weitere zwei Monate (§ 1 Nr. 4.1 TB zu MB/KK 2009).

**12** Griechenland liegt in Europa. In der Krankheitskosten- und Krankenhaustagegeldversicherung besteht Europaschutz. In der Krankentagegeldversicherung besteht nur Versicherungsschutz für die Behandlung von akuten Versicherungsfällen in öffentlichen Krankenhäusern. In der privaten Pflegepflichtversicherung ist keine Leistung möglich.

Für den Südamerikaaufenthalt gilt:
In der Krankheitskosten- und Krankenhaustagegeldversicherung besteht Versicherungsschutz, da es sich um einen vorübergehenden Auslandsaufenthalt handelt (siehe hierzu auch die vorstehende Lösung zu Aufgabe 11). Die Krankentagegeldversicherung sieht keine Leistung vor (Ausnahme: besondere Vereinbarung).

Private Pflegepflichtversicherung: keine Leistung.

Dem Kunden sollte Versicherungsschutz für das Ausland in Form einer Auslandskrankenversicherung angeboten werden.

**Obliegenheiten**

**13** Der VR kann bei vorsätzlicher oder grob fahrlässiger Obliegenheitsverletzung leistungsfrei werden (§ 21 Abs. 2 VVG). Die Leistungsfreiheit tritt jedoch nicht ein, wenn die Verletzung keinen Einfluss auf den Leistungsumfang und die Feststellung des Versicherungsfalles gehabt hat (mangelnde Kausalität).

**14** Der VR kann nicht mehr vom Vertrag zurücktreten, da seit Vertragsschluss mehr als drei Jahre verstrichen sind (§ 194 Abs. 1 Satz 4 VVG).

**15**
- Hier handelt es sich um eine Verletzung der vorvertraglichen Anzeigepflicht.
- Es handelt sich um grobe Fahrlässigkeit.
- Es muss geprüft werden, ob das Risiko eingeschlossen werden kann oder ob es vertragshindernd ist (dann Rücktritt innerhalb von einem Monat ab Kenntnis).
- Das Risiko kann hier (entsprechend Proximus Risikoliste) mit Zuschlag ab Beginn des Vertrages eingeschlossen werden.
- Bei einer Erhöhung des Beitrages über 10 % hat Frau Kling ein Sonderkündigungsrecht.
- Im Falle des Einschlusses des Risikos wird tarifgemäß geleistet.

16 Die Berufstätigkeit ist in der Krankentagegeldversicherung ein gefahrerheblicher Umstand. Mit einem Berufswechsel ist regelmäßig auch eine Einkommensveränderung verbunden (§ 4 (2) MB/KT 2009). Die Höhe des Nettoeinkommens muss daher neu geprüft werden.
Ein Berufswechsel kann Einfluss auf die Versicherungsfähigkeit des Versicherten haben. Die Versicherungsfähigkeit ist von der Art der Tätigkeit abhängig. Beispiel: Selbstständig Erwerbstätige haben andere Tarife mit anderen Karenzzeiten als Tarife für Arbeitnehmer.

17 Die Verletzung von vertraglichen Obliegenheiten, die nach Eintritt des Versicherungsfalles vom VN zu erfüllen sind, führt zur Leistungsfreiheit bzw. Leistungskürzung durch Quotelung, wenn die Obliegenheitsverletzung auf grober Fahrlässigkeit beruht. Die vorsätzliche Obliegenheitsverletzung führt regelmäßig zur Leistungsfreiheit des VR. Bei grob fahrlässiger Verletzung tritt die Leistungsfreiheit nicht ein, wenn die Verletzung weder Einfluss auf die Feststellung des Versicherungsfalles noch auf die Feststellung oder den Umfang der Leistung gehabt hat.

## Lernkontrollen zu E 6 Seiten 575–581

### Der gedehnte Versicherungsfall

1 a) Medizinisch notwendige Heilbehandlung wegen Krankheiten oder Unfallfolgen. Untersuchung und medizinisch notwendige Behandlung von Schwangerschaft und Entbindung.

Gezielte Vorsorgeuntersuchungen.

b) Der Versicherungsfall zieht sich über einen längeren Zeitraum hin. Er beginnt am 22. April d. J. mit der Heilbehandlung und endet am 30. April d. J. mit dem Ende der ärztlichen Behandlung, da keine weitere Behandlungsbedürftigkeit mehr besteht.

### Leistungsabrechnung

*Behandlungsfälle*

2 **Beleg 1:** Tarifliche Leistung, da die allgemeine Wartezeit bereits verstrichen ist.

**Beleg 2:** Tarifliche Leistung ab 1. April d. J., da die allgemeine Wartezeit am 31. März d. J. endet.

**Beleg 3:** Tarifliche Leistung, da ein Unfall vorliegt. Die allgemeine Wartezeit entfällt.

**Beleg 4:** Keine Leistung, da für Zahnbehandlung und -ersatz die besondere Wartezeit von 8 Monaten zur Anwendung kommt

**Beleg 5:** Keine Leistung, da Leistungsausschluss.

**Beleg 6:** Tarifliche Leistung, da die allgemeine Wartezeit verstrichen ist.

3 **Beleg 1:** Leistungspflicht des VR, da der gesamte Versicherungsfall vor Beginn der Ruhenszeit liegt.

**Beleg 2:** Leistungspflicht des VR, obgleich das Versicherungsverhältnis ab 1. Nov. ruht, da eine akute Erkrankung besteht.

**Beleg 3:** Leistungspflicht des VR, obgleich das Versicherungsverhältnis ruht, da eine Schwangerschaft besteht.

**Beleg 4:** Keine Leistungspflicht des VR, da das Versicherungsverhältnis ruht und keine akute Erkrankung vorliegt.

**Beleg 5:** Leistungspflicht des VR über den Notlagentarif (Asthmaanfall = Notfall).

**4** (a) Ärztliche Leistungen vom 1- bis 3,5fachen des Gebührensatzes; technische Leistungen vom 1- bis 2,5 fachen des Gebührensatzes.

b) Die Schwellenwerte (für ärztliche Leistungen der 2,3 fache Satz, für technische Leistungen der 1,8 fache Satz) dürfen nur mit einer ausreichenden Begründung überschritten werden.

c) Vor Erbringung der Leistung muss eine schriftliche Honorarvereinbarung getroffen werden.

**5** (1) Keine Leistung, da kein erstattungsfähiges Arzneimittel (kein Rezept).

(2) Leistung. Die Umrechnung erfolgt zum Kurs des Tages, an dem die Belege beim Versicherer eingehen.

(3) Leistung. Es liegt möglicherweise ein Unfall vor. Es ist ein Unfallfragebogen zuzusenden und die Möglichkeit eines Regresses zu prüfen.

(4) Keine Leistung. Der Anspruch auf die Leistung ist verjährt.

**6** Erstattung zu 100 %

| | | |
|---|---|---|
| – konservierende Leistungen | 1 100,00 € | |
| – Material- und Laborleistungen | 680,00 € | |
| Summe: | 1 780,00 € | |
| Erstattung zu 75 % | | |
| – prothetische Leistungen (75 % von 2 270,00 €) | | 1 702,50 € |
| – Material- und Laborkosten (75 % von 3 100,00 €) | | 2 325,00 € |
| – kieferorthopädische Leistungen (75 % von 150,00 €) | | 112,50 € |
| Summe: | | 3 140,00 € |
| Gesamtbetrag: | | **5 920,00 €** |

**7** Die Arztrechnung muss bestimmte Inhalte vorweisen. Bei dieser Rechnung fehlen die Diagnose und die GOÄ-Ziffern.
Vom Arzt wurden erhöhte Regelsätze verwendet. Die Honorarhöhe beträgt im Regelfall für persönliche ärztliche Leistungen den 2,3 fachen, für technische Leistungen den 1,8 fachen und für Laborleistungen den 1,15 fachen Satz.
Bei Überschreiten des Höchstsatzes ist jeweils die Angabe einer entsprechenden Begründung durch den Arzt erforderlich. Die Begründung muss schriftlich erfolgen. Solche Begründungen können sein: erhöhter Zeitaufwand, besondere Erschwernisse bei der Behandlung. Im vorliegenden Fall wurden bei der Untersuchungen der 3,0 und der 3,4 fache Satz angewendet. Hierfür liegen keine Begründungen vor.
Die Berechnung des 4,5 fachen Satzes ist nur mit einer schriftlichen Honorarvereinbarung möglich. Diese liegt nicht vor. Der Kunde wird gebeten, eine entsprechend berichtigte Rechnung erneut beim Versicherer einzureichen.

**8** Als Wahlleistung gelten die privatärztliche Behandlung durch Chefärzte und liquidationsberechtigte Ärzte sowie der Unterbringungskomfort (z. B. Ein- und Zweibettzimmer).

**9** Belegärzte sind niedergelassene Ärzte und andere nicht im Krankenhaus angestellte Ärzte, die berechtigt sind, ihre Patienten im Krankenhaus zu behandeln, ohne hierfür vom Krankenhaus eine Vergütung zu erhalten.

**10** Die Arztrechnungen müssen im stationären Bereich eine Gebührenminderung nach GOÄ/GOZ enthalten. Diese beträgt:
- 25 % für wahlärztliche Leistungen,
- 15 % für belegärztliche Leistungen und Leistungen anderer niedergelassener Ärzte.

**11** a) Beihilfe ist eine Beteiligung an den Krankheitskosten durch den Dienstherrn (Bundes-, Landes- oder Kommunalbehörde) im Rahmen der Fürsorgepflicht.

b) Bundesbeihilfesätze:
50 % für den Beihilfeberechtigten
70 % für den Beihilfeberechtigten mit 2 oder mehr berücksichtigungsfähigen Kindern
70 % für die berücksichtigungsfähige Ehefrau
80 % für jedes berücksichtigungsfähige Kind

**12** a) Quotentarif (Prozenttarif) für jedes Familienmitglied zum Ausgleich des durch die Beihilfe nicht gedeckten Prozentanteils.

b) Herr Schrader: 70 %
Frau Schrader: 70 %
Kinder: je 80 %

**13** Leistungserstattung für Hans Muntermann:

| **Tarifliche Leistungen** | **Betrag** |
|---|---|
| Tarif A 1 (140,60 + 124,80 + 570,90 + 750,00) | 1 586,30 € |
| Tarif S 2 | 5 374,10 € |
| Tarif Z 2 | 0,00 € |
| Tarif KHT (50,00 für 35 Tage) | 1 750,00 € |
| ./.Selbstbeteiligung bei Tarif A 1 | 500,00 € |
| = Erstattungsbetrag | **8 210,40 €** |

**Erläuterungen:**
Für »Herz-, Kreislauferkrankungen und deren Folgen« zahlt der VN einen Risikozuschlag. Behandlungen wegen dieser Erkrankung sind somit versichert. Die Zahnbehandlung fällt in die besondere Wartezeit und wird daher nicht erstattet. Das Krankenhaustagegeld wird für die Dauer der stationären Behandlung gezahlt. Der Aufnahmetag und der Entlassungstag zählen **jeweils** als ein Tag.

**14** Leistungsabrechnung für Hans Hahn:

| **Kostenart** | **Ehemann** | **Ehefrau** | **Florian** | **Nina** |
|---|---|---|---|---|
| | **30 %** | **30 %** | **20 %** | **20 %** |
| Arzneimittel | 12,06 € | 24,03 € | 28,02 € | – |
| ambulante Behandlung | 102,15 € | 186,12 € | 82,04 € | 24,08 € |
| Zahnbehandlung | 42,24 € | – | 50,14 € | 63,14 € |
| Hilfsmittel | – | – | – | 40,00 € |
| Summen: | 156,45 € | 210,15 € | 160,20 € | 127,22 € |
| Gesamtbeitrag: | | | | **654,02 €** |

**15** Kostenerstattung für Frau Wedel:

| | | | |
|---|---|---|---|
| Rechnung Nr. 1 | 1 390,20 € (80 % davon bereits erstattet) | | |
| Rechnung Nr. 2 | 770,30 € | | |
| Gesamtbetrag: | 2 160,50 € (über 2 000,00 = 100 % Erstattung | = | 160,50 € |
| 2 000,00 € abzüglich 1390,20 € = 609,80 € davon 80 % | | = | 487,84 € |
| Gesamterstattung: | | = | **648,34 €** |

**16** Da es sich um einen Unfall handelt, entfällt die allgemeine Wartezeit. Der VR ist im Rahmen des vereinbarten Tarifs voll leistungspflichtig (Tarif S 1 – Geltungsbereich Europa).

| | | |
|---|---|---|
| Rechnungsbetrag: | | 3 000,00 CHF |
| 1,6021 CHF | ≙ | 1,00 € |
| 3 000,00 CHF | ≙ | 1 872,54 € |

Erstattungsbetrag: 1 872,54 €

Kursumrechnung: vgl. TB zu MB/KK (§ 6 Nr. 4.1 TB zu MB/KK 2009)

**17** Versicherungsleistung für Frau Kreutzer:

| | |
|---|---|
| Krankentagegeld 20. Aug. – 3. Nov. = 76 Tage – 42 Tage = 34 Tage · 20,00 € | 680,00 € |
| Krankenhaustagegeld 5. Sept. – 19. Sept. = 15 Tage · 30,00 € | 450,00 € |
| Gesamtbetrag: | **1 130,00 €** |

**18** Es liegt eine schuldhafte Verletzung (grobe Fahrlässigkeit) der vorvertraglichen Anzeigepflicht vor. Der VR kann vom Vertrag zurücktreten. Der Rücktritt ist jedoch nur innerhalb der ersten drei Jahre seit Schließung des Vertrages möglich. Diese drei Jahre sind im vorliegenden Fall noch nicht verstrichen. Der VR kann innerhalb von einem Monat ab Kenntnis vom Vertrag zurücktreten.
Für die Rechnungen Nr. b) und d) besteht Leistungsfreiheit wegen Kausalität. Die Rechnungen Nr. a), c), e) und f) müssen beglichen werden, weil keine Kausalität gegeben ist.

*Pflegefälle*

**19** Die Aufwendungen für die häusliche Pflegehilfe werden bei Pflegegrad 2 bis max. 689,00 € erstattet.

**20** a) 30 Tage · 52,00 € = 1 560,00 €
max. bei Pflegegrad 3 = 1 298,00 €; davon 30 % = 389,40 €

b) 30 Tage · 35,00 € = 1 050,00 €; davon 30 % = 315,00 €

**21** a) Pflegegeld bei Pflegerad 5 = 901,00 € je Kalendermonat
Pflegegeld für 12 Tage = 12/30-tel von 901,00 € = 360,40 €
davon 20 % als Versicherungsleistung = 72,08 €

b) Beihilfe: 80 % von 360,40 € = 288,32 €

**22** Pflegegeld monatlich, Pflegegrad 3 545,00 €
Einmalige Zahlung für Pflegehilfsmittel
700,00 € – 25,00 € Selbstbehalt 675,00 €

**Anmerkung:** Die Pflegeversicherung erbringt ferner Leistungen zur sozialen Sicherung der Ehefrau und für die Teilnahme an Pflegekursen.

**23** Abrechnung der Pflegekraft für einen Monat mit 30 Tagen:
46,00 € · 30 Tage = 1 380,00 €
Für häusliche Pflege werden bis zu max. 1 298,00 € erstattet.
Bei 30 % versicherter Quote leistet der VR 389,40 €
Die Behilfe erstattet 70 % = 908,60 €

**24**
- Pflegekraft berechnet: 75,00 € · 30 Tage = 2 250,00 €.
- Max. Pflegegrad 4 = 1 612,00 €.
- Als Beamter im Ruhestand erhält er 70 % Beihilfe, deshalb erhält er 30 % des max. Betrages des Pflegegrades 4.
- 30 % von 1 612,00 € sind 483,60 €.
- Für Maßnahmen zur Verbesserung des individuellen Wohnumfeldes (behindertengerechte Umbaumaßnahmen, barrierefreies Wohnumfeld) werden Zuschüsse in Höhe von max. 4 000,00 € je Maßnahme gewährt. Davon trägt die Beihilfe 70 %.
- Pflegehilfsmittel werden vorrangig leihweise überlassen, dazu zählt auch das Pflegebett.

## Lernkontrollen zu E 7 Seiten 586–587

### Vertragsbeendigung

**1** a) Herr Klein kann das Versicherungsverhältnis innerhalb einer Frist von zwei Monaten seit Zugang der Änderungsmitteilung kündigen. Die Wirkung der Kündigung erfolgt zum Zeitpunkt der Änderung – § 13 (5) MB/KK 2009.

Voraussetzung für die Wirksamkeit der Kündigung ist, dass anderweitig eine subsitutive Krankenversicherung und eine private Pflegepflichtversicherung abgeschlossen ist (§ 13 (7) MB/KK 2009, § 13 (2) MB/PPV 2017).

b) Mit einer Kündigung wären folgende Nachteile verbunden:
- Bei einem Wechsel wird das neue Eintrittsalter für die Beitragsberechnung zugrunde gelegt. Die angesparte Alterungsrückstellung beim alten VR kann nicht auf den neuen Vertrag übertragen werden (Altbestandsregelung).
- Für den Neubestand (Vertragsbeginn ab 1. Jan. 2009) würde gelten: Die kalkulierten Alterungsrückstellungen werden in Höhe des Teils der Versicherung, dessen Leistungen dem Basistarif entsprechen, an den neuen VR übertragen.
- Es findet eine erneute Risikoprüfung statt. Für etwaige Vorerkrankungen muss unter Umständen mit Erschwerungen (Risikozuschlag oder Leistungsausschluss) gerechnet werden.

**2** Inhalte des Antwortschreibens:

- Herr Müller kann bei Eintritt der Versicherungspflicht seine Krankheitskosten-, Krankentagegeld- und Pflegepflichtversicherung innerhalb von drei Monaten nach dem Eintritt rückwirkend kündigen. Daher kann er zum Ende des Monats kündigen, in dem er den Eintritt der Versicherungspflicht nachweist (z. B. Kündigung zum 31. März d. J.).
- Herr Müller hat jedoch die Möglichkeit, das Versicherungsverhältnis fortzusetzen, wenn er sich von der Versicherungspflicht befreien lässt. Der Antrag auf Befreiung ist bei der zuständigen Krankenkasse innerhalb von drei Monaten nach Beginn der Versicherungspflicht (hier bis 31. März d. J.) zu stellen. Die Befreiung ist unwiderruflich.
- Die Vorteile der privaten Krankenversicherung könnten durch die Aufrechterhaltung des Vertrages weiter genutzt werden. Ein späterer Wiedereinstieg in die PKV ist mit erheblichen Nachteilen verbunden, die dem Kunden dargelegt werden müssen (vgl. Lösung der Aufgabe 1 b).
- Frau Müller ist Beamtin. Sie unterliegt nicht der Versicherungspflicht und könnte daher auch nicht im Rahmen der Familienversicherung bei Herrn Müller in der GKV mitversichert werden. Frau Müller könnte ihren Vertrag nur mit einer Frist von drei Monaten zum Ende des Versicherungsjahres kündigen.
- Voraussetzung für die Wirksamkeit der Kündigung ist, dass anderweitig eine subsitutive Krankenversicherung und eine private Pflegepflichtversicherung abgeschlossen ist (§ 13 (7) MB/KK 2009, § 13 (2) MB/PPV 2017). Frau Müller muss in jedem Fall eine Versicherung für ambulante und stationäre Heilbehandlung zum Quotentarif abschließen, da ein Versicherungsverhältnis zur Erfüllung der Pflicht der Versicherung aufrecht erhalten werden muss.
- Die Alterungsrückstellung wird in Höhe des Teils der Versicherung, dessen Leistungen dem Basistarif entsprechen, an den neuen VR übertragen.

**3** Frau Krämer hat ein außerordentliches Kündigungsrecht wegen Betragsanpassung bei der Krankheitskostenvollversicherung und der Krankenhaustagegeldversicherung (§ 13 Abs. 5 MB/KK 2009). Die Pflegepflichtversicherung endet automatisch. Die Kündigungsfrist wurde von Frau Krämer eingehalten. Sie ist innerhalb von zwei Monaten nach Zugang der Änderungsmitteilung zum Zeitpunkt des Wirksamwerdens der Änderung zu erklären. Die Kündigung erfolgt somit zum 31. Dezember 2019.

Voraussetzung für die Wirksamkeit der Kündigung ist, dass anderweitig eine subsitutive Krankenversicherung und eine private Pflegepflichtversicherung abgeschlossen ist (§ 13 (7) MB/KK 2009, § 13 (2) MB/PPV 2017).

Da in KT laut Sachverhalt keine Beitragsanpassung erfolgt, ist hier nur eine ordentliche Kündigung zum Ende des Versicherungsjahres möglich. In diesem Fall zum 31. Dezember 2020 (§ 13 Abs. 1 MB/KT 2009).
Nach § 13 Abs. 10 MB/KK 2009 ist noch die Kenntnisnahme der mitversicherten Person von der Kündigung erforderlich. Diese muss noch beim Versicherer eingehen.

**4** Die private Pflegepflichtversicherung kann vom VN gekündigt werden, wenn eine versicherte Person in der sozialen Pflegepflichtversicherung versicherungspflichtig wird. Ein Kündigungsrecht besteht auch bei einer Beitragserhöhung durch Umtarifierung oder Beitragsanpassung oder Leistungsminderung. In diesen Fällen ist jedoch der Abschluss einer neuen privaten Pflegepflichtversicherung nachzuweisen.

5 – Das Versicherungsverhältnis endet mit dem Tod des Versicherungsnehmers (§ 15 MB/KK 2009 und MB/PPV 2017).

- Versicherte Personen haben jedoch das Recht, das Versicherungsverhältnis fortzusetzen. Frau Kleinschmitt muss sich selbst als künftige Versicherungsnehmerin benennen. Die Erklärung muss innerhalb von zwei Monaten nach dem Tod des VN abgegeben werden.
- Der Beitrag für den Verstorbenen ist bis zum Ablauf des Todestages zu zahlen, da das Versicherungsverhältnis dann endet (§ 8 (8) MB/KK 2009, § 8 (9) MB/PPV 2017).
- Mit dem Tod von Herrn Kleinschmitt endet auch die Ehegattenregelung in der privaten Pflegepflichtversicherung.
- Eine Sterbeurkunde ist beim VR vorzulegen.

| Lernsituationen | Kunden über die Absicherung im Krankheits- und Pflegefall beraten |
|---|---|

| Lernsituation 1 | Seite 609 |
|---|---|

**»Lohnt sich für mich der Wechsel zur privaten Krankenversicherung?«**

**Methodisch-didaktische Hinweise**

Die Lernsituation hat das folgende in Lernfeld 9 aufgeführte Ziel zum Gegenstand: »Die Schülerinnen und Schüler ermitteln den Bedarf für unterschiedliche Zielgruppen der PKV und PPV. Sie nehmen fallbezogene Risikoanalysen vor und legen ein entsprechendes Angebot vor.« Außerdem sollen sich die Schülerinnen und Schüler mit den ab 1. Januar 2008 geltenden neuen Verbraucherrechten auseinander setzen.

Die Lernsituation eignet sich für die Erarbeitungsphase am Anfang der Thematik PKV und PPV.

Als angewandte Sozialform bietet sich die Einzel- oder Partnerarbeit, aber auch die Form des Gruppenunterrichtes an. Mitunter kann die Lernsituation teilweise auch als Rollenspiel in der Beratung des Kunden eingesetzt werden.

**Lösungshinweise**:

**1** Bedarfsanalyse
Es ist zunächst zu prüfen, ob Herr Kramer überhaupt von der gesetzlichen zur privaten Krankenversicherung wechseln kann. Herr Kramer ist aufgrund seines Einkommens freiwilliges Mitglied in der GKV. Herr Kramer erzielt im Jahr 2019 ein Einkommen über der JAEG (2019: 60 750,00 €). Nach § 6 Abs. 4 SGB V wird Herr Kramer mit Ablauf des Jahres versicherungsfrei, in welchem sein neues Arbeitsentgelt, hochgerechnet für 12 Monate, die JAEG übersteigt und voraussichtlich auch im Folgejahr oberhalb dieser Grenze liegen wird. Im vorliegenden Fall ist davon auszugehen, dass das JAEG von Herrn Kramer auch im Jahr 2020 die dann geltende JAEG übersteigen wird.

Somit kann Herr Kramer zum 1. Januar 2020 in die PKV wechseln. Herr Kramer benötigt Versicherungsschutz für die Absicherung von ambulanten, stationären und zahnärztlichen Leistungen. Für ihn besteht ferner Versicherungsbedarf für die Deckung des Verdienstausfalls bei Arbeitsunfähigkeit infolge von Krankheit sowie für das Pflegefallrisiko.

Frau Kramer ist Pflichtmitglied in der gesetzlichen Krankenversicherung und in der sozialen Pflegeversicherung. Ihr Versicherungsbedarf richtet sich auf Leistungen, die über den Grundschutz der gesetzlichen Krankenversicherung hinausgehen, bzw. auf Leistungen, die von der GKV nicht mehr übernommen werden. Für die Tochter Birgit Kramer muss eine private Krankenversicherung abgeschlossen werden. Sie kann nicht im Rahmen der Familienversicherung bei der Ehefrau gesetzlich mitversichert werden, weil das Bruttoentgelt von Herrn Kramer über der Jahresarbeitsentgeltgrenze liegt und das Gesamteinkommen von Frau Kramer nicht regelmäßig höher ist als das von Herrn Kramer. Für die Tochter besteht daher Versicherungsbedarf für die Deckung der Krankheitskosten und für das Pflegefallrisiko.

**Angebot für Familie Kramer** (Eintrittsalter = Jahr des Versicherungsbeginns – Jahr der Geburt):

**Felix Kramer (35):** *Krankheitskosten-Vollversicherung* (ambulante Heilbehandlung nach Tarif A0, stationäre Heilbehandlung nach Tarif S1 oder S2, zahnärztliche Behandlung nach Tarif Z2).
Aufgrund der Tonsilitis chronica muss Herr Kramer mit einem Risikozuschlag rechnen. *Krankentagegeldversicherung* nach Tarif KT 43 mit einer Karenzzeit von 42 Tagen. Für Angestellte sind Tagegeldzahlungen frühestens ab dem 43. Tag möglich, da sie Anspruch auf mindestens 6 Wochen Entgeltfortzahlung haben. *Krankenhaus-Tagegeldversicherung* nach Tarif KHT (Deckung eines zusätzlichen Bedarfs im Falle eines Krankenhausaufenthaltes).

*Private Pflegepflichtversicherung* nach Tarif PVN (Personen, die bei einem privaten Krankenversicherungsunternehmen versichert sind und Anspruch auf allgemeine Krankenhausleistungen haben, sind verpflichtet, eine private Pflegepflichtversicherung abzuschließen und aufrechtzuerhalten).

**Helga Kramer (28):** *Zusatzversicherung* für GKV-Versicherte nach den Tarifen AEV, SEV u. ZEV.
*Krankenhaus-Tagegeldversicherung nach Tarif KHT.*

**Birgit Kramer (4):** *Krankheitskosten-Vollversicherung* (ambulant nach Tarif A0, stationär nach Tarif S1 oder S2, zahnärztliche Behandlung nach Tarif Z3).

*Private Pflegepflichtversicherung* gem. § 8 (2) MB/PPV 2017 (beitragsfreie Mitversicherung des Kindes mindestens bis zur Vollendung des 18. Lebensjahres).
*Krankenhaus-Tagegeldversicherung nach Tarif KHT.*

2 Der Arbeitgeberzuschuss zur PKV beträgt hier die Hälfte des Beitrages, der an die GKV und SPV zu zahlen wäre. Der ggf. zu beachtende Kinderlosenzuschlag in der PPV kommt hier nicht zum Tragen.

Herr Kramer hat ein Arbeitsentgelt, das über der Beitragsbemessungsgrenze in der GKV und PPV liegt. Der dortige Beitrag würde deshalb den Höchstbeitrag erreichen. 50 % davon gewährt der Arbeitgeber Herrn Kramer als Beitragszuschuss zur PKV und GKV.

3 Herr Kramer hat das Recht auf Beratung und Information. Bestandteile des Beratungsgesprächs sind zunächst die Befragung nach Wünschen und Bedürfnissen. Die Befragung muss unter angemessener Berücksichtigung der Schwierigkeit der Versicherung (substitutive Krankenversicherung) und der Person sowie Situation des VN durchgeführt werden. Bei der anschließenden Beratung ist eine sachgerechte Auswahl (Versicherungsform, Tarif) auf Basis der Befragung zu treffen. Der Versicherungsvermittler muss eine Begründung für jeden zu einer Versicherung erteilten Rat angeben. Dem VN ist über das Beratungsgespräch eine Dokumentation auszuhändigen.

Neben der Beratung hat Herr Kramer auch Anspruch auf Information, und zwar sind ihm zunächst allgemeine Informationen gemäß § 1 der VVG-InfoV zu erteilen. Außerdem müssen ihm zusätzliche Informationen erteilt werden, die die substitutive Krankenversicherung betreffen (z. B. Informationen über die Höhe der Kosten für die Vermittlung und den Abschluss des Vertrages, Angaben über Auswirkungen steigender Gesundheitskosten, Übersicht über die Beitragsentwicklung in den letzten zehn Jahren usw.). Der Versicherungsvermittler ist verpflichtet, Herrn Kramer ein Produktinformationsblatt auszuhändigen.

Herr Kramer kann seine Vertragserklärung unter den Voraussetzungen des § 8 VVG innerhalb einer Frist von zwei Wochen ohne Begründung in Textform widerrufen. Der Beginn der Frist richtet sich dabei nach dem zugrunde liegenden Modell (Antragsmodell oder Invitatiomodell).

4 Die Versicherungspflicht von Herrn Kramer endet nach § 6 Abs. 4 SGB V zum 31. Dezember 2019. Die Mitgliedschaft in der GKV endet für Herrn Kramer, wenn er innerhalb von zwei Wochen nach Hinweis der Krankenkasse über seine Austrittsmöglichkeit, seinen Austritt erklärt. Wird der Austritt nicht erklärt, setzt sich die Mitgliedschaft in der Krankenkasse fort (§ 190 Abs. 3 SGV V).

Herr Kramer muss seine Mitgliedschaft bei der GKV zum 31. Dezember 2019 kündigen. Die Kündigung muss spätestens am 31. Oktober 2019 bei seinem GKV-Unternehmen eingegangen sein.

Eine Kündigung wird nur wirksam, wenn der VN innerhalb von zwei Monaten nach der Kündigungserklärung nachweist, dass die versicherte Person bei einem neuen Versicherer ohne Unterbrechung versichert ist. Für den Fall, dass der Termin, zu dem die Kündigung ausgesprochen wurde, mehr als zwei Monate nach der Kündigungserklärung liegt, muss der Nachweis bis zu dem Termin, zu dem gekündigt wurde, erbracht werden.

Wechselt Herr Kramer in die PKV, ist zu prüfen, ob Wartezeiten angerechnet werden können.

Wartezeiten sind leistungsfreie Zeiten zu Beginn eines Vertrages. Durch Wartezeiten soll verhindert werden, dass die Versichertengemeinschaft gleich nach Versicherungsbeginn mit Leistungen für Krankheiten belastet wird, die bereits vor Vertragsschluss vorhanden waren. Die Wartezeiten rechnen von dem im Versicherungsschein genannten Zeitpunkt (Versicherungsbeginn) an (§ 3 (1) MB/KK 2009, MB/KT 2009, MB/PPV 2017).

Die allgemeine Wartezeit beträgt in der Krankheitskosten-, Krankenhaustagegeld- und Krankentagegeldversicherung drei Monate. Für Entbindung, Psychotherapie, Zahnbehandlung und Kieferorthopädie gelten besondere Wartezeiten. Diese betragen regelmäßig acht Monate.

Beim Wechsel von der gesetzlichen zur privaten Krankenversicherung wird die Vorversicherungszeit in der gesetzlichen Krankenversicherung auf die Wartezeiten angerechnet. Für eine mögliche Anrechnung der Wartezeiten müssen folgende Voraussetzungen erfüllt sein:

- Nachweis einer ununterbrochenen Vorversicherungszeit in der GKV;
- Beginn des Versicherungsschutzes in der PKV in unmittelbarem Anschluss an den Versicherungsschutz in der GKV (lückenloser Versicherungsschutz);
- Antragstellung beim PKV-Unternehmen innerhalb von zwei Monaten nach Ende der Vorversicherungszeit.

Da Herr Kramer bereits mehrere Jahre ununterbrochen in der GKV versichert war, können ihm die allgemeine Wartezeit und die besondere Wartezeit angerechnet werden, sofern er die anderen Voraussetzungen erfüllt und der Versicherungsschutz in der PKV unmittelbar nach Ende der GKV-Mitgliedschaft beginnt.

**Anmerkung:** Einige PKV-Unternehmen haben bei der Krankheitskosten-, Krankentagegeld- und Krankenhaus-Tagegeldversicherung auf Wartezeiten gänzlich verzichtet.

## Lernsituation 2 Seite 610

**»Muss mein Versicherungsschutz angepasst werden?«**

**Methodisch-didaktische Hinweise**

Die Lernsituation hat das folgende in Lernfeld 9 aufgeführte Ziel zum Gegenstand: »Die Schülerinnen und Schüler beraten Kunden über Änderungen und Ergänzungen des Versicherungsschutzes, die aufgrund von Veränderungen der Lebenssituation notwendig werden.«

Als Sozialform sollte bei dieser Lernsituation die Einzel- oder Partnerarbeit gewählt werden. Die Präsentation kann in Form eines Rollenspiels (Beratungsgespräch) durchgeführt werden. Die Komplexität des Sachverhaltes macht es erforderlich, dass die Lehrkraft unterstützend eingreift und teilweise auch didaktische Hinweise gibt (z.B. zum Beihilferecht).

**Lösungshinweise:**

- Die Aufnahme einer Beschäftigung durch Ehefrau Monika führt zu keiner Veränderung des Beihilfeanspruchs von Herrn Winter. Der Beihilfeanspruch bleibt bei 70 %, da Herr Winter weiterhin zwei berücksichtigungsfähige Kinder hat.
- Durch die Aufnahme einer versicherungspflichtigen Beschäftigung wird Frau Winter Pflichtmitglied in der GKV. Sie wird deshalb ihren privaten Krankenversicherungsschutz kündigen (evtl. mit Ausnahme der Krankenhaus-Tagegeldversicherung). Die private Pflegepflichtversicherung muss in der sozialen Pflegeversicherung fortgesetzt werden.
- Frau Winter kann sich einen späteren, erneuten privaten Krankenversicherungsschutz durch den Abschluss einer Anwartschaftsversicherung sichern. Die Vorteile des bisherigen privaten Krankenversicherungsschutzes können durch den Abschluss von Zusatzversicherungen (z.B. Krankenhaus-Zusatzversicherung und ambulante Ergänzungsversicherung) aufrechterhalten werden. Die bestehende Krankenhaus-Tagegeldversicherung sollte fortgeführt werden, da ein späterer Neueintritt mit einem höheren Eintrittsalter und evtl. geändertem Risiko verbunden ist.
- Mit Beginn des Studiums wird Tochter Sandra versicherungspflichtig in der GKV. Sie kann sich aber von der gesetzlichen Versicherungspflicht auf Antrag befreien lassen. Die Befreiung ist unwiderruflich. Es besteht dann die Möglichkeit, eine eigene private studentische Krankenversicherung (PSKV) abzuschließen. Während des Studiums ist Tochter Sandra i. d. R. (abhängig vom Einkommen der Tochter) noch berücksichtigungsfähige Angehörige im Sinne der Beihilfeverordnung und damit beihilfeberechtigt. Herr Winter hat, solange ein Kindergeldanspruch für die Tochter besteht (i.d.R. bis zum 25. Lebensjahr bei einem Studium oder einer Ausbildung), Anspruch auf 80 % Beihilfe. Aufgrund dieses Beihilfeanspruchs kann auch der bisherige Versicherungsschutz mit einem Quotentarif von 20 % bis zum Ende des Studiums (max. bis zur Vollendung des 25. Lebensjahres) fortgesetzt werden.